U0061455

說 交通探險史

從牛車到飛船

陳仲丹　編著
三聯書店（香港）有限公司

序　言

錢乘旦

英國皇家歷史學會會士，南京大學圖書館館長、歷史系教授

陳仲丹教授現又完成《圖說交通探險史》，出版在即。這是他出版《圖說兵器戰爭史》後的又一本"圖說"。循前書之例，他邀請我為此新書作序，我欣然應之，願意再次推薦。

現代大學者王國維曾說："世界學問，不出科學、史學、文學。"這是國維先生的學術三分觀。有關學術三分的思想，古已有之。古希臘哲人亞里士多德將學問分為理論、應用、創制三類，近代德國哲學家康德則分其為哲學、美學、倫理三學。王國維先生的三分觀最晚出，似也最完善。巧的是本書與科學、史學、文學都有關聯。交通偏重於科技：逢山開路，遇水搭橋，馬車轔轔，火車長驅，交通設施，交通工具，都與器用相關，當然在大類上應該屬於科學。而本書的書名又標明這本是史書，從遠古敘述到當今，因此又歸史學類。書在內容安排與描寫手法上，又藉助文學手段，增添文化色彩，力求行文生動，增強可讀性，所以又與文學有關。書中的文化色彩是很重的，以開卷第一篇"牛車轔轔"為例，其中提到中國歷史上一個有趣的文化現象，六朝時牛車曾一度流行，成為士大夫出行的座車。究其原因，與當時崇尚清談的社會風氣有關。士大夫人都以身着寬衣大袖、不務實事為榮，喜歡談文論藝，乘坐高大緩行的牛車就比較合適。因為牛車用得多，馬車很少用，所以才會有貴族看見馬以為是老虎，嚇得要死的事。再以"西伯利亞大鐵路"一篇為例，作者在介紹了這條鐵路的修築過程後，引用瞿秋白在《新俄國遊記》中對這條鐵路的描寫："輪機軋軋，作和諧的震動，煙汽蓬勃噴湧，撲地成白雲繚繞。"文采熠熠。所以說，將科學、史學、文學三者融於一體是本書的一大特點。

作者稱本書是普及讀物，普及歷史，同時又普及科學。普及是很重要的，做普及工作並不簡單，並非人人都做得來。作者以史學為業數十年，博覽群書，知識面寬廣，寫這本書得心應手。書的內容從古至今，跨度大，有不少總體的描述，但也有很有趣的細節。比如寫到毛驢，作者引證《聖經》，說耶穌在進耶路撒冷城時騎的就是驢；又引用清人筆記《燕都雜詠》，說明清代民間盛行僱驢代步的風氣。同時，全書又從宏觀上把握交通、探險幾千年的發展，並揭示出交通與探險兩者的關係。就以全書所分四個部分看，確實恰當地反映出上古、中古、近代、現代四個時期交通、探險發展的主要趨勢，其中的妙處還有待讀者去細細體會。王國維先生曾把學術路徑概括為"大學"、"小學"，大學指的是宏觀的學問，比

如他曾一度感興趣的西方哲學；小學指的是微觀的學問，比如他後來感興趣的甲骨文、考據學。在他看來，大學、小學應該相互為用，相互補充，大學建立在小學之上。本書在撰述方法上照顧到了宏觀與微觀兩個方面，我相信，正值壯年的作者今後的學術成就當日積月累，會把大學、小學都修得很好。

王國維在學術上還曾提出二重證據的治學方法，認為在考據時不要用孤證，證據要充分，尤其是要有不同類別的證據。當時正巧出現了許多重要的考古新發現，尤其是甲骨和漢簡，於是他就首倡將地下文獻與地上文獻這二重證據相印證。說起來本書也有個二重史料的問題，這就是圖和文。翻開這本書，首先給人留下深刻印象的是書中收錄的大量精美圖片，既有繪畫，也有照片，與文字內容密切配合，共同敘事、證史。以圖證史是中國歷來就有的史書編撰傳統，古代很早就有左圖右史的說法。本書作者不辭勞苦，"上窮碧落下黃泉，動手動腳找材料"，終於搜得如此豐富的圖片史料，再披沙揀金，選擇最能反映文字內容的圖片，編成了如此精美的"圖說"，定當有益於各位愛書者，而對從事交通史研究的同行用處就更大。書中大多數圖片都是第一次在國內發表，張張來之不易，足見作者搜尋史料的功夫。看書末的後記，知道作者僅去英國陸上交通博物館的次數就不下五次，大概博物館的展品、藏品是其中的一個來源吧。現在圖書業流行"讀圖時代"的說法，帶圖的書也逐漸多了，但用圖必須避偽、避濫，這就要有搜尋和鑑別史料的本領。為本書中的圖片，作者下了很大功夫，在用圖上走的是人無我有的路，力圖提供出更多新的史料。即便僅就這一個原因，我也要為陳仲丹教授的這本書好好宣傳一番。

最後我要對出版這本書的出版社表示感謝。出版社在編輯、設計、印刷幾方面都以出文化精品為目標，下大氣力去做，不算經濟小賬，印出的書之精美，足以與國外同類書比個高低。預祝它們多出這類好書!

目錄

1-12
交通初始的行旅

13-24
浩瀚海陸的探索

25-44
工業時代的車船

45-60
更快更高的航程

交通初始的行旅

　　人類的生活離不開對外的交往，離不開交通。遠古時期，我們的祖先要想生存，就必須不時離開蝸居的茅舍洞穴，外出狩獵採集，尋找食物，或行走，或奔跑，這是交通的初始。最早的交通工具或許就是人的雙腳，運輸方式則是肩挑手提。後來的轎子也是這類偏重人力的原始交通形態的延續，不過華麗的轎輦往往更多的是體現乘坐者的身份和地位。

　　等到以後人文初開，邦國建立，交通的手段也變得複雜起來。人們開始使用畜力，其中牛、馬用得較多，尤以馬的用處最大。馬作為人的坐騎，一直到汽車問世才逐漸被取代。與騎馬有關的用具也比較複雜，有馬鞍、馬蹬等許多種，與馴馬有關還產生了獨具一格的馬術。其他

在交通中用來代步的動物也各有特點：大象以其巨大的形體，可以顯示乘騎者的赫赫威儀；駱駝以其驚人的耐力，可以幫助商旅穿越大漠荒原；毛驢雖然身軀瘦削，卻能在鄉野村落馱人運貨。

　　靠圓輪滾動的車是上古社會一項偉大的技術發明，它使得交通更便捷，運輸更容易。古代大多數車都是用家畜拉的，駱駝、毛驢、騾子都可以拉車，不過常用的仍是牛車和馬車。這兩種車各有所長：牛車善於負重，但行駛遲緩；馬車行駛迅疾，但不善負重。因而兩種車各有各的用處，牛車運貨負重，馬車載人致遠。有趣的是，在中國六朝時一度牛車盛行，着寬衣、尚清談的士大夫不在意車速快慢，競相乘坐牛車緩緩而行。這是風俗時尚影響交通發展的一個例證。

　　無論是步行、坐轎，還是騎馬、乘車，人們都希望能有好的道路可用，路途中還要遇水架橋。古代有名的道路有中國秦代的馳道，波斯的驛道和羅馬、印加的古道，尤其是用石塊鋪砌的羅馬古道質量更屬上乘，給後世留下了“條條大路通羅馬”的俗語。為了給來往的旅行者提供休息場所，在古道經過的村鎮設有各種客站。這些客站可分為三類：官方驛路的驛站、民間商家的客店、寺院教堂的客堂。在古道上匆匆趕路的行旅，可以在這裡歇息休整，餵馬修車。

　　水路交通離不開船，最早的船是獨木舟，在樹幹上挖出槽就成了船，用槳划動就能行駛。居住在南太平洋島嶼的原始居民還曾用獨木舟在大海上遠航。在獨木舟的基礎上發展出了木板船，一般用槳划行，也可用帆藉助風力航行。

　　早期的航海活動主要集中在地中海地區。最早的航海家是居住在地中海東岸的腓尼基人。他們的航船曾經遍及整個地中海，在北非建立了迦太基殖民地。後來迦太基人也曾一度稱霸地中海。腓尼基人還曾被埃及法老僱傭，乘船環航了非洲。繼腓尼基人之後最擅長航海的是古希臘人。他們乘坐三層槳船在地中海沿岸到處殖民，建立希臘人的定居點。而後來興起的羅馬人更是四處征討，揚威海上，使得地中海實際成了羅馬帝國的“內海”。

牛車轆轆

最早為人拉車的主要牲畜是牛不是馬。早期的車比較重，車輪是實心的，車身也比較大。這種車可以承受較多重量，但無法高速行駛。一旦速度加快，車子就會翻倒，車輪也容易損壞。這樣的車適合用牛拉，牛有耐力，力氣大，只是行走速度比較慢。牛車主要用來運貨，但也可以供人乘坐。牛車使用的範圍相當廣泛，幾乎遍及世界各地。

兩河流域的蘇美爾人早在5,000年前就已經開始使用牛車了。另外在印度河流域發掘出了4,000年前的泥塑牛車模型，說明那裡也早就用過牛車。印度人歷來尊重牛，在大街上，汽車如果與牛迎面相遇，汽車要讓道。後來在印度，牛車通常用兩頭牛拉，車上貨物也不重，讓兩頭牛輕輕鬆鬆地拉車，可算是對牛的厚待。1981年，印度發射火箭，所用的火箭就是用牛車運進發射場的。

古代猶太人也很早就使用牛車。《聖經》中提到，非利士人曾搶走了猶太人的聖物約櫃，神就降災禍在非利士人身上。非利士人為了免除災禍，決定送還約櫃。他們用兩頭正哺乳的母牛套了一輛車，將約櫃放在車上，還了回去。猶太王國的大衛王也仿照非利士人用牛車去迎接約櫃，卻被認為不合適，因為應該用人扛才能體現出他們的虔誠。到古羅馬時，路上來往的車分為三種：用多匹馬拉的四輪馬車，用來載人；一匹馬

古埃及人製作車輪。

古代印度河流域遺址中發現的牛車模型。

15世紀初意大利人用牛車運木頭。

印度阿育王時
代的牛車。

日本皇室乘坐的豪華牛車。

（左下圖）非利士人用牛車運約櫃。

牛車轆轆

古代日本貴族喜愛乘牛車。

拉的兩輪輕便馬車，用來送信；運貨物則用笨重的牛車。在日本古代，尤其是平安時代，牛車成為皇室成員和公卿貴族的座車。貴族們乘坐的牛車裝飾豪華，在車廂上還裝點着金銀飾物，掛上彩色的紗簾。有各類牛車供身份不同的主人乘坐，女性乘的叫絲毛車，用彩色的絲帶裝飾車廂，身份顯林的貴族則乘碩大氣派的唐車，連天皇出宮也坐牛車。

　　中國最晚在商代就開始使用牛車了，並用牛車拉着貨物去外部落做生意。《易經》中稱：“服牛乘馬，引重致遠，以利天下。”其中的“服牛”就是指用牛拉載重的車。在後來馬車當

道的時代，牛車被認為是“低賤”的，有身份的人都不願坐。按習俗，用牛車出殯也是薄葬的做法。春秋末年，孔子帶着學生乘牛車周遊列國，他是不得已而乘牛車，他也希望能“乘肥馬，衣輕裘”，乘肥壯的馬拉的車。在西漢初年，由於國力不強，據說是“自天子不能具醇駟，而將相或乘牛車”，意思是說由於經濟困難，皇帝的馬車也不能用顏色一樣的馬，有的將相不得不乘牛車。這是因為國家初建，條件還比較差。到東漢末年，天下大亂，經濟凋敝，這時連皇帝都沒有馬車可乘，只能乘牛車。

　　後來到了魏晉南北朝時，乘牛車突然變成

牛車轆轆

中國6世紀時的牛車模型。

中國南朝的牛車圖。

了時尚，有身份的王公貴族以乘牛車為榮。這大概是因為六朝的士族貴族大多崇尚清談，講究閒適，行駛緩慢平穩的牛車更適合他們的愛好。從漢代流傳下來的"乘車之容"、"立車之容"等規矩，要求貴族乘馬車要保持君子風度，拘束頗多。而牛車車廂寬敞高大，車廂上裝棚掛幔，車廂內鋪席設几，在裡面乘車可以任意坐臥，讓這些養尊處優的貴族感到很舒適。另外，這時政治文化中心已開始南移，江南地區牛多馬少，也使得牛車興盛起來。魏晉名士阮籍性情灑脫，喜好飲酒，有時竟在酒醉後乘坐牛車，人不趕牛，而是讓牛獨自把車拉到荒郊野外，到無路可走時他就放聲大哭，然後盡興而回。當時連皇宮裡都養

牛，北魏皇帝出行時竟乘12頭牛拉的特大牛車。隨着牛車盛行，還產生了不少駕馭牛車的高手。南朝人劉德願駕車技藝高超，有一次他在路上立兩根柱子，寬度正好能通過牛車。然後他在百步之外，舉鞭趕牛飛奔，牛車從柱子之間疾駛而過，一點也沒碰着柱子，旁觀的人都驚歎為神技。因為牛車流行，馬車幾乎絕跡，南朝時竟出現了有人不認識馬，把馬當老虎的事。但到唐代中葉，乘車風氣又一次大變，達官貴人恢復了乘馬車的舊習，牛車再次成為運貨車和小戶人家的代步工具。

一直到20世紀初，牛車還是鄉村農戶運貨載人的理想工具。慢悠悠的轆轆牛車給多少人留

西亞古國亞述的牛車。

18世紀初土耳其統治下的君士坦丁堡。圖中可以見到來訪的歐洲人，街上有牛車。

下了美好的記憶。國學大師張中行回憶，兒時他的三叔家養了一頭黃牛，性情溫順，而且記性極好。他家裡的幾個孩子出門去看住在十多里開外的姑母，就坐三叔家的牛車。吃完早飯孩子們坐上車，大人牽牛到村口，並不跟着，讓牛自己拉車。牛走得很慢，車輕輕搖動，孩子們在車上東瞧西看，打打鬧鬧，還可以下車掐花草，趕幾步又上車。牛總要走上兩三個鐘頭，到姑母家門口牛就站住，決不會弄錯。下午回來時還是這樣，孩子們在車上睡着了，車到了家門口還沒醒來。

在北方草原上有一種特殊的牛車——"勒勒車"。勒勒車是木製的大輪車，兩個輪子高達1米多，有的比牛還高。一般選用優質黑樺木製車，車輪的輻條在20根左右。古代生活在草原上的敕勒人善造高輪多輻的勒勒車，史書上就把他們稱為"高車人"。草原上的夏季雨水豐沛，容易出現沼澤地，冬季則積雪很厚，又沒有固定的道路，車子行走很困難。而勒勒車卻適宜在草原行駛，高大的車輪不會被草蒿、水溝阻擋，因而草原牧民日常運輸都用這種車。在轉移牧場搬遷時，蒙古包被拆掉放在車上，牛拉的勒勒車首尾相接，排成一列長隊。婦女、老人和孩子坐在車上，最後一輛車車尾掛個鈴鐺。一隊勒勒車緩緩行進，丁丁當當的聲音舒緩動聽，不絕於耳，成為廣袤草原上的一景。

高輪大架的牛車雖然粗大笨重，行駛遲緩，不如馬車迅捷風光，輕盈靈活，但它負重的耐勞，行走的篤實，在交通史上也算是貢獻多多。

明代繪畫中的牛車。

馬車轔轔

古羅馬馬車。

賽車。

　　"車轔轔，馬蕭蕭，行人弓箭各在腰。"這是唐代大詩人杜甫名作《兵車行》中的詩句，當時馬車是隨軍出征的主要車輛。馬車的出現比牛車要晚。馬的長處不在負重，而是速度快。馬適合拽拉輕便靈活、易於轉彎的車。從牛車發展到馬車是車輛性能的一次重大轉變，即車子從載重為主轉變為行駛為主。這就需要進行一系列改進，比如縮小車身以減輕重量，用輻式車輪取代實心車輪。最初的兩輪馬車很笨拙，實心的木輪要在平坦的土地上才能滾動。大約在4,000年前，造車工匠開始製造帶輻的車輪。這種車輪輪體大，重量輕，適合在高低不平的路上行駛。後來雙輪馬車陸續發展成為雙輪戰車、四輪貨車、公共馬車和輕便驛車等各類馬車。

中世紀歐洲的馬車製造作坊。

　　雙輪輕便戰車可能最早是在4,500年前出現於兩河流域的蘇美爾。這種戰車跑得快，衝擊力強，在戰爭中多用來對敵方步兵發起突然襲擊。後來埃及的戰車安上了帶輻的車輪，軍隊也以戰車兵為主力。公元前450年，波斯人改進了馬拉戰車，給戰車裝上大車輪。這種大輪馬車可以在坑坑窪窪、凹凸不平的地面上行駛，為了防止打滑，有些還在車輪外側釘上齒形的楔子。這時在希臘已出現了四匹馬拉的賽車，車速很快，但難以駕馭，容易在轉彎的地方打滑。在希臘召開的古奧林匹克運動會上，有一項比賽是賽車。賽車跑道有14千米長。有時參賽的車輛多達40多輛，經常發生翻車和碰撞事故，只有很少的賽車能跑完全程。競賽的獎品發給車主而不是駕車人。公元1000年前後，在歐洲出現了一種新型馬車，前面裝了一根起支點作用的橫木，叫做

交通初始的行旅

英國女王伊麗莎白一世乘坐馬車。

馬車轔轔

（左圖）14世紀的德國馬車。

"車前橫木"。馬的輓具就繫在橫木上，這樣就可以用一群馬共拉一輛車。到14世紀，歐洲已普遍使用有襯墊的輓具，馬無論用多大力氣拉車，輓具都不會陷進脖子。車輪的外緣也包上金屬邊，裝上防滑齒。1560年，英國女王伊麗莎白一世造了一輛豪華四輪馬車，許多貴夫人競相仿效，由此形成了一種風尚，而在此之前，有錢人乘的馬車與農家用的馬車相差無幾。

　　1700年前後，公共馬車在一些歐洲國家的主要城鎮之間開通，定期往返。這些大車由10到12匹馬拉動，天氣好時，一天行駛可超過30千米。公共馬車的車輪寬大，不會陷入泥坑。18世紀40年代，輕便的驛車首先出現在法國，很快傳入英國。雖然驛車的車費較高，但它比公共馬車快捷、舒服，仍然很受歡迎。驛車用的馬

（下圖）19世紀英國的輕便馬車。

是從路邊驛站租來的，精力充沛，一天能跑 80
千米。自 1847 年起，英國的公共馬車又有了大
發展。以前政府是根據公共馬車的載客量徵稅
的，這一年廢除了這一規定，因而載客更多的雙
層公共馬車問世。這種車車頂上也設有座位，乘
客沿着鐵梯爬到頂層乘坐。除公共馬車外，19
世紀時歐洲國家還出現了各種私人馬車，其中高
座的四輪敞篷馬車比較流行。這種車裝飾華麗，
車主人坐着它在城鎮兜風，相當風光。

　　馬車也是中國古代最主要的陸上交通工
具。早在商周時期古人就將馬車用於交通和作
戰。1956 年在建造三門峽水庫時，曾挖掘出戰
國時陪葬的四馬雙輪馬車，形狀與實物大小相
同。那時乘車人都是站着的，駕車人控制繮繩時
要注意用力均勻，讓馬跑得輕鬆自如，相互協

公共馬車內的乘客。

漢畫像磚車馬過橋。

中國東漢時的馬車。

調。古人十分重視駕車技術，在孔子教學生的課
程中就有馭馬的"御"這一科目。古代乘車還有
一種特殊的禮節叫"超乘"。為了表示對路邊某
人的敬意，車上站在左右兩邊的人會在車行進時
跳下去，隨後再跳上來。

　　後來的馬車分為載人和運物兩類，以載人
的為主。載人馬車製作比較講究，裝飾華美，如
中國舊時北方流行的馬拉轎車，車廂木頂飛簷翹
角，車廂裡有透明紗窗，拉車的都是高頭大馬，
車上備有長條橙。是否乘坐馬車與當時社會的風
尚有關，六朝人就喜歡坐牛車而很少用馬車。清
朝乾隆年後，官員一時間都時興乘騾車、驢車，
馬車很少有人用，當時只有太監才乘馬車。到了

馬車轔轔

交通初始的行旅

從倫敦駛向布里斯托爾的公共馬車。

（右圖）運貨馬車。

（下圖）清末的上海火車站，
有人乘西洋式馬車來趕火車。

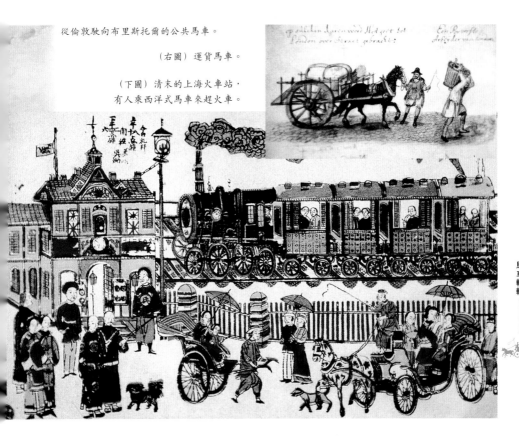

馬車轔轔

光緒年間，馬車又流行起來。督撫大官出行有時就乘坐四匹棗紅馬拉的掛鈴馬車，前有馬匹開道，後有馬匹殿後，還有不少步行的侍從扛着木牌跟隨，木牌上用金字寫着"肅靜"、"迴避"。

馬車也可用來運貨，舊時在農村常用來運莊稼的馬車也叫"大車"。在中國古代曾經有過一種叫"太平車"的大型載重馬車，車身有廂無蓋，用十幾匹馬拉。太平車上懸有鐵鈴，行走時發出響聲，以便過往車輛、行人避讓。車後還帶有兩匹馬，準備在車下坡時幫着剎車。

到清朝末年，隨着外國勢力入侵中國，國外的生活用具也隨之傳來，其中就有西洋式馬車。這些富有歐洲風情的馬車，最普通的是單馬雙輪馬車，豪華一些的有雙馬四輪船式敞篷馬車和轎式車廂馬車。西洋式馬車裝飾考究，轎式車廂馬車的車廂用的都是紅松木，裡面有綠呢窗簾、閃光玻璃，豪華舒適。夏天乘坐的船式敞篷馬車，車廂分前廂、後廂，乘客前後對坐，車廂下面裝有彈簧，坐上去顫巍巍的，很舒服。一時間，在沿海通商口岸有不少有錢人都競相置辦西洋馬車，作為顯示自己身份的標誌。後來新的交通工具相繼傳來，1874年人力車從日本引進，20世紀初電車成為公共交通工具，另外還有汽車。馬車不如電車和汽車快速、載運量大，也不如人力車大眾化，因而在20世紀30年代就不成其為主要代步工具了。

轎子巍巍

19世紀初巴西奴隸抬的兩個便轎。

原始的轎子是在兩根木棍上綁一把靠椅或是一張吊床，由人扛着乘坐者移動。在古代南美的印第安人中，有的酋長就是坐在靠椅或吊床上由奴隸抬着走。一個人被人抬着走，主要目的是顯示他所擁有的權勢，交通功能則是次要的。有人把抬着的椅子四周封閉起來，讓人不容易看見裡面人的臉，這就演變成了轎子。轎子前後還有人跑步跟隨，為乘坐者驅趕行人，清理道路。轎子在古代西亞、北非和古羅馬都使用過，貴族婦女尤其喜歡乘轎旅行。12世紀十字軍東侵以後，轎子傳入西歐，也曾風行一時。但長期以來，轎子這一特殊的交通工具主要還是在中國流行。

拜占廷貴族婦女乘坐的轎子實際是個軟座椅子。

（左圖）16世紀末英國女王伊麗莎白一世乘轎出巡。

交通初始的行旅

轎子在中國古稱"肩輿"，一般被認為是在車子的基礎上發展形成的，就是除去車輪，改由人力肩扛。中國很早就有轎子，但坐的人並不多。在唐代，肩輿除了帝王乘坐以外，一般只是婦女和老弱有病官員乘用。畫家閻立本有一幅畫作《步輦圖》，畫的是唐太宗乘轎的情景。畫中唐太宗端坐在"步輦"上，由兩個宮女扛抬，四周還有宮女扶持。這種步輦實際只是一塊平板，相當簡陋。到宋代轎子才開始用得多起來。在北宋的名畫《清明上河圖》中，可見京城大街上已有不少轎子。到明代中後期，轎子非常流行，成為常用交通工具，以至"人人皆小肩輿，無一騎馬者"。

轎子因用途不同有不同名稱，皇家用的稱御轎，官員用的稱官轎，娶親用轎裝飾華麗而稱花轎。抬轎的一般有兩到八人，民間多為二抬便轎，官員所乘有四抬、八抬之分。皇室國戚所乘的轎子甚至多至十幾個人抬。古代轎子有兩種形制，一種是上帷子的暖轎（又稱暗轎），另一種是不上帷子的涼轎（又稱亮轎），供冬夏不同季節使用。不同官品，在轎子規格、帷子用料上有嚴格的區別，如明清時一般官吏用藍呢或綠呢做

唐代閻立本畫的《步輦圖》，唐太宗坐在宮女抬的"步輦"上。

從北宋的《清明上河圖》中可以看到都市大街上已有不少人乘轎。

轎子巍巍

明代皇帝乘坐的御轎。

清代官員乘坐的八抬大轎。

轎帷，所以有"藍呢官轎" "綠呢官轎"的叫法。武官不准坐轎，只能騎馬。所以轎子不僅是交通工具，同時也是權勢和地位的象徵。

高官坐八抬金頂大轎，儀仗顯赫。大轎一到，前面有人鳴鑼開道，眾多衙役跟隨，威風凜凜。知縣一類低級官員則用四人抬轎。這種轎子四四方方，設有窗簾、門簾。官員外放走長途的轎子，光有一班轎夫還不夠，要由兩班轎夫輪流抬轎。比如林則徐奉旨去廣東查禁鴉片，坐八抬大轎兼程趕路，據他在日記中記載："連肩輿用夫160人。"可見當年大官坐轎出門用人之多。途中換下來的轎夫，則坐大車或騎馬跟着轎子跑。

民間用的轎子多是兩人抬轎，走起來輕快

兩名轎夫抬的便轎。

便捷。這種轎子較小，裡面僅夠一個人坐。前後的轎杠很長，轎夫可以輕而易舉地扛到肩上。過去有身份的人家，住宅一進門就有轎廳，轎夫隨時在等候出行。主人要出門上轎時，轎夫就把轎簾拉開，並從後面把轎子扶手朝前向地面傾斜，好讓主人緩步上轎。

在城市裡，醫生出診坐兩人抬的快轎，但因病情緊急，為了讓醫生早點到，一般在轎子後面還會有一名備用轎夫，可以在轎子行進中換人，這樣轎夫輪流抬轎，速度可以快些。不過據說在清末的上海，有些醫術不精的醫生雖然沒人請他去看病，也會僱一頂這種三人轎子，成天在街上兜風，轎子上掛着某某郎中的大名。市民們看到某醫生天天有人請，以為他生意好，醫術肯定高明，有了病就會請他來看。轎子也就成了這些醫生的活動廣告。

花轎是新娘子結婚時坐的，在民轎中最漂亮。高檔的在轎頂上飾有珠寶，四角掛上彩球，轎帷上還有刺繡圖案，大多是寓意夫妻和睦的內容。其中八抬花轎級別最高，裝飾豪華，以適應婚禮講排場的需要。

抬轎子講究抬得穩，走得快，轎夫抬轎要輕捷快跑而上身不動，所以當時轎夫是一種專門職業，尤其是抬官轎的轎夫。如果把轎子抬得顛簸搖

提，就壞了行業的名聲。抬後杠的轎夫看不到前面，全靠低頭看路面而行，要抬穩轎子不容易。前面的轎夫如果發現路上有情況，就要及時通報給後面的同伴。這種通報在轎夫行業中叫"報路號子"。一般是前面的轎夫根據路上的情況報路，後面的轎夫聽了後立即回應。這一報一應的對話，使得前後轎夫互相心領神會，彼此協調。報路號子具有協調步伐，鼓舞情緒，使轎子平穩安全的功效。比如過去在四川，如果在路邊發現個孩子，前面的轎夫會報"天上一朵雲"，後面轎夫則應對"地上一個人"，這樣相互之間就傳遞了信息。

清王朝被推翻後，除了在傳統婚禮中繼續使用花轎外，這種靠人力代步的落後交通工具逐漸被淘汰。不過後來出現了一種簡易的轎子——滑竿。據說滑竿最早出現在民國初年。當時袁世凱在北京復辟稱帝，蔡鍔將軍立即在雲南宣佈護國討袁。蔡鍔的護國軍很快進入四川南部，與袁世

交通初始的行旅

（上圖）日本平安時代天皇乘坐御轎出行。
（左上圖）19世紀乘轎在印度旅行的英國人。
（左圖）英國畫家台德馬的名作《發現摩西》，古埃及
公主乘輦回宮。
（下圖）19世紀末在非洲多哥躺在簡易布轎上的德國殖
民官員。

轎子巍巍

清代民間用於婚嫁的花轎。

凱的北洋軍激戰。有一次，在戰鬥中因傷兵太
多，擔架不夠，人們只好砍來竹子，紮成臨時擔
架。事後有人改進這種臨時擔架，就製成了人們
通稱的滑竿。滑竿製作簡便，在兩根9尺多長的斑
竹兩端各綁上尺把長的短杠作抬肩，中間用竹片
和繩子編成軟紮，前面繫上一個踏腳。天冷可在
軟紮上墊些被褥取暖，天熱就撐個白布篷遮陽。
人在上面，可坐可臥，舒適輕鬆，視野開闊。轎
夫抬滑竿也比抬轎子輕鬆。滑竿輕巧靈活，大路
小路都能走，甚至是山間小路也擋不住它。直到
今天，在一些名山勝地還能見到滑竿的蹤跡。

象步慢移

　　現在的大象是從原始的始祖象進化而來的。在史前社會曾有過一種長毛象。這種象身材高大，體形粗壯，有着兩根長長的獠牙，在原始人留下的岩畫中就有它的形象。可惜的是長毛象大約在5,000年前就滅絕了，與人類進入文明社會幾乎在同一時期。滅絕的原因可能與氣候有關，長毛象已經習慣了嚴寒的環境，在氣候回暖時就難以生存。長毛象滅絕後，大象家族分為兩大類：亞洲象和非洲象。亞洲象的體形比非洲象小得多，體重也輕得多。它們之間明顯的區別是非洲象耳朵大，象牙碩大而翹起，而亞洲象的耳朵蜷曲，象牙又細又直。無論是非洲象還是亞洲象，都有長長的鼻子，鼻子末端有個手指狀的突起。象鼻就像人的手一樣，可以靈巧地做許多事，比如摘花，撿起地上的小東西，也可以用來當武器，用鼻子繞住敵人，舉起來摔在地上，對方不死即傷。

　　人類很早就開始馴養大象，用它做交通工具，乘騎或是運輸。在4,000年前印度河流域的古

印度莫臥爾王朝皇帝阿克巴出行以大象為坐騎。

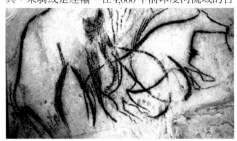

原始人留下的岩畫上有長毛象的形象。

19世紀末乘騎大象的印度王公。

交通初始的行旅

印度莫臥爾王朝皇帝奧朗則布。

20世紀初英國駐印度總督寇松夫婦以坐象轎顯示威嚴。

代遺址中，就有一些石頭印章上出現了大象形象，象背上蓋着罩毯，是用來供人乘騎的。馴養野象是一門專門技術，因為捕捉活象很容易造成大象死亡。大象是一種很聰明的動物，記得住自己過去的生活。大約有一半被捉到的大象會不吃不喝，絕食而亡。以前羅馬人統計過，從非洲捉十頭大象，只有一頭能活着到羅馬，其中九頭大象會死掉。後來人們採用驅趕的方法來圍捕象群，象的傷亡率就大大降低。捕象者動員很多人把野象群趕到圈圍起來的空地上，把領頭的母象打死，其餘的象就會不知所措，再把它們分開，用控制食物的方法慢慢馴服它們。馴象的關鍵是要贏得大象的好感，馴象人曾採用過一種讓不同人扮演不同角色的方法來馴象。大象先遇到一個"惡人"，"惡人"總是用棍子抽打它，然後這個"惡人"被一個"好人"趕走，"好人"不虐待它，還給它足夠的食物。很快，這頭象就對"好人"產生了依戀，到這時馴養野象就大功告成了。

　　印度人傳說大地是由大象的背支撐的，印度的王公貴族們都喜愛在象背上安裝上高大的象轎，坐在裡面以炫耀自己的氣派和威嚴。這樣的坐騎上面一般都裝飾華麗，鋪着昂貴的織毯，掛上金銀飾品、珠寶鑽石和一些小鈴鐺。大象每走一步就引起一陣響聲。坐在象轎裡雖然有些搖揻，但隨着腳步緩慢挪動的大象揻來揻去，還是很有樂趣的。

　　幾千年來，印度王公一直保持着這種以象隊行進顯示威嚴的做法。1795年有個印度王公結婚，場面非常盛大，"1,200頭着裝華麗的大象如軍隊般列隊，中間是100個象轎，王公騎的大象比其他的都大，轎子是金黃色的，裝飾了寶石"。邀請客人乘騎大象還成為印度王公接待來訪貴賓的傳統項目。1875年，英國王太子訪問印度，印度王公們就請他坐在象轎裡射獵老虎。坐在象轎裡獵虎

象步慢移

在印度騎象獵虎的英國王子。

象步慢移

不會有什麼危險，如果一次開槍打不中，陪同的印度僕人會再把一支裝好彈藥的獵槍遞給他。在1851年英國舉辦的大博覽會上，印度館最引人注目，裡面滿是珍奇寶物，而大廳正中放的是一個披着綢布的大象標本，象背上有一頂象牙製成的象轎。由此可見，當時帶有象轎的大象已成了印度的象徵。

1851年英國大博覽會上印度館的大象標本。

在中國古代宮廷中也很早就有大象列隊行進的儀仗，這些大象大多是鄰國進貢來的。史書上記載，三國時南越獻白象子給曹操，曹操的兒子曹彰"手頓其鼻，象伏不動"，說明曹彰不僅力氣大，可能還有馴象的經驗。有時皇室養的大象數量很多，走動起來成群結隊。意大利人馬可·波羅在元代時來中國，在遊記中他記述了新年那天宮廷裡排列出的場面壯觀的象群："這一天，皇帝的象隊達5,000頭，全部披上繡着鳥獸圖案的象衣，用金銀線繡成，十分富麗堂皇。象群一隊一隊排好，每頭象的背上，放着兩個匣子，裡面滿滿裝着宮廷用的金屬杯盤和其他器具。象隊後面是駱駝隊，同樣載着各種各樣必需的器具。當整個隊伍排好之後，列隊從皇帝陛下的面前經過，蔚為壯觀。"明清時期，皇家養的大象還有"洗象"的習俗。每年酷暑季節，朝廷派人將這些大象趕到北京宣武門外的護城

中國北宋時皇室安排的大象隊列表演——"演象"。

交通初始的行旅

印度的鐵普蘇丹把兒子交給英國人當人質。

鬥象表演。

河裡洗浴，本來只是為象洗澡，但京城的百姓把看"洗象"當作有趣的娛樂活動。看護大象的象奴還會在"洗象"時做一些表演，"象奴令象以鼻拄地，其聲如雷，曰'打鼓'"。清代還有人寫詩描繪"洗象"的盛況："象身入水中，象奴一躍如騰空。象背出水面，象奴穩坐供流玩。一象乘流眾象隨，象奴左右揚其威。"場面極為歡騰熱鬧。

除乘坐、列隊表演外，大象還可以用來負重，馱運物資，或是用來駕車、拖拉大炮。據說曾統治中亞的蒙古人後裔帖木兒就愛用大象運重物，有一次為建清真寺拖運建築材料，他就動用了95頭大象。象的力氣很大，據說一頭象的力氣相當於60個壯年男子的力氣。在東南亞地區，象在開發森林中發揮了特殊的作用。伐木時，大象用額頭抵住樹幹，用出全身力氣頂樹，樹一搖動，它就用前腿把大樹連根拔起，再用長鼻把木頭捲起，或是放在象牙上，運出森林。第二次世界大戰期間，日本侵略軍在緬甸戰場上也曾用大象在道路泥濘的山區運送作戰物資。

大象是一種特殊的交通運輸工具，使用範圍有限，不能與馬、牛、駱駝這些常用牲畜相比，但其特有的巨大形象、獨有的文化內涵，在歷史上給人們留下了深刻的印象。

象步慢移

離開德里大清真寺的印度皇室象群。

19世紀末印度軍隊用大象拖炮。

馬上春秋

英國名將克倫威爾

馬是人類最早馴養的動物之一。在遠古時代，世界上許多地方都有野馬出沒。在原始人住過的岩洞中，岩壁上就留有野馬的圖像。約在5,000年前，人們開始馴化野馬，並在生活中利用它。人們發現馬是一種很有用的動物，可以滿足人的多種需要。一些馬成了奔跑迅速的坐騎，另一些則成為強壯有力的馱馬。

人們騎馬旅行、打獵以及出征，最早騎的是裸馬，後來逐漸出現了各種方便騎馬的馬具。

古代西亞騎兵。

馬具中轡具的發明使騎手更容易控制住馬，調整馬行進的方向。轡具包括馬勒(套着馬頭的皮帶)和嚼子(馬嘴裡的金屬片)。還有一種馬具是靴刺，它是釘在騎馬人靴子後跟上的尖刺，用來催馬快跑，效果要比用腿夾馬好得多。馬具中還有馬鞍。最早的馬鞍只是鋪在馬背上的一塊氈毯，公元1世紀在歐洲出現了木馬鞍。為了保證人坐得穩當，馬鞍的前橋和後面弓形部分做得要高一些。騎馬人如果不用馬鞍，騎光背馬，在馬背上是坐不穩的。如果是騎馬作戰，就難以用力揮動兵器，格鬥時容易摔下馬。馬具中最重要的是馬鐙，它最早出現在中國，直到公元8世紀才傳到西歐。有了馬鞍，騎馬人又腳踩馬鐙，就能穩穩地坐在馬上。可以這麼說，自從馬鐙發明以後，騎兵才成為一種高效的作戰兵種。另外給馬腳掌釘上馬蹄鐵，馬就能在坑窪難行的路面上行走。

《騎術手冊》。1834年，法國成立了騎師俱樂部，由此開始了風靡歐洲的賽馬活動。1865年在巴黎舉行了駿馬展示會。有人這樣描述：“這裡不亞於一座劇院，紳士、淑女忙着挑選寶馬良駒，豪華馬車精緻無雙，馬車夫、馬販子各種人一應俱全。”現在世界上最有名的騎術學校是奧地利維也納的西班牙騎術學校，這所學校因最初用的馬來自西班牙而得名。在這所學校中，少年騎手要接受長達六年的培訓。他們要想得到騎師資格，至少需要訓練一匹馬學會各種舞步。這些舞步已流傳了幾百年，各步都有名稱。常見舞步有直立——馬的後腿保持平衡站立起來，還有前躍——馬跳離地面踢擊後腿。當一排高頭大馬整齊地表演各種舞步，這種馬術就成了一種優雅的舞蹈。

在古希臘，一匹體貌俊美、訓練有素的良馬是貴族和將軍權力和地位的象徵。馬其頓國王亞歷山大就很珍愛他的坐騎布賽勒斯，這匹馬馱着他萬里東征，亞歷山大曾用這匹馬的名字命名一座城市。古希臘羅馬人為他們騎過的駿馬製作了不少青銅和大理石雕像，這些馬都顯得健壯、英武。在歐洲中世紀，馬很受騎士們重視。貴族子弟都有自己喜愛的坐騎，外出時騎着隨軍出征，在家則騎着圍追獵物。騎士們還不時騎着良駒去參加馬上比武，如果獲勝，得到的獎品中就有對手的坐騎。在12世紀，公認的好馬標準是深胸闊蹄，壯耳厚鬃，短脊實脺，眼大如鈴，馬腿要前長後短。

16世紀，在歐洲已經發展出一套騎馬的技藝——馬術。當時在意大利的那不勒斯有專門的騎術學校，來自法國和德意志的青年在這裡學習，學成後回國。法國宮廷中的騎師還專門編寫了

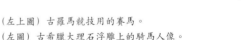

（左上圖）古羅馬競技用的賽馬。
（左圖）古希臘大理石浮雕上的騎馬人像。

　　　　　　　法國聖女貞德。

馬上春秋

馬
上
春
秋

（上圖）哈薩克人向乾隆皇帝進貢汗血馬。

（左圖）魏晉彩繪：騎馬送信的驛使。

唐三彩中的良種馬。

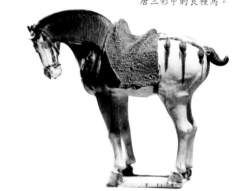

中國馴養馬匹的歷史也非常久，大約在4,000年前就已開始。文獻中記載周天子曾親自參加繁殖馬匹的"執駒"儀式。春秋戰國時期，馬已普遍被充作坐騎了。這時還出現了專門相馬的人，如秦國的伯樂就以善於相馬聞名，他能根據馬的外形判斷優劣，從眾多馬匹中挑選出千里馬。秦漢以後，馬的數量大大增加。西漢初年，國家頒佈法令要求家家養馬，並禁止十歲以下的馬出關越界，全國養馬多達30萬匹。後來張騫通西域成功，引進良種的"汗血馬"，改良了內地馬匹的質量。東漢名將馬援還根據前人的相馬經驗，鑄成一尊銅馬。他認為，相馬知識光靠口耳相傳不行，"傳聞不如親見，視影不如察形"，需要鑄成銅馬作為選馬的標準。這尊銅馬將各種良馬的優點集於一身，可以一目了然。

中國古代傳遞信件的郵遞系統歷來以騎馬送信為主，因為驛馬的速度比車行要快得多。東

中國古代官員騎馬出行。

交通初始的行旅

漢時著名科學家張衡發明了檢測地震的候風地動儀，有一天地動儀上龍頭含的珠子落下，顯示發生了地震，許多人不相信。幾天後，隴西就有驛傳飛馬來報，那裡發生了地震。由此可見驛馬報信的迅速。

一些少數民族因慣於騎馬而享有"馬上民族"的美譽。史稱匈奴強盛時有騎兵30萬。西域的烏孫、大宛以出產良馬著稱，在西漢時傳入內地。後來居住在烏孫故地的哈薩克族在清代曾多次向皇室進貢馬匹。以從事畜牧業為主的蒙古族，在代步、運輸上無不依靠駿馬。蒙古馬雖然體格矮小，但忍飢耐渴，奔跑迅速，蒙古人一度騎馬縱橫馳騁，足跡遍及歐亞大陸。

中國西南的雲南、貴州、四川幾個省區，山地多，自古交通不便，唐代大詩人李白曾有"蜀道難"之歎。在沒通公路、鐵路之前，馬幫是這裡傳統的運輸組織。據文獻記載，大約在東晉時，雲南等地的馱馬運輸已經集結成幫。到清代，這幾個省已有了固定的馬幫運輸路線。馬幫有馬幫頭，負責指揮。馬幫通常是在天剛亮就出發，走一陣後便放牧休息，等午後再走。馬幫足跡所至，常常人煙稀少，所以一路上趕馬人總愛縱情高歌，以排遣旅途寂寞。在偏僻山區，馬幫在溝通人際交往、運輸貨物等方面起了重要作用。

等到公路、鐵路修通，馬匹這一古老的畜力交通工具很快就讓位於迅疾駛來的汽車和火車了。

馬上春秋

清代西洋畫家郎世寧的作品《哨鹿圖》。

17世紀的波斯將領。

成吉思汗。

交通初始的行旅

驢背廝磨

驢是人類最早馴養的牲畜之一。驢性情溫順，耐久性好，安全性強，適宜於役使，尤其是在道路不好的地方載人運貨都不錯。做畜力用的驢分為走驢和馱驢兩種。走驢用來乘騎，驢背上不用鞍子而用墊褥。驢走得很穩，缺點是走不快，騎驢人不能像騎着駿馬一樣奔馳。馱驢背上一般備有鞍子，以保護驢背不被磨傷，裝載貨物用口袋或驢筐，一頭驢能馱100千克左右。驢還能用來拉車，車上既可以運貨也可以載客。有的地方還用驢拉磨，在拉磨時要給驢蒙上眼罩，據說是怕它轉得頭暈。戴着眼罩的毛驢拉磨拉得飛快，而一除去眼罩它就不願再轉圈了。

在古代地中海周圍地區，驢最早來自努比亞（今蘇丹），後來經過埃及傳到西亞，大約在公元前4世紀才傳入希臘、羅馬。與馬相比，驢的外形要差得多，長長的臉，身材矮小，兩隻大耳朵高高翹起，肚皮灰白。不少人對驢都沒有好感。儘管驢幹活很勞累，也很機靈，但仍被看作懶、笨，所以有"懶驢"、"笨驢"的貶詞。這種不公平的評價甚至在《聖經》中都有反映。《聖經》中記載有一頭驢馱着假先知巴蘭，在路上巴蘭毒打這頭驢，以至驢被逼開口，責怪巴蘭殘暴。在羅馬帝國建立後，羅馬人發現了驢的新用途。羅馬的貴族婦女用驢奶美容，把浸有驢奶的麵包片貼在臉上護膚養顏。古羅馬暴君尼祿的皇后在外出時要帶400頭母驢同行，以便早晚供她在驢奶中沐浴。

因為驢的價錢比馬要便宜得多，所以地位較

趕驢的古埃及人。

威尼斯聖馬可教堂壁畫上的耶穌騎驢。

趕驢的古猶太人。

（上圖）耶穌騎驢進入耶路撒冷。

（右圖）14世紀歐洲城市中驢是重要的運輸工具。

（下圖）堂吉訶德與其僕人桑丘，桑丘的坐騎是頭驢。

低的普通人往往選擇驢當坐騎。《聖經》中記述，當時地位寒微的耶穌就是騎着驢進耶路撒冷城的。古希臘《伊索寓言》中的一則故事也說到，有父子二人合騎一頭驢去趕集，路人批評他們不愛惜牲口，結果兒子跳下驢來讓父親單獨騎，不久又有人批評父親不關心孩子，結果只好讓兒子單獨騎，很快又有人批評兒子不尊重父親，弄得父子二人不知所措。伊索說這個故事的目的是勸人要有主見，不能人云亦云。16世紀西班牙的文學家塞萬提斯小說《堂吉訶德》書中，主人公堂吉訶德的僕人桑丘就騎着一頭灰驢。堂吉訶德為這頭驢大傷腦筋，因為沒聽說以前有騎士會帶上騎驢的僕人，只好讓桑丘先騎着驢，等到遇上哪個無禮的騎士，再把他的馬搶來換驢。這說明當時在坐騎中驢的地位遠不如馬。

15世紀的法國農戶，遠處有個農民在趕驢。

驢背廝磨

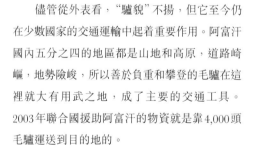

描繪英國18世紀工業革命的圖景，路上可以見到用來運物的驢。

騎驢外出的朝鮮官員。

　　儘管從外表看，"驢貌"不揚，但它至今仍在少數國家的交通運輸中起着重要作用。阿富汗國內五分之四的地區都是山地和高原，道路崎嶇，地勢險峻，所以善於負重和攀登的毛驢在這裡就大有用武之地，成了主要的交通工具。2003年聯合國援助阿富汗的物資就是靠4,000頭毛驢運送到目的地的。

　　據史書記載，中國在漢代已經將驢用於運輸。東漢明帝年間，有一個叫鄧訓的官員曾用驢運糧食。驢在中國也當坐騎，傳說中的八仙之一張果老就是倒騎毛驢的。歷代有些大官名士也喜愛騎驢，並不覺得騎驢就降低了身份，反而以此來顯示他們的瀟灑坦蕩。據《宋人佚事彙編》記載，有一次，北宋的宰相富弼身穿便服騎驢到郊外去，路上迎面遇到某官員的儀仗開道，命令他下驢讓道。富弼不理睬，舉鞭趕驢。對面人大聲喊："不肯下驢，請問官位。"富弼說了自己的名字，對面的官員立即跪拜行禮，連聲賠罪，富弼也不停留，趕驢揚長而去。北宋時期，也曾當過宰相的王安石晚年在金陵（今南京）養老，每次外出也喜歡騎驢，有時甚至是讓驢隨意走，驢停人停，"或坐松石之下，或田野耕鑿之家，或入寺"，過着閒雲野鶴般的生活。清代學者戴名世曾經騎驢走遍了大半個中國。他行萬里路，讀萬卷書，從北京一路騎來，一直騎到浙江的雁蕩山。後來有人誣告戴名世的著作《南山集》中有不利清朝統治的內容，讓他陷於"文字獄"，被處以腰斬的酷刑。民間傳說戴名世被殺時，全國的毛驢大叫了三天，為他鳴冤叫屈。

交通初始的行旅

新疆的維吾爾族也喜歡用毛驢做代步工具。新疆著名的機智人物阿凡提就是以騎一匹小毛驢的形象出現的。20世紀60年代新疆和田縣有個叫庫爾班的老人執意要騎着毛驢上北京，成為轟動全國的新聞。擅長表現新疆風情的畫家黃冑當時畫了不少以毛驢為主題的畫作。在北方，舊時人們走親訪友都愛騎毛驢。在鄉村，以前常會見到穿着花布衣衫騎驢回娘家的新媳婦。以前西南山區的馬幫裡一般都帶一頭小毛驢，這頭驢一路上會不時引吭高叫。夜宿時，毛驢大約每兩小時嘶叫一次，幾乎成了趕路人的報時鐘。還有一種傳說，說毛驢的叫聲能驅獸避邪，保證路途安全。

靠趕毛驢供人乘騎為業，過去在北方一帶很流行。《燕都雜詠》中稱：北京"各城門租驢代步，名曰：'門驢'，宣武門外有'趕驢市'"。清末，北京城內的交通工具主要是馬車、轎子、人力車，但城外的路不好走，城裡人出城仍愛租騎小毛驢。進入民國後，興修道路，人力車流行，趕腳的才漸

法國畫家筆下的騎驢農人。

漸少了。但到了春節，白雲觀、財神廟、大鐘寺等地舉辦廟會，富人仍愛僱毛驢騎着去逛廟會。出租的毛驢經過特殊訓練，在一些固定路線上，趕腳人並不跟隨，只在驢屁股上拍兩下，這頭驢就會獨自馱着客人走，一旦到了目的地就不再走，這時那邊自然有人出來接驢收錢。

驢是一種貌不驚人但卻吃苦耐勞的家畜，默默地奉獻，卻常常承受不好的名聲，與它的同類近親騾馬相比，確是有些蒙冤受屈。

驢背斯磨

驢車。

駝鈴聲聲

印度石雕上的駱駝。

　　駱駝是反芻類動物，頭小，頸長，軀體大，毛多為褐色，鼻孔能開能閉。駱駝的四肢細長，腳分成兩趾，腳底有厚皮，背上有一個或兩個駝峰。駝峰內貯存了大量膠質脂肪，這些脂肪在駱駝長途跋涉時可以分解成自身需要的營養。駱駝肚裡的胃分成三個胃室，第一胃室附生有二三十個水袋，用來貯水。駱駝可以較長時間不吃東西不喝水，只要舔舔地上的鹽斑就能照常生活。它的血液有抗脫水的特殊功能。

　　駱駝奇特的腳掌下有寬厚的肉墊，能在疏鬆的沙漠上穩步前進，行走時腳趾叉開，這樣就不會深陷到沙窩中。為了眼睛不被沙面的高溫灼傷，駱駝行走時總是昂首闊步。它的眼睛上有長長的睫毛，耳朵上也佈滿短絨毛，鼻孔能隨意開閉，避免飛塵風沙的襲擊。駱駝的食道韌性很好，它能吞下帶刺的灌木而不被刺傷，而這些灌木中往往含有大量的水分。駱駝強健的體格、細長的四肢和靈活的大腳使它適於在沙漠裡快速行走。尤其可貴的是駱駝目光敏銳，嗅覺靈敏，能發現遠處的水源，所以在沙漠中旅行時，只要跟

古代印度人役使的動物有駱駝、大象和馬。

交通初始的行旅

着駱駝走，往往就能找到綠洲。駱駝膽小，容易
管束，拉駱駝的人只要用一副籠頭、一根繩子就
能牽住它。由於駱駝有這麼多優點，故而被人們
讚譽為"沙漠之舟"。

在中東地區，駱駝早就被馴養並廣泛役使。
公元前18世紀，來自西亞的喜克索斯人入侵埃
及，就大量使用駱駝做運輸工具。阿拉伯國家的
駱駝大多是單峰駱駝，既做運輸工具，又被用來
犁地。在阿拉伯人看來，駱駝一身是寶，因而衡
量一個人財富的多少就是看他有多少頭駱駝。女
兒出嫁的主要陪嫁品也是駱駝。伊斯蘭教創立者
穆罕默德認為駱駝具有神奇的力量，他是騎着飛
奔的駱駝才沒有被追兵趕上，及時到達了聖地麥加
的。他說："誰能給駱駝肥美、潔淨的草，真主會
記住他的善舉，按照駱駝所吃的草的數量報答他。"

在西亞多沙漠地區，駱駝也被用於作戰，
士兵們騎在駱駝上打仗。在13世紀西方十字軍
東侵時，從歐洲國家來攻打耶路撒冷的騎士就抱

16世紀來往於商道上的駱駝。

拿破侖在埃及。

怨他們騎的馬不如當地的駱駝耐力好。在火器出
現後，土耳其和阿富汗的軍隊都曾用駱駝拖炮。
1799年，拿破侖率法軍到達埃及時，也按照當
地的做法組建駱駝軍，用來偵察敵情。一直到
20世紀中期，在阿拉伯國家軍隊中還有騎駱駝
的士兵，用於在沙漠地區執行軍事任務。

在中國，駱駝自古以來就是北方地區重要的
交通工具。自從中國開闢了通往西方的"絲綢之
路"後，千百年來，駱駝一直跋涉在這條貫通亞
歐大陸的商旅大道上。中國的駱駝多為雙峰駱
駝，除馱物載人，還被用來拉車。蒙古族居民曾利
用駱駝製成駱駝轎，在駝背兩側各放一乘小轎，人
坐在上面，一天能走七八十里，既安全又舒適。

中國北方的古駝道大多以張家口為起點，
所以張家口城內有不少養駱駝的人家，稱駝戶。

1941年時阿拉伯軍團的駱駝兵。

駝鈴聲聲

交通初始的行旅

中國明代畫家仇英的《明妃出塞圖》中有駱駝車。

趕到附近有水草的地方去放牧。大的駝隊裡還有專門負責燒飯的"鍋頭"，由他點火燒水，和麵做飯。駝夫如果在路上肚子餓了，就吃自己隨身帶的炒米炒麵。駱駝裡總有幾頭駱駝脖子上要拴上鐵鈴，這就是"駝鈴"，目的是防止駱駝丟失。夜晚駝隊前進時，大家都不說話，悄無聲息，只聽見清脆的駝鈴聲響徹荒原。中國古代詩人曾這樣描繪駝隊中駝鈴聲聲的情景："腫背馬行鈴聲長，或十或五連成行，背上捆載高於牆。"詩中的"腫背馬"指的就是駝峰高高的駱駝。

除了組成駝隊在大漠中長途奔走之外，在北方，駱駝也曾做過短途代步、運輸的工具。據史料記載，一直到清朝初年，"京朝官多有策駝而入署者，後易駱駝為馬，最後易馬為車"。駱駝載人的情況不多見，而用駱駝馱貨卻延續了很長時間。直到20世紀前期，北京城裡還有不少商家用駱駝運貨，尤其是運煤和石灰這類粗重貨物。

富有的駝戶是不拉駱駝的，拉駱駝的人稱為駝夫。駱駝運輸一般都組成駝隊集體行動，中等駝隊的駱駝數量在140頭左右，分成幾列，每列20頭。駝隊首領不拉駱駝，他的職責是騎馬走在駝隊中間，照料駝隊。每列駱駝有一個駝夫負責看管。駱駝忍飢耐渴，馱運途中只要餵它一些黑豆就足夠了，如果是夏天，沿途水草豐茂，連黑豆都不用餵。而隨行的馬不能一整天不吃不喝，所以都是駱駝為馬揹水。駱駝也有在沙漠中力氣耗盡的時候，這時它就會倒地不起，無論怎麼鞭打拖拽都無濟於事。駝夫就只好把它棄在路邊，稱為"乏駱駝"，它最終會被風沙掩埋。

夏天，沙漠炎熱，駝隊一般是晝伏夜行。在清晨太陽要出來時，奔走了一夜的駝隊會停止前進，找好宿營地，支起帳篷，駝夫們倒地而臥。有一兩個值日的駝夫不能休息，得把駱駝卸馱，

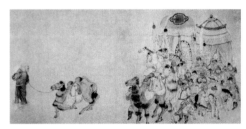

明代畫家葉優之的《李陵送蘇武》。

行走在帕米爾高原的駝隊。

唐三彩駱駝。

清代燈屏畫描繪駝隊路過京城。

清代畫家華嵒的《天山積雪圖》。

駱駝馱貨用的是粗麻繩編成的口袋,這種口袋底小口大,口上有袢。一頭駱駝能馱200多千克的貨。每當往駱駝身上搭口袋時,拉駱駝的人就發出叫聲,駱駝便前腿下跪,後腿蹲好。等到口袋放好,隨着拉駱駝的人再一聲吆喝,駱駝就起身站好出發。

今天,由於時代的進步以及交通的發展,駱駝已經很少再做運輸工具了。呼嘯的大功率越野車已在大漠中代替了列隊行進的駱駝。現在的駱駝或是被用於提供肉乳,或是被用於供人娛樂。但人們不會忘記,作為"沙漠之舟"的駱駝曾在歷史上來往於茫茫戈壁,一路留下清脆的鈴聲,架起了人們陸上交往的長橋。

在中國西北高原運貨的一支駝隊。

古道綿延

羅馬奧斯因斯大道。

　　路是人走出來的，在荒野中人多走幾次就能踩出一條羊腸小道。為了方便行人、車馬通行，人們很早就開始修築道路。古代埃及、波斯、印度、羅馬都修築過堅固的石砌道路。為了密切中央與各地的聯繫，公元前6世紀末，波斯國王大流士一世下令修築驛道，其中最長的一條從小亞細亞的以弗所到帝國的夏都蘇撒，全長2,400千米，被稱為"御道"。波斯驛道沿途每隔25千米設一個驛站，其中備有信使和馬匹。一旦有事，信使就像接力賽跑一樣一站站飛快地傳遞信件和物品。

　　在古代地中海世界，羅馬修築的道路最為

有名。羅馬人在帝國疆域內修建了龐大的道路網。羅馬道路一般是這樣修築：先用犁溝劃出道路輪廓，再鋪路面。路面通常用砂石鋪築成四層，最底層是奠基石，平鋪於夯牢的路基上；第二層用石塊與灰土混合鋪築；第三層用類似混凝土的火山灰鋪成；最上一層則用石塊鋪砌。大道通常中間高兩邊低，呈"凸"字形，以便於雨水排放。道路的寬度足夠兩隊車騎對面雙向行駛，路兩邊設有石護欄。羅馬人把道路都設計成筆直的路線，他們很少利用已有的彎曲小道。

　　拜占廷歷史學家曾這樣讚揚羅馬人修築的阿庇安大道："精心打磨過的石塊被切割成多邊形，然後他們把石塊砌到一起。石塊被精心地安放在一起，中間縫隙填塞得很好，以至行人都不認為這是人工造的，而以為是大自然的產物。"

15世紀意大利的宗教畫《三博士前往伯利恆》，畫中表現行旅在古道上行進。

交通初始的行旅

羅馬阿庇安大道。

印加古道。

印加馬丘比丘遺址，靠山間道路與外界交往。

阿庇安大道是公元前4世紀由監察官阿庇烏斯主持修建的，從羅馬城向南延伸了600多千米，是第一條羅馬大道，成為後來眾多羅馬道路的典範。到公元2世紀，羅馬帝國境內有372條大道，總長度8萬千米。"條條大路通羅馬"這句諺語，形象地說明了古羅馬道路的四通八達。

可以與羅馬大道媲美的是南美古代印加人修建的道路網。印加古道全長2.5萬千米，以印加帝國的首都庫斯科為中心，將整個帝國連成一

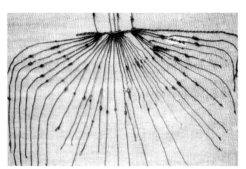
古印加人的結繩公文。

體。印加古道大多修在安第斯山中，工程施工難度很大。在16世紀40年代，有個西班牙士兵親眼目睹了這一奇觀後寫道："無論是亞歷山大還是其他帝王，都不敢誇口說他們能修出一條這樣的路。"印加大道沿着奔騰的河流跨越河谷，翻越高山，經過雪地、沼澤。有些路修得很高，海拔超過5,000米。印加古道路面上都鋪有塊石，路面還有排水系統。在高山叢林中，印加人緊靠懸崖修築鵝卵石路，有的地方則在岩石上鑿出台階。遇到河流阻隔，印加人就在河上拉起編織精巧的繩橋。通過這條道路網，統治者將官方文書傳遞到帝國各地。當時沒有文字，官方文書是用駝毛打結的繩子。不同的內容就使用不同顏色的駝繩，各地官員一看繩結就知道是什麼內容。信使在古道上接力送信，路邊有供休息的驛站，一站站傳下去。當時印加還沒有車輛，信使一般是步行或是騎一種叫羊駝的動物代步。

交通初始的行旅

　　在歐洲中世紀，築路技術有很大退步，羅馬大道失修。統治者也曾想恢復羅馬道路的功能，還規定了道路的統一寬度，但沒有取得明顯的效果，因而在幾個世紀中人們更偏重通過水運運輸。從15世紀開始，各國比較注意修築供馬車行駛的大道。到18世紀中葉，歐洲人創造出了新的築路方法，用碎石子鋪路，陸路交通又開始受到重視。

　　中國早在4,000年前就已有能夠行駛牛車、馬車的道路。周朝在都城鎬京（今西安）和東都洛邑（今洛陽）之間修了一條寬闊平坦的大道，稱為"周道"。以它為中心，又修了向四面輻射的道路網。"周道"的工程質量不錯，《詩經》中有"周道如砥，其直如矢"的比喻，說明這條路路面堅實，道路筆直。春秋戰國時期，戰爭頻繁，各國修築了許多能夠通行戰車的道路，不過全國統一的交通網到秦代才出現。秦始皇統一中國後，實行"車同軌"，統一道路寬度，把過去錯雜的道路加以整修、連接，建成了遍及全國的馳道。馳道道路寬廣，路面用鐵杵夯實，兩旁遍植青松，除

秦始皇陵出土的車馬俑。

洛陽漢墓中描繪車馬出行的壁畫。

15世紀法國一城市正在修路。

路，比如在廣西壯族居住的地區，不少山路就是用青石板鋪成的。

在中國的道路中還有一種比較特殊的叫"棧道"。棧道是沿懸崖峭壁修建的道路。戰國時期，秦惠王為了克服秦嶺的阻隔，打通陝西到四川之間的道路，開始修築褒斜棧道。這條棧道全長200多千米。以後幾百年中後人又陸續修築了金牛道、子午道等著名棧道。開鑿棧道的工程十分艱巨，築路者先用火焚水激的方法開山破石，然後在懸崖峭壁上鑿成方形孔洞，分上、中、下三排，分別插入木樁。接着在上排木樁上搭遮雨棚，中排木樁上鋪板成路，下排木樁上支木為架。這樣修成的棧道遠看就像一座長長的空中樓閣，非常壯觀。

一輛牛車走在俄國的鄉村小路上。

（右圖）修路。

路中央 10 米為皇帝專用外，又修築了兩邊的旁道。秦始皇還下令修築了一條通往九原郡（今包頭）的"直道"，長 1,400 千米，路面更寬。直道修成後，秦王朝的騎兵只用了三天三夜，就從京城附近的集結地趕到陰山腳下，去打擊匈奴。元代管轄的疆域廣闊，於是就大修驛道，廣設驛站，驛站多達1,400多處。清代對全國的道路網做了等級分類，規定第一類是"官馬大道"，由京城通往各省城；第二類是"大路"，由省城通往各地重要城市；第三類是"小路"，是通往各市鎮的支線。

古代的道路一般都是砂石路或泥土路，就是清代的官馬大道也是土路，只是在有重要人物出行時用黃土鋪路，清水潑街，以示尊重。但也有一些地方，尤其是多山的南方地區用石板鋪

中國滇南古棧道遺址。

古道綿延

鄉旅客店

羅馬壁畫中的鄉村莊園，常有旅行者要求在這裡借宿。

人們外出旅行或長途運輸，到了晚上總要到客店去投宿。人走累了要歇息，拉車的驢馬乏了要餵養，車輛壞了也要修理，這些需要都要靠路邊的大小客店來滿足。

上古時在道路附近可能沒有為旅行者提供服務的客店。在古代希伯來，旅行者經常在野外露宿。在《聖經》中有最早關於客店的記載：雅各的兒子從埃及回來，在一家客店裡歇腳，並給牲口餵草料。這種客店多分佈在離道路不遠的村落裡，有的則在水井附近。《聖經》裡還提到，耶穌的父母約瑟和瑪麗亞要到出生地伯利恆去登記戶籍，他們到那裡時當地的客店都已經住滿。他們只好找別的空房子留宿，瑪麗亞就在馬廄裡生下了耶穌。這說明當時在城鎮中已有為行旅服務的客店。

在古希臘很少有關於客店的記載，旅行者就在路邊好客的人家借宿。古代波斯有完善的驛道，沿途每隔 25 千米設一個驛站，另外在驛道上每個相隔一天路程的驛站中都設有倉庫，負責向信使和來往官員發放口糧。這種驛站帶有客店性質，不過是由官方設立的。古羅馬人在主要道路附近也設有供行人住宿的客店。這些客店條件大多比較差。公元前 38 年，古羅馬詩人賀拉斯經阿庇安大道從羅馬城去布倫迪西。第一天晚上他和朋友在路邊的客店投宿，發現店裡已經住了不少水手，客店服務員嘴裡也嘮叨個沒完。店裡供應的水不乾淨，賀拉斯喝了以後胃疼得厲害。水手們喝醉了酒夜裡鬧事，加上蚊蟲叮咬和蛙鳴聲，攪得他無法入睡。因為為公眾服務的客店條件差，羅馬的富人一般都不願在那裡住，往往選擇在附近好客主人的莊園裡留宿。

古波斯驛道上的驛站。

交通初始的行旅

土耳其古代的商旅客站。

法國的鄉村客站。

　　羅馬帝國滅亡後，歐洲的社會狀況相當混亂，路上經常有盜賊出沒，旅行一度很危險。旅行者就成群結隊行動，並有武裝人員保護。這時遍及歐洲各地的教堂和修道院擔負起為朝聖者提供住宿的責任。比如設立在瑞士阿爾卑斯山聖伯納德關隘的客店，就是在10世紀由修士聖伯納德修建的。1100年，來自歐洲的騎士在巴勒斯坦建立了醫院騎士團，他們為來往的十字軍騎士和朝聖者安排食宿，部分地起到了客店的作用。16世紀以後，商業發展刺激了歐洲客店的發展，它們由小變大，由簡陋變得講究。尤其是在驛道馬車出現後，沿路客店也開始規範起來，英國規定在驛道上為馬車服務的客店標準是每24千米一家。

　　美國早期的客店都建在水路交通線路附近。17世紀客店多建在港口內，以後隨着人口向內陸遷移，客店也隨着內遷，建在河邊和路旁。美國最早的客店是費城的藍鋪旅館。18世紀初，馬薩諸塞當地議會通過法律，規定每個城鎮都要設立客店，不執行就要受處罰。不過那時的路邊客店設施簡陋，十幾個旅客住在一間長條房間的地板上，腳朝點火的壁爐，頭枕衣服卷睡覺。後來鐵路通車後，新型的客店建在車站附近，住宿條件也隨之改變，向旅行者提供整潔、舒適的住宿服務。

鄉旅客店

為乘馬車旅行的人服務的路邊旅館。

德國畫家勃魯蓋爾的作品《伯利恆的户籍登記》。

鄉旅客店

英國倫敦的馬車客店。

　　中國是世界上最早出現客店的國家。中國的客店有官方驛站、民間旅店和寺廟客房三類。驛道旁的驛站是官府設立的住宿機構。驛站初期接待的都是信使，後來接待範圍擴大，過往官員也可以在這裡食宿。官府明文規定，過往人員投宿驛站必須出示官方的憑證。先秦時官員投宿都要憑隨身帶的節符，根據官位高低，節符分別是用金、玉、銅、竹、木、帛不同材料做的。

　　中國在商周時就出現了為商旅服務的民間旅店。《詩經》中曾記敘有個叫公劉的人來到京師郊外，他住在旅店中發感慨："京師之野，於時處之，於時廬旅。"説明當時已有旅店。早期旅店都設在道路兩旁，它們"冬有溫廬，夏有涼蔭"，為住客提供食宿。南北朝時期，旅店大量出現在城市。旅店門前多掛有燈籠、幌子招徠客人。旅店的式樣也因地而宜，明清時北方的中小客店多為四合院建築，門前設有拴馬樁；江南客店往往底層或前面是商店，後面才是客房；四川的客店還與茶館合在一起，圍繞一個天井佈置。各地旅店都有自己的地方特色。清代小説《老殘

《雪川羈旅圖》中描繪的旅店。

描繪路邊酒店的中國東漢畫像磚。

交通初始的行旅

18世紀歐洲國家間旅行者來往不絕。

牛車客店。

遊記》中這樣描寫一家客店的"上房"："有三間屋子，一個裡間，兩個明間。堂屋上掛個大呢夾板門簾，中間安放一張八仙桌，桌上鋪一張漆布。"這是給有錢人住的上等客店，普通百姓就只能住"大車店"、"雞毛店"這類民間小店。清代乾隆年間，有些小旅店"屋內泥塗紙糊無纖褥，積雞毛二尺許，人宿其中，可免凍僵"。舊日旅店中大多可以搭夥用餐，但也有提供爐火餐具讓住宿者自己做飯的，叫"起火老店"。一些供商旅留宿的"腳店"還設有牲口棚和貨棧。

還有一種特殊的客店是寺廟的客房。在古代，早就有旅行者在寺廟裡投宿用餐。最初，寺廟接待的都是外邦來的僧人和國內的遊方和尚，後來一些豪門貴族在參佛禱祝後喜歡在寺廟裡留宿幾日，還有一些遠道來的香客也會住在寺廟客房裡，甚至有些讀書人也選擇在寺廟小住，比如古代戲曲《西廂記》中的書生張生就是住在普渡寺裡，在佛堂第一次與官宦人家的小姐崔鶯鶯見面。寺廟多位於環境清幽的地方，裡面客房也比較雅潔，正是官宦寓居和書生讀書的理想場所。寺廟客房一般不規定具體的食宿價格，全憑住宿者根據自己的經濟狀況隨意施捨香火錢，權作住宿費用。

到20世紀初，中國的市場被迫對外國勢力開放，在沿海通商口岸開始出現西式的旅館、飯店，西風東漸，使得舊式客店逐漸向新式旅館過渡。

天津楊柳青年畫，反映清代住客早晨離開客店的情形。

獨木成舟

留在山間的獨木舟。

獨木舟

獨木舟是一種原始的水上交通工具，可能早在原始社會末期就已經出現了。獨木舟的製造方法是：把砍下的樹幹用斧鑿將一面削平、挖空。有些獨木舟的中空部分還是燒出來的。在中國古籍《易經》中，提到在上古的黃帝、堯舜時代，人們"刳（剖）木為舟"。古籍中還記述了舜的繼承人大禹製作獨木舟的神話故事。傳說在堯舜時代，洪水氾濫成災，大禹負責治水。禹為了指揮治水工程，需要造一隻大獨木舟。他聽說四川有一棵特大梓樹，直徑3米多寬，就帶木匠去砍樹。樹神知道後化成一個童子阻止砍伐，禹非常生氣，嚴詞斥責樹神。他砍下大樹，把樹幹中間挖空，造了一條既寬大又靈巧的獨木舟。禹乘坐這艘獨木舟指揮治水，經過13年的努力，終於制服了洪水。

在古代中國南方，有些少數民族有用獨木

人類早期用火燒法製作獨木舟。

舟做船棺埋葬死者的習俗。這些獨木舟很可能就是他們生前使用過的。1954年，在四川巴縣的河邊高地上出土了17具古代巴族人的獨木舟船棺。巴族是一個居住在江河邊、熟悉水性的少數民族。這17具獨木舟船棺可以分為早晚兩種類型，製作方法不同。早期的獨木舟用整段圓木削去上段，使之成為大半圓形後再挖刨出船艙，最後鑿平舷牆和船底。這種船棺製作粗糙，兩段截齊，兩舷很矮，船艙較淺，整個船形也不規則。船艙表面有明顯的火燒痕跡，說明製作時用了火燒的辦法。後期的獨木舟所鑿船艙較深，艙底平整，圓木兩端由底部向上斜削，翹成船頭和船尾。這種獨木舟需要花費較多的人工。它的特點是船體狹長，增加了航行的穩定性；船頭和船尾削成斜面上翹，既減輕了船體自重，又減少了在水裡行駛的阻力；艙位挖在中部，使船的重心降低，裝載人和貨物就更加安全。

直到近代，在中國一些邊遠的少數民族地區還有獨木舟留存。比如台灣省的高山族居民就一直有使用獨木舟的習慣。他們用樟木、黑心木等當地最好的木材做原料，在造舟時附近的年輕人都要來幫忙，一艘獨木舟要花十多天時間才能造好。新舟下水時，要舉行祭祀儀式，大家合力把獨木舟舉起來，齊聲吶喊着拋向空中幾次，以

交通初始的行旅

18世紀末婆羅洲居民划獨木舟出海。

澳大利亞土著居民的草船。

南美的的喀喀湖上的蘆葦船。

北美印第安人用獨木舟捕魚。

示慶賀。經過劇烈搖動，如果這條獨木舟仍很堅固，就證明它是一條好船，可以放心下水了。

有關獨木舟的來歷，在高山族中還流傳着一個傳說。從前，在日月潭附近的山裡有五個獵人。有一天，他們去打獵，在路上發現一頭全身潔白的鹿。白鹿發現有人張弓搭箭，拔腿就跑。幾個獵人一直追到日月潭邊，眼看白鹿游過日月潭上了一座孤島，毫無辦法。這時，一個叫阿柏的青年突然發現一隻小鼠蹲在一片楠樹皮上，將尾巴放在水裡當槳，向前"划動"。阿柏受到啟發，與同伴一起砍樹，在樹幹中間挖了個深槽，人坐在槽中，以樹枝當槳。阿柏用自製的獨木舟渡過日月潭，到達孤島，捉住了白鹿。據說從此高山族就有了使用獨木舟的習慣。

在國外，一些生活較為原始的居民也流行使用獨木舟，並且還各有其特點。北美印第安人使用的獨木舟製作精細。他們用整棵杉樹將中間挖空，做成長獨木舟，"首尾部分高高翹起，上面刻有花紋，內容是各種動物的形象，用作圖騰

獨
木
成
舟

和裝飾"。有些船還備有杉樹皮的席帆，長達十幾米。古代埃及人用一種叫紙草的水生植物造船。他們把紙草莖杆編成月牙形的平底船，然後塗上瀝青防水。

　　在歷史上，使用獨木舟航行影響最大的是南太平洋上的波利尼西亞人。他們大約是在公元前1600年開始從東南亞啟航，逐漸越過太平洋的浩瀚海域到達南太平洋島嶼。到公元前100年，他們到達塔希提島，然後以塔希提島為中心，向四周擴張。在多年的海上生活中，他們掌握了複雜的造船技術，能夠建造一種雙船體的大型航海獨木舟。這種獨木舟由兩片船殼並排捆紮而成，船體大，速度快，用槳或帆作動力推進，能夠航行幾千千米。波利尼西亞人具有熟練的航海技術，

古埃及人造的紙草船。

在南太平洋群島，獨木舟曾是主要的水上交通工具。

獨木成舟

交通初始的行旅

他們不用航海儀器，通過觀察星星、雲彩、風向、海浪和海鳥，就能大致瞭解船隻和陸地的方位。有經驗的波利尼西亞水手能夠看懂海浪的類型，通過海浪拍擊船體的聲音來感覺海上的變化。他們還使用一種特殊的海圖。這種海圖用木棒綁在一起表現航線，用小貝殼和石頭表示海島。波利尼西亞人認為，他們的航海技術是人的經驗和神賜智慧的結合。在出航前，他們必須唸符咒和祈禱以安撫海中魔怪，保證獨木舟航行安全。

　　1976年，有人仿製了一艘波利尼西亞人的古獨木舟，採用古老的航海技術，成功地從塔希提島駛到了夏威夷。使用這種古老的獨木舟，波利尼西亞人的足跡遍及整個南太平洋。公元400年

復活節島石像——古代波利尼西亞人的藝術傑作。

前後，他們到達了夏威夷和復活節島，相傳至今在復活節島上的上百個石雕人像就是他們留下的。公元1000年前後，波利尼西亞人到達了他們海上探險最遠的地方——新西蘭。

　　隨着人類文明的進步，人們也在改進水上交通工具。比如在獨木舟四周加上木板以增大容量，這樣原來的獨木舟就變成了船底。在長期的演變過程中，圓底獨木舟逐漸變成船底的中間部分，通連首尾的縱向木材就變成了船上的"龍骨"。就這樣出現了尖底或圓底的木板船，而原來平底的獨木舟也逐漸演變成木板船上的一塊板。造船史上由此完成了一次重大飛躍，原始的獨木舟發展成了木板船。

獨木成舟

波利尼西亞人在水上蕩舟。

18世紀時塔希提人使用的戰船。
（右圖）在北極地區，一支歐洲來的探險隊遇到乘坐獨木舟的因紐特人。

腓尼基航海家

腓尼基人的槳船模型。

　　腓尼基人是古代一個善於航海的民族，5,000 年前他們就居住在地中海東岸，所處位置相當於今天的黎巴嫩。腓尼基人在這一地區並沒有形成一個統一的國家，而是建立了幾個相互獨立的城邦（城市國家），其中推羅最有名。這些城邦大多建在海邊的岩石上，這樣便於防守。每個城邦都有自己的港口，有的還有兩個港口，一個朝南，一個朝北。

　　"腓尼基"一詞是紫紅色的意思，這一名稱源於這一地區出產的一種紫紅色顏料。在推羅，人們潛入海底，捕撈一種海螺，從中提煉出可作染料用的紫紅顏色。技術好的染工能調出從深紫色到淡粉色一系列深淺不一的顏色。這種染料在地中海各國是很受歡迎的商品，後來羅馬貴族穿的外套拖裾就是用來自腓尼基的紫紅顏料染成的。

運木材的船隊。

亞述人通過水路從腓尼基進口雪松木材。

腓尼基人的航船。

交通初始的行旅

腓尼基人在地中海沿岸經商。

腓尼基工匠幫助建造的猶太聖殿。

腓尼基的手工業很發達，其中尤以用當地產的雪松為材料的造船業和以紫紅顏料染色的紡織業最為有名。由於腓尼基人善於航海，他們的對外貿易相當發達。他們充分利用當地有眾多優良港灣和發達造船業的優勢，早在4,000多年前就與埃及和兩河流域國家建立了貿易聯繫。腓尼基人從埃及輸入亞麻，從塞浦路斯輸入銅，從西亞輸入錫和鐵，而他們自己則輸出象牙製品、青銅製品、銀器、玻璃製品、雪松以及紫紅色的紡織品。後來亞述人為建造宮殿曾從腓尼基進口大量雪松木材。

在距今3,500年前，腓尼基人遠航到達了海流湍急的直布羅陀海峽，他們把海峽兩岸的兩座山岩稱為"海格力斯（大力神）擎天柱"。此後，腓尼基人就開始越出海峽在大西洋中探察遠航，北邊曾到達不列顛近海，向南發現了加那利群島。在進入大西洋的航行中，腓尼基人創立了最早的天文航海學，也就是通過觀察太陽、月亮、星星來導航。腓尼基人因為一再看到遠方來的船是先見桅杆頂部，然後再逐漸顯露出船身，他們已開始意識到大地表面可能有一定的弧度。

到公元前10世紀前後，腓尼基各城邦開始興盛起來，航海事業也達到頂峰。據《聖經》記載，在猶太王國所羅門王統治時，腓尼基人不僅同猶太人之間貿易來往頻繁，而且還利用猶太王國在紅海的一個港口，在猶太人幫助下組織船隊前往奧菲爾（今埃塞俄比亞）探險，從那裡帶回了檀香木、寶石、象牙、猿猴和孔雀等珍奇物品。腓尼基城邦推羅的統治者希蘭王曾給所羅門王送去雪松、工匠，幫助他建造猶太人的聖殿。這些能工巧匠"擅長打製金銀鐵器，石工木工都十分拿手。他們在染製紫紅色、藍紫色和深紅色紗線和精美亞麻布方面也有豐富經驗"。

腓尼基人製作的鷹形項圈。

腓尼基槳船。

腓尼基航海家

　　在很長一段時期內，腓尼基人的造船技術在地中海世界是首屈一指的。他們用本地產的雪松造船，雪松木質堅硬，不會腐爛，因而船造得很結實。這些船都比較大，在順風時能張帆行駛，船上還有許多奴隸槳手，沒有風時就使用槳櫓。

　　在歷史上，腓尼基還以建立了眾多殖民地而聞名。腓尼基人的殖民活動大約開始於3,000年前。腓尼基殖民地主要分佈在西地中海。在意大利西海岸、塞浦路斯島的西部沿海地區和愛琴海的一些島嶼上，腓尼基人也建立了殖民地。甚至在古埃及的都城孟斐斯，還有一個全由腓尼基人居住的街區。他們建立的殖民地中最著名的是位於今天突尼斯境內的迦太基，這個殖民地是推羅在公元前814年建立的，後來發展成為一個在西地中海稱霸的海上強國。

　　公元前7世紀末，腓尼基人進行了一次重大的海上探險。大約在公元前600年，古埃及法老尼科二世僱用一支腓尼基船隊從紅海出發，沿着順時針方向環繞了非洲一圈，花費了三年時間才返回埃及。按照希臘歷史學家希羅多德的記述："腓尼基人便從紅海出發而航行到南海去，而在秋天到來時，他們不管航行到利比亞的什麼地方都要上岸，並在那裡播種、收穫穀物後再繼續航行。兩年之後到第三年的時候，他們便繞過了'海格力斯擎天柱'回到埃及。在回來之後他們說，在繞行利比亞時太陽在他們的右手。""太陽在他們的右手"說明腓尼基水手這時已經穿過赤道，來到了南半球。

　　以後因為推羅等城邦衰落，腓尼基人在海上的探航中止，取而代之的是推羅在非洲北岸建立的殖民地迦太基。迦太基建國後，逐步把原來腓尼基的殖民城市置於自己的管轄下，迦太基城成了所有腓尼基人的都城。迦太基人繼承腓尼基人的航海傳統，曾經數次向大西洋外探航。公元前530年，有個迦太基航海家駕船進入大西洋，沿非洲海岸南行到達一個河中有鱷魚和河馬的河口。這有可能是西非的塞內加爾河。公元前470年，漢諾奉命率船隊

腓尼基彩色釉磚。

交通初始的行旅

迦太基港口廢墟。

按照泥版上的圖案仿製的西亞紙草船。

這時迦太基已成為西地中海的霸主。迦太基人對自己行駛的航路、經過的口岸都嚴格保密，以防止別國染指。迦太基海軍還封鎖了直布羅陀海峽，禁止其他國家船隻通過。迦太基人控制海峽長達200多年。後來迦太基與羅馬為爭奪對地中海的控制權，進行了三次殊死的戰爭，最終因戰敗而亡國，也就最後終結了腓尼基人延續了幾千年的航海傳統。

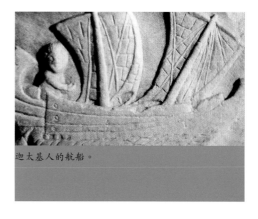

迦太基人的航船。

從迦太基出發，沿着非洲西海岸航行，到達了幾內亞灣，然後沿塞內加爾河，再經過四天的航行，夜晚看到陸地是一片火海，有的地方燃起了沖天的火柱。後人認為他看到的是今天的喀麥隆火山，這是一座活火山。漢諾的這次遠航打開了迦太基人與西非之間的貿易通道。

希臘大殖民

　　所謂"希臘大殖民"指的是在公元前8世紀到前6世紀，古希臘各城邦通過海上航路對地中海和黑海沿岸地區所進行的移民活動。它們建立了為數眾多的殖民地，對這些地區的發展造成了巨大的影響。

　　希臘大殖民實際上是大規模的海上移民活動，希臘人之所以能在兩三百年中成功地向周圍四處遷徙，與古代希臘悠久的航海傳統有關。希臘人從事航海事業最早可以追溯到4,000年前。約在公元前2000年，在古希臘的克里特島，當地人就建立了歐洲最早的國家。克里特人是個航海民族，很早就經營海上貿易，並對外進行海上擴張。當時克里特人造的是一種槳帆並用的柏樹船，船頭高翹，船中間的甲板上有小艙，船尾有個衝角。當時克里特人海上貿易的範圍已擴大到

克里特壁畫。畫中進貢物品的婦女來自不同民族。

了整個地中海，商船在埃及、塞浦路斯、西班牙之間穿梭往來。公元前1450年左右，克里特文明被一次大規模的自然災害毀滅。

　　以後在希臘本土，各部落的海上力量仍相當強大。按照荷馬史詩記載，約在公元前12世紀後期，希臘各部落聯合發動了一次遠征特洛伊（在今土耳其境內）的戰爭。這是一次大規模的海上活動，據說派遣的艦船超過上千艘，這一數字肯定有所誇大，但由此可見當時希臘人航海的規模之大。據荷馬史詩《奧德賽》記述，古希臘人很早就以觀察星位來導航了。詩中寫道："奧德賽坐在船後，把舵掌穩，睜眼瞻望七曜星，又看見耕夫星遲遲入海，還看見大熊星永遠自轉。"正是在這樣發達的航海事業的基礎上，古希臘人開始了大殖民活動。

　　按照古代學者的說法，希臘大殖民是為了安置過剩人口，尋找耕地，通過移民緩和內部矛盾。這時希臘的造船和航海技術已具領先水平。希臘人不僅能夠建造30槳和50槳的大船，而且還能建造二層槳和三層槳的戰艦。大船用槳，但

交通初始的行旅

（左圖）集結在克里特港口的船隻。
（右圖）古希臘神話中的傳說故事："阿爾戈"號船穿越對衝岩。

遠航還主要靠揚帆前進。乘坐這樣的艦船，希臘人就能遠涉重洋。同時希臘人已懂得利用從本土到黑海海峽的季風，春天風向南方吹來，而夏天風則向北方吹，如果方向掌握得好，搭上順風船，航行起來就省勁得多。公元前8世紀，希臘人乘船進入黑海，發現這裡比他們家鄉的愛琴海要冷得多，而且多風，他們就給這裡起名為"阿克辛海"，意為"不好客海"。後來他們定居下來，適應了這裡的氣候，就將它改名為"攸克辛本都海"，意為"好客海"。

希臘人建立的殖民地，一般都在沿海，海上交通比較便利。每次外出殖民都有一定的程

遠征特洛伊戰爭的起因：特洛伊王子帕里斯把美貌的斯巴達王后海倫用船帶回家。

復原的古希臘三層槳戰船。

遠征特洛伊的希臘英雄奧德賽乘船回家。

希臘大殖民

希臘人使用的帆船。

序，先要選出一個首領，讓他出面去神廟求得神的旨意即神諭。還要從母邦的"聖竈"裡取出聖火，在到達目的地後就用帶來的聖火點燃殖民地的聖竈，以此象徵殖民地與母邦之間的親密關係。按照慣例，殖民地不能與母邦作戰。

希臘人建立的殖民地遍佈於愛琴海、黑海和地中海沿岸，用古希臘哲學家柏拉圖的說法，散佈在從高加索到直布羅陀沿岸的眾多希臘殖民城市，就像是分散在池塘周圍的一群青蛙。

在這些殖民城市中有幾個比較有名。在黑海海峽有一個希臘人的殖民城市叫拜占廷，以建城的移民首領拜扎士的名字命名。這個城市扼黑海海峽咽喉，控制着通往黑海的通道，戰略地位十分重要。後來在羅馬帝國統治時改名為君士坦丁堡，發展成為古代西方世界的商業和政治中心。在意大利南部，希臘人建立了許多殖民地，這一地區因而成為希臘人的活動範圍，被稱為"大希臘"。希臘人在西西里島建立的最大的殖民城市是敘拉古，後來發展成為地中海地區有名的國家。大科學家阿基米德就生活在敘拉古，最後在保衛城市抗擊羅馬人入侵的戰鬥中獻身。在

祈求海神護佑的希臘人。

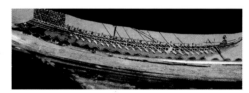

希臘陶瓶畫上的三層槳戰船。

西地中海建立的最遠的希臘殖民城市是馬薩利亞，就是今天法國的港城馬賽。

希臘大殖民活動對附近地區產生了巨大影響。首先是擴大了希臘世界的範圍，希臘人的足跡幾乎遍及地中海沿岸地區。另外大殖民活動加強了希臘世界與非希臘世界的交往，既向非希臘世界傳播了當時比較先進的希臘文明，同時也豐富了希臘文明自身，增進了彼此間的文化交流。比如希臘字母傳入意大利，演變成拉丁字母，就對後來西方字母文字的發展影響深遠。而從西亞、埃及傳來的藝術風格和建築技術，很多地方也為希臘文明所吸收。這些成就都與希臘大殖民

交通初始的行旅

希臘人城市米利都的港口舊址。

意大利南部的古港口。

希臘三層槳船上的槳手。

這一空前規模的航海活動有很大關係。

　　希臘大殖民活動對海上探險事業也有促進作用。希臘殖民城市馬薩利亞曾經出過一個著名探險家——畢提阿斯。他是希臘人，有着淵博的知識，喜愛海上探險。公元前325年，他裝備了一艘船，帶領25名水手和一個高價僱來的領航員出海探航。由於當時腓尼基人封鎖了直布羅陀海峽，所以他選擇的航線是由馬薩利亞向東，經愛琴海向北進入黑海，再通過第聶伯河、維斯杜拉河進入波羅的海。由此向西過日德蘭半島，南下經過不列顛島返航回馬薩利亞。他這次大約航行了約7,000海里，這一航程在當時是前所未有的。他還到了北面很遠的地方，在航行中曾遇到白夜現象。他記錄了航行中經過一個地方，那裡海水黏稠如糊，船不能通過，只能繞過去。畢提阿斯還觀察了大西洋潮汐，是歷史上第一個以月球運行規律來解釋潮汐的人。後來畢提阿斯在第二次去黑海海岸考察時失蹤。

　　直到公元前2世紀，羅馬人才取代希臘人的地位，成為海上霸主，使地中海成了羅馬的"內海"。

希臘大殖民

浩瀚海陸的探索

中古時代，在海上航行的船隻大多是帆船。從用人力的槳船發展到用風力的帆船是造船業的一大進步。即使是帆船，船帆也有變化，從獨桅帆、單面帆發展到多桅帆、多面帆，這樣海船就能利用八面來風，揚帆遠航。

隨着船舶的發展，導航技術也趨向精密。船舶導航可分為兩種：天文導航和羅盤導航。天文導航是通過觀星望月確定船隻在海上的位置，早先用肉眼，後來用上了星盤、六分儀等航海儀器；羅盤導航則是根據磁石指南的特點明確方向，以此判斷船隻位置。羅盤是由指南針演變來的，而指南針是中國古代四大發明之一，所以指南針的發明是中國對世界航海事業的傑出貢獻。對海上導航有重大影響的另一成就是經度的

確定。海圖上畫出經線、緯線，確定經度、緯度，就能給航行中的船舶準確定位，指示出正確的航線。為找出確定經度的方法，英國曾懸出重賞，後來破解這一難題的高人竟是一個普通的鐘錶匠。千百年來，人們在海邊險要之地建造燈塔，"燃燈以照夜渡"，為過往船隻示警、導航。

在歐洲，中古早期的航海民族是北歐的維京人。他們自古就是造船、航海的行家，造出的狹長海船利於遠航，航行的終點曾遠及美洲。維京人擅長征戰，慣於搶掠，故而有着"海盜"的惡名。

中古時期最有名的陸上通道是從中國通往西方的絲綢之路，因這條長途商道運送的主要商品是絲綢而得名。首開這條通道的人是中國西漢

偉大的探險家張騫。他奉漢武帝之命，為聯絡鄰邦夾擊匈奴而出使西域，建立了"鑿通西域"、連通東西的不朽勳業。自此以後的1,000多年中，絲綢之路上商旅不絕，使節不斷。在這條古道上，去天竺（今印度）求法的高僧也曾留下足跡，前期有晉代的法顯，後期有唐代的玄奘。他們不辭辛勞，跋涉於荒原大漠，九死一生而不悔，為中外文化交流盡心竭力。元朝初年曾有一位來自意大利的文化使者馬可·波羅，也是不遠萬里通過絲綢之路來到東方。他在回到故國後，留下一部記述精詳的遊記，成為後代探險家航行東方的指南。

與陸上絲綢之路並稱的還有一條海上絲綢之路，是從中國東南沿海航行到南洋的海路。到明朝初年，鄭和七下西洋也曾走過這條海路。不過鄭和的寶船走得更遠，最遠航行到了東非、阿拉伯半島。可惜的是，在鄭和之後，中國朝廷就開始採取海禁政策，不再在海上與世界溝通。

恰成對比的是，在此之後，西歐沿海國家，尤其是西班牙和葡萄牙開始進入大航海時代。葡萄牙的航海親王亨利倡導遠洋探險。葡萄牙人迪亞士遠航到達非洲南端的好望角，達·伽馬首航到達印度。在西班牙王室支持下，哥倫布"發現"了美洲，麥哲倫的船隊環航了地球一圈。這些航海活動給西方國家帶來的是發展的契機，給東方國家帶來的是長期的禍害，而給美洲印第安人帶來的則是滅頂之災。

浩瀚海陸的探索

揚帆遠航

古代印度帆船。

世界上最早的帆船可能是古埃及人造的，時間可以追溯到5,000年前。埃及人發現，風總是朝尼羅河上游方向吹，船在尼羅河溯流而上時，如果在船上豎起一面帆，就可以利用風力，只要在船尾掌握好控制方向的長櫓就行了。早期的帆是用紙草做的，後來改成亞麻布的帆。埃及船上掛帆的桅杆有的是活動的，無風時放倒，有風時再豎起張帆。公元前1500年，埃及女王哈特舍普蘇特曾組織帆船隊遠航，最遠到達了今天的索馬里。她派出的帆船上都有槳手，在無風時或風向不對時划船前行。這時的船用的是長方形的帆，只能利用正面吹來的風，如果風吹的方向與船行方向不一致，這種帆就用不上。

公元前200年，在地中海地區出現了裝三

古埃及帆船模型。

角帆的帆船。這種三角帆用繩子拉動，能夠在船上改變方向，可以以不同的角度與船相交，使船能利用其他方向的風航行。後來羅馬人又改進了船帆，使用雙桅掛帆，在船頭安一面小前帆，掛在向前傾的桅杆上，使船更容易操縱。為了擴大貨艙容量，羅馬的雙桅船採用梨子形狀的船體，前窄後寬，有的一艘大船就能運上千噸貨。印度人也早就使用裝有三角帆的帆船。印度帆船的船身不大，頭部尖，中部寬，這樣便於轉動以及在逆風中側帆前進。船體的木板間用油、石灰、麻絲彌縫，各船艙間還嚴密地隔絕，即使一艙破漏，也不會影響到其他艙室。後來阿拉伯商人就用這種帆船遠航，從阿拉伯半島航行到印度，再從印度航行到中國。

北歐的維京人使用的帆船船體細長，船上豎一根桅杆，掛一面方帆。西歐國家在從15世紀末開始的地理大發現中使用的船大多是三桅帆船，帆具複雜，帆面較大。以後歐洲帆船上增加了頂帆和底帆，桅杆上佈滿了帆。19世紀30年

浩瀚海陸的探索

土耳其人的古帆船。

18世紀英國的造船廠。

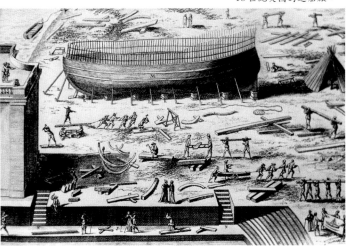

代，帆船家族中又增加了新成員——飛剪式帆船。這種船最早出現於美國，它的特點是船體瘦長，前端突出，桅多帆多，噸位不大而航速很快，船上備有海圖和各種航海儀器。美國商人一度用這種船在中國從事鴉片和茶葉貿易。 1853年，美國人造了飛剪船"大共和國"號，主桅杆高61米，桅杆上掛滿了帆，全船帆面積達3,760

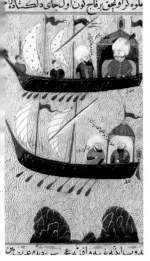

1588年西班牙無敵艦隊的風帆戰船。

在中國販運鴉片的美國飛剪船。

14世紀英國軍隊乘坐帆船出征。

16世紀歐洲的三桅帆船。

揚帆遠航

平方米，航行時速14海里，橫越大西洋只需要13天，是當時世界上最快的帆船。19世紀70年代以後，帆船在海上被新興的蒸汽船迅速取代。

　　中國船隻使用風帆的歷史至少有2,000多年。秦始皇曾派徐福攜帶3,000童男童女乘船出海，在海上遠航所用的船據分析應該是帆船。在漢代，中國南方的船上已經出現能夠轉動的帆，在航行時可以隨風向調整帆的角度和帆面大小。古人記載"風有八面，惟當頭風不可行"，這說明古代的帆船除當頭風外，其餘七面都能用來行船。當風迎面吹來時，將帆調到縱向，以帆的側面對着風，再走之字形的曲線，船就能在曲折中前進。後來的中國帆船也掛多面帆，在大帆旁加掛被稱為"插花"的小帆，並根據不同需要增減。採用多面帆使船體受力均勻，有利於充分利用風力。三國時的吳國造的海船曾遠航台灣和海南島，這些船上有七張帆，在風不順時也能鼓風航行。

　　唐宋兩代是中國造船技術趨於成熟的時

帆船雲集的英國格洛斯特港口。

期。這時期造的船船體大，有的大船載人六七百，船上居然還能養花種菜。造船工藝也比較先進，船板之間除相互榫合外還有用鐵釘連接的。北宋年間派往朝鮮出使的"神舟"載重量達1,500噸，是當時世界上少有的大船。"神舟"船面上裝修了富麗堂皇的艙室，船體內各艙室用雙層松木板阻隔。船底尖削。尖底船便於航行，"貴其可以破浪而行"。船上有兩根桅杆，掛有50面帆，還有利用偏風的"利篷"，左右伸展以取風勢。風勢減弱時就在桅頂加掛小帆十面。當出使

浩瀚海陸的探索

船到達朝鮮時，出現了"傾國聳觀，而歡呼嘉
歎"的壯觀場面。由於內河沿岸有樹木會擋住
風，所以在江河上行駛的帆船用的桅杆比海船
高，用的帆也大。海船的桅杆低而數目多，帆也
短而寬，這樣在海上遇到暴風雨時船就不容易被
風颳翻。為了使帆船航行得更穩，古人常在艙底
裝些鐵石土塊壓重。

　　中國帆船的帆與歐洲帆船的帆不同。歐洲
帆船上用的帆多是布做的軟帆，而中國帆船上用
的多是硬帆，帆布上橫向密佈竹片。軟帆適合於
順風時用，而中國帆船的硬帆帆面平整，更易承
受從各個方向吹來的風。當遇到特大風暴時，中
國船上的硬帆可以利用自身重量迅速落帆，而歐
洲船上的軟帆則要許多人動手來捲帆，緊急時甚

中國內河帆船。

揚帆
遠航

19 世紀中期中國的風帆戰船。

19 世紀初的歐洲帆船。

至要砍斷桅杆。15 世紀以後，中國帆船上的帆
趨於簡化，桅杆和帆的數量都有所減少，而帆的
質量得到提高，篷帆加高，帆面增大，製作材料
也有所改進。

　　15 世紀時，中國的帆船在世界上處於領先
地位。15 世紀初鄭和下西洋的船就很先進，鄭
和寶船"體勢巍然，巨無與敵，篷帆錨舵，非二
三百人莫能舉動"。這些船隻的規模和質量要遠
遠勝過後來遠航的哥倫布、達‧伽馬和麥哲倫所
用的船。不過自 16 世紀以後，歐洲帆船的製作
工藝逐漸超過了中國帆船。1703 年，清朝政府
出於對海上交往的限制，曾規定國內帆船的桅杆
不能超過兩根，船上僱用的水手不能超過 28
人，並禁止民間建造"桅高篷大，利於走風"的
船，限制了中國造船業的發展。1840 年鴉片戰
爭爆發，英國的風帆戰船打開了中國大門，國人
這時才發現中國在造船技術上已經落伍了。

航海羅盤

16 世紀歐洲人裝在海圖集封面上的羅盤。

　　指南針是中國古代四大發明之一，也是中國人對全人類的重大貢獻。在宋代指南針又被安放在圓形的方位盤裡，製成羅盤。指南針和羅盤的發明有助於確定航船在海洋上的位置，調整航線，對世界航海的發展起了關鍵作用。

　　大約在戰國時期，中國人就發明了指南針。最早的指南針是用天然磁石製成的，樣子像個勺，底圓，可以在平滑的"地盤"上自由旋轉，等它靜止時勺柄會指向南方，古人又稱它為"司南"。據史書記載，戰國時鄭國有人到遠處山中去採玉，為了不迷路，就在車上裝上司南，以幫助辨別方向。漢代時，人們還在"地盤"四周刻出 24 個方向，用以幫助指認準確的定向。這實際上是利用磁鐵在地球磁場中南北指極的特

16 世紀意大利水手用的羅盤。

（下圖）英國羅盤。
（右下圖）中國羅盤。

中國漢代的指南針"司南"模型。

葡萄牙人的遠洋帆船。

點而製成的一種指向儀器。後來又經過長期實踐，人們發明了性能更好的指南儀器。一種是指南魚，將人工磁化的魚形薄鐵片浮於水碗內，用來指向，魚頭指向南方，魚尾指向北方。還有一種是以天然磁石摩擦鋼針製成。這種磁化鋼針磁性較大，效果好，因而得到廣泛應用。

將指南針放在方位盤裡製成羅盤，使用起來更加方便。最早出現的羅盤是北宋的水羅盤，是將磁針穿在燈芯草裡浮在水面上定向。明代嘉靖年間又出現了用釘子支撐磁針的旱羅盤。

指南針和羅盤發明以後，被廣泛地用於軍事、生產、生活和航海各個方面，甚至歷代從事迷信活動的風水先生都人手一個羅盤。不過作用最大的還是用在航海方面。

秦漢時期，中國就已經與朝鮮、日本等鄰近國家有了海上往來，隋唐時期又與阿拉伯各國開展了海上貿易。但當時都只靠辨認天上的日月星辰確定航向，一旦天陰便束手無策，只好停船等待天晴。而宋代以後，中國的海上交通迅速發展，常常派出龐大的船隊往返於太平洋和印度洋上，這一突飛猛進的變化就與羅盤的使用有關。北宋《萍洲可談》書中記述道："舟師認地理，夜則觀星，晝則觀日，陰晦觀指南針。"這就是說，航海平時靠日月星辰來導航，天陰時使用指南針。到元代，人們已經無論陰晴都用指南

針導航。而且這時海上航行還採用了羅盤針路。羅盤針路是根據航海實踐中的記錄，把每到一地的針位固定下來，標注在海圖上。這就使一路航線一目了然，提高了航海的準確性和可靠性。在遠洋航海船上，還指定專人在針房裡觀察羅盤，此專人被稱為"火長"。因為"火長"技術水平的高低關係到全船人的生命安全，對"火長"的人選要求就相當高，一般"選取駕船民艄中有經慣下海者，稱為火長"，用作"舟師"。南宋末年人吳自牧對此這樣描寫道："風雨晦冥時，惟憑針盤而行，乃火長掌之，毫厘不敢差誤，蓋一舟人命所繫也。"由此可見羅盤對保證航海安全所起的重要作用。正是靠了指南針和羅盤在技術上提供的保障，才出現了明代鄭和七次下西洋的大規模遠航，也才保證了西方哥倫布的遠航美洲和麥哲倫的環球航行。英國著名科學史專家李約瑟認為，正是靠了指南針在航海上的使用，才使得歐洲國家能夠開闢新航路，並進而把影響擴大到世界範圍。

航海羅盤

意大利水手使用象限儀確定方位。

航海羅盤

古代阿拉伯水手的航海星盤。

阿拉伯人使用的各種海上導航儀器。

　　中國的指南針大約在1180年左右經海路傳入阿拉伯,接着又由阿拉伯傳向歐洲。這一時期,有許多阿拉伯人在中國的泉州、廣州等港口城市居住,對中國使用的航海技術相當熟悉,指南針的使用就很自然地由中國傳到了阿拉伯世界。1230年,有個叫穆罕默德‧奧菲的阿拉伯人,在他寫的《故事總彙》書中,記述了一個在航海中如何憑一條用磁石擦過的魚找到航路的故事。這條所謂用磁石擦過的魚,實際就是中國人發明的指南魚。大約在一個多世紀後,歐洲人開始在航海中採用指南針。那時西方的指南針被固定在一個分為32個方位格的木頭圓盤上。相傳第一個歐洲的航海羅盤是由一個意大利工匠製作的。

　　在幾個世紀的航海實踐中,西方人不斷改進羅盤,旱羅盤就最早出現在歐洲。16世紀時,歐洲的航海羅盤開始使用一種名為"萬向支架"的常平架。它由兩個銅圈組成,兩圈的直徑

意大利人的遠洋帆船。

略有差別,使小圈正好內切於大圈,而且用樞軸把兩圈連接起來。旱羅盤就掛在內圈中,不論船體怎麼擺動,旱羅盤始終能保持水平位置。旱羅盤使用起來比水羅盤方便。由於使用羅盤,繪製的海圖精度也大大提高。在指南針傳入西方之前,歐洲的航海圖大多是根據公元2世紀希臘學者托勒密的地理著作繪製的,錯誤很多。而後來有了比較精確的海圖,人們就可以更準確地計算船舶航海的日程和航海位置。1876年改進後的

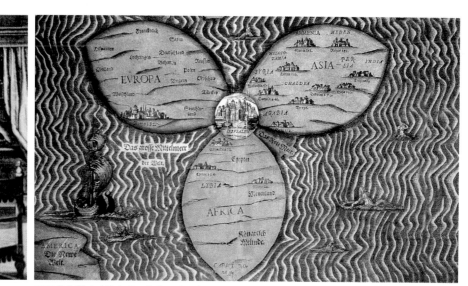

1585年繪製的世界地圖，聖城耶路撒冷位於三大洲中心。

1475年於托勒密地圖為基礎繪製的海圖。

達導航是依靠雷達熒光屏上目標顯示的變化來引導航向。衛星導航就更加精確了，能非常準確地指示航行方向，還能立即標明航船所在位置(經緯度)，精度已準確到幾米。但尋根溯源，在歷史上曾是無數船隻遠航指路明針的古老羅盤仍然功不可沒。

湯姆遜羅盤(也叫羅經)問世，被當時的大多數商船採用。這種羅盤的指針呈尖頭圓柱形，用絲線吊掛在薄紙製成的方位標上，整個羅盤重量不到20克。第一次世界大戰後新的陀螺羅盤逐漸取代了各種舊羅盤。

現在輪船上一般都仍裝備一個備用的傳統羅盤，但真正的導航不用它。現在有了無線電導航、雷達導航和衛星導航。無線電導航是通過接受沿岸導航台發出的無線電信號來確定船位。雷

水手們使用羅盤導航穿越印度洋。

經度的故事

用天文方法導航。

經度線和緯度線是畫在地球表面的無數虛擬的圓圈。兩者之間有所不同，經線是通過地球兩極大小相等的圓圈，而緯線是繞在地球表面的同心圓，從赤道到南北極，緯線逐漸變小。人類很早就有了經緯線的概念。公元 2 世紀，希臘地理學家托勒密就在他畫的地圖中繪有經緯線，他還把赤道當作零度緯線。而零度經線，托勒密按照自己的喜好，定為通過加那利群島的那根經線。

對航海而言，確立經緯度有重要的意義，通過相交的經緯線就能準確地在海上定位，引導船隻安全航行。緯度比較容易測出，一個有經驗的船長可以根據白天時間的長短、太陽和星辰的位置測定緯度，1492 年，哥倫布就是"沿緯度航行"，穿越了大西洋。但經度很難測定，在 15 世紀末開始的大航海時代，儘管船上已有了較好的海圖和羅盤，但還不能準確測定經度。在無法確定經度時，船長們就用其他方法導航，靠船上的羅盤和天上的星星確定航向，或是用懷錶和沙漏計算航行時間。這些測定方法精度不高，因而船隻常會在海上迷失方向，甚至導致海難。1707 年 10 月，英國海軍上將蕭威爾率領五艘戰艦返航回國，由於定位不準，艦隊在離英國不遠的海域觸礁，四艘戰艦沉沒，2,000 水兵喪生。

在這次沉船事件之後，1714 年英國議會通

圖中表現天文對航海的影響。

（上圖）英國在格林尼治建造的皇家天文台。

（左圖）觀察星空。

（左下圖）兩名水手在測水深，圖中畫有各種航海儀器。

（右圖）伽利略。

過了一項"經度法案"，許諾給予能準確測定經度的人兩萬英鎊獎金。在當時這是一筆巨款。儘管議會為解決經度問題懸了重賞，但遲遲不見成效，海上悲劇仍不斷發生。1740年9月，英國海軍將領安森指揮"百夫長"號戰艦前往南太平洋。他依靠緯度讀數和推算導航，第二年3月進入太平洋，在南太平洋迷失了方向。幾個星期後，船上淡水、食物匱乏，500名水手死了一半多。

在海上確定經度的一種方法是通過天文觀察測算。16世紀的德國天文學家維爾納提出，通過觀察月球與群星的位置可以確定經度，但困難的是水手們難以在船上測算出月星間的距離。17世紀初，意大利學者伽利略用自己造的望遠鏡觀測星空，發現通過觀測木星的衛星蝕變化可以確定經度。但問題是白天見不到木星，夜晚觀測也只能在一年有限的日子裡進行。17世紀後期，為了能從天文觀測中找到確定經度的有效方法，英國國王查理二世下令在倫敦附近的格林尼治建造一座天文台。1676

年，皇家天文台建成，主要工作是繪製星圖，為天文導航服務。

在此同時，一直有人在考慮用計時方法解決經度問題。具體方法是，船上的人在某個固定時刻，同時知道船隻所在位置的時間和船隻出發港的時間，通過計算兩地的時間差，就能知道兩地的地理差距，也就能藉此推算出所在地的地理經度。因為地球 24 小時自轉一周是 360 度，那麼每小時就是自轉 15 度。如果船隻所在地與出發港之間的時差是 1 小時，那麼兩地之間的距離相差就是經度 15 度，如果這時船所在的緯度是赤道，這一距離就是 1,000 英里。這就是說，只要船上有了走時精確的鐘錶，就能隨時確定船隻所在的經度。而當時的鐘錶走時不準，在顛簸的船上受的影響更大，走得時快時慢。

1714 年，英國科學家牛頓審查了幾種在海

18 世紀的木鐘。

牛頓。

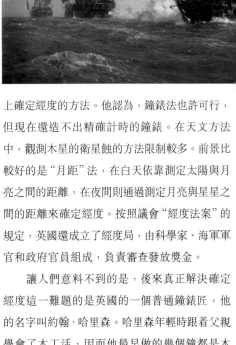

上確定經度的方法。他認為，鐘錶法也許可行，但現在還造不出精確計時的鐘錶。在天文方法中，觀測木星的衛星蝕的方法限制較多。前景比較好的是"月距"法，在白天依靠測定太陽與月亮之間的距離，在夜間則通過測定月亮與星星之間的距離來確定經度。按照議會"經度法案"的規定，英國還成立了經度局，由科學家、海軍軍官和政府官員組成，負責審查發放獎金。

讓人們意料不到的是，後來真正解決確定經度這一難題的是英國的一個普通鐘錶匠，他的名字叫約翰·哈里森。哈里森年輕時跟着父親學會了木工活，因而他最早做的幾個鐘都是木鐘，用橡木做齒輪，用黃楊木做軸，鐘上只有很少的金屬配件。從 1730 年開始，哈里森開始製造走時精確的航海時鐘。他先花了五年時間造一台海鐘，後來被稱為"哈里森一號"。這台鐘的外形像一艘船，齒輪用木頭製成，裡面有螺旋彈簧和平衡桿。哈里森把它帶到倫敦，一年以後由海軍軍艦帶着它去海上測試。這台鐘一天只差

浩瀚海陸的探索

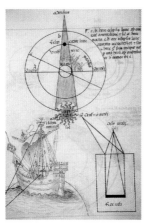

古代文獻中用觀測月蝕來確定經
度的記錄。

英國18世紀末的海軍艦船。

法國18世紀的天文鐘。

經度的故事

幾秒鐘，已經達到了當時從未有過的精確程度，但哈里森不滿意，決心再造一台更好的。

　　1741年，哈里森造出了"哈里森二號"，這是一台銅鐘，但它從未被送到海上測試。這一年，哈里森把家搬到倫敦，足不出戶，又埋頭苦幹了19年，造出了"有史以來最精巧的""哈里森三號"。他把前兩台海鐘用的平衡桿改成圓形平衡齒輪，精確度大為提高。後來，哈里森又用了兩年時間造出"哈里森四號"，它更像一塊錶，裡面用了鑽石和寶石。由經度局主持對"哈里森四號"做了測試，在海上航行了81天它才慢了五秒鐘。哈里森造出的海鐘完全達到了"經度法案"規定的要求，他應該得到兩萬英鎊獎金。但經度局卻藉口還需要更嚴格的測試，遲遲不發獎金。1764年，在又做了測試後，經度局才同意發給哈里森一半獎金，如果要想得到另一半，他必須再造兩台同樣的海鐘。當時哈里森年事已高，無力再造出兩台海鐘。1772年，他的兒子威廉決定向國王喬治三世直接求援，就寫信給國王。喬治三世召見了威廉，聽了事情的經過，表示一定要為哈里森討回公道。在國王的干預下，英國議會給哈里森補發了剩下的獎金。這時他已是80歲的老人，一生辛勞總算得到了回報。

英國19世紀初的商船隊。

燈塔閃爍

為了保證航海安全，需要在航道的關鍵水域設立航標，以引導船舶航行，發出警告並指示障礙物。常見的航標有燈塔、浮標、燈船等。燈塔是設立在航道附近的塔型發光固定航標，作為航海的指揮性標識建築，在各類航標中最為重要。

燈塔可能起源於古埃及的信號烽火。據文獻記載，世界上最早的燈塔出現在公元前7世紀，建在黑海達達尼爾海峽的巴巴角上。後來在古代地中海沿岸不斷修建燈塔。由古希臘人確定的"世界七大奇觀"中就有兩大奇觀是燈塔，這就是亞歷山大燈塔和羅德島巨像。埃及的亞歷山大燈塔於公元前280年建在該城港口附近的法羅斯島上，設計師是希臘人索斯查圖斯。整座燈塔有多層，下面分別為八角形和正方形，最上面為

亞歷山大大燈塔。

圓柱形。燈塔高122米，塔內大小房間超過300間，是美國建造摩天大樓前世界上最高的有頂建築。塔頂上有一個巨大的火爐，熊熊燃燒的火焰終年不熄，在40千米外就能見到火光，為航船指引進港路線。古羅馬地理學家斯特拉波這樣描述這座燈塔："在這個小島的末端，岩石屹立，水環浪打，懸崖上用白色大理石建造了一座燈塔，美麗壯觀，有許多層。"後來的阿拉伯旅行家記載，當時這座燈塔在白天是用一面巨大的銅鏡反射陽光導航，到晚上才點燃火爐。1375年，燈塔毀於一場大地震，建築殘骸沉入海中。近年隨着水下考古的發展，人們又想起這座已消失多年的燈塔。1996年11月，潛水員在亞歷山大港外的海底發現了許多建築構件，有宮殿建築基座，有獅身人面雕像，還有排列整齊的斷裂石柱。這些石柱可能就是亞歷山大大燈塔的殘骸。

羅德島巨像實際上也是一座燈塔，用青銅澆鑄而成，位於希臘羅德島上，建造於公元前3

威尼斯教堂中表現亞歷山大大燈塔為船隻導航的鑲嵌畫。

浩瀚海陸的探索

具有燈塔導航功能的羅德島巨像。

世紀。傳說這座巨像的形象是一個高大的裸體男子，手舉火炬充當燈塔，揹負弓箭傲然直視前方。在建成 65 年後，巨像毀於公元前 224 年的一場地震。

後來的羅馬人不滿足於建造單個燈塔，進一步建立了世界上最早的燈塔網。公元 50 年，古羅馬皇帝克勞狄下令在羅馬港口奧斯蒂亞建造燈塔。這個港口原有一條廢舊大木船，曾將一塊巨大的方尖碑從亞歷山大運到羅馬，工人就在這條船上堆滿石塊，形成一座人工小島，四層的燈塔就建在這個 "小島" 上。到公元 40 年，在羅馬帝國沿海已有一個大約由 30 座燈塔組成的燈塔網。這些燈塔都有用金屬製成的大鏡子，可以反射火堆映出的光線。但在羅馬帝國滅亡後，燈塔無人管理，有的被改成軍用瞭望哨。後來阿拉伯人和印度人繼承了羅馬人用燈塔保障航行安全的傳統，在印度洋沿岸建造了一連串燈塔。

（左圖）為來往船隻導航的亞歷山大燈塔。
（左下圖）公元 3 世紀反映燈塔導航的石棺淺浮雕。
（下圖）17 世紀意大利萊寧的燈塔群。

燈塔閃爍

英國修建的混凝土燈塔。

1866年建的西班牙巴納灣燈塔。

燈塔閃爍

　　早年，在歐洲，海上航行很不安全。航船看不見海岸上的導航指示信號，船長能看到的海岸燈光往往是一些歹徒點燃的，他們想誘使船隻撞上礁石，好趁火打劫。一些領航員接受了歹徒賄賂，有意讓船隻擱淺。英國國王獅心王理查1190年從耶路撒冷回國時就上了當，成為海難的受害者。他對這些歹徒深惡痛絕，為此下達命令："對所有假領航員和以毀船方式打劫的人都將格殺勿論，在高高的絞刑架上處以絞刑。那些邪惡的主子（付給他們錢的人）將被釘在自家院子的火刑柱上，連同所有家產用大火燒成灰燼。"不料連這樣嚴厲的命令都難以產生效力，也就只有繼續依靠燈塔導航了。12世紀後，在歐洲又開始有了燈塔，現在仍在使用的意大利萊戈恩燈塔就建於1304年。美國的第一座燈塔是建於1716年的波士頓燈塔。

　　中國最早的燈塔可能是1412年建於上海寶山臨海土山上的烽堠，它高100多米，"晝則舉

波士頓燈塔是第一座在美國修建的燈塔。

煙，夜則明火"。1760年，漁民們在台灣海峽澎湖列島漁翁島西南端建了一座燈塔，塔身用石塊砌成，高9米，上面放油燈，燈罩用蚌殼做成，光照範圍有1海里。19世紀後期，在中國沿海地區出現了上百座燈塔，大多採用國外技術，設備較為先進。比如，1898年法國殖民者強行租借中國的廣州灣，為海上航行需要在當地造了一座燈塔。塔高23米，用麻石砌成。頂部的燈座室裝有熒光燈和透鏡。架座由電動機帶動旋轉，沿水平方向放射光柱，射程26海里。這座燈塔至今仍是當地的一大景觀。2002年5月，中國還發行了一套名為"歷史文物燈塔"的郵票，選擇了上海青浦泖塔、溫州江心嶼雙塔、舟山花鳥山燈塔、大連老鐵山燈塔和海南臨高燈塔五座建於不同年代、風格造型各異的燈塔，以展示中國燈塔發展的歷程。

中國發行的郵票《歷史文物燈塔》，其中既有"燃燈以照夜渡"的舊式寶узор，也有現代化的燈塔。

所有早期的燈塔大多用石料建造，在塔頂燃燒木柴或煤炭。18世紀燈塔有了較大改進。比如英國的埃迪斯通燈塔最早建於1698年，先是木結構，1708年改為橡木和鐵結構，1759年又改成混凝土結構。1784年，英國人阿岡德發明了一種適用於燈塔的無煙燃油裝置，1791年出現了裝有拋物面發射鏡的燈塔發光器。1822年，英國人弗雷斯內爾造出一種透鏡用於燈塔，透鏡能將光束聚集起來投射出去。1862年在燈塔上出現了電碳弧光燈，19世紀末又改為燒乙炔氣，現在則使用氙高壓弧光燈。燈塔發出的光常有不同，有的發出固定光束，有的發出閃光，有的甚至發出紅色光束。海員可以根據光束辨認不同的燈塔。自20世紀40年代以來，隨着電子導航設備的發展，燈塔已變得不那麼重要，但它曾在人類幾千年航海歷史上給迷霧中的航船送去希望之光，其功績永遠值得懷念。

燈塔閃爍

英國布里斯托爾海邊的燈塔。

法國印象派畫家西涅克的作品《港口燈塔》。

維京海盜

古代住在北歐斯堪的納維亞半島的維京人本是一個民族，講同一種語言，後來他們逐漸按地域區分，分別成為瑞典人、丹麥人和挪威人。由於這裡緯度高，不利於農業生產，所以自古以來維京人就重視漁獵，善於航海，後來成為以航海為主業的民族。維京人長得剽悍強壯，身材高大，生性好戰，富有冒險和進取精神。一有機會，他們就放棄漁獵出海去從事海盜活動，所以在歷史上被稱為"維京海盜"。

從8世紀後期起，維京人開始對外征戰，侵略別的國家。各國維京人選擇不同的入侵方向，瑞典人朝東向俄羅斯擴張，丹麥人向西航行對不列顛、愛爾蘭殖民，挪威人則去佔領沒有開發或是人口稀少的地區。

維京人之所以能不斷對外擴張，是因為他們有很高的造船水平。他們能製造各種形狀不同、大小不一的船隻，其中既有沿海航行用的六槳小船，也有龐大豪華的長船。對外遠航主要依靠那種在海上稱霸一時的長船。這種船經得起大西洋上的狂風巨浪，同時它吃水淺，也可以沿內陸江河逆流而上，在溪流和港灣裡停泊。長船的造型獨特：龍首船頭，精雕細刻；船身細長，曲線優美；船尾高翹，外形非常引人注目。維京人認為龍頭可以驅逐海怪，所以就用它來裝飾船

維京人航海用的長船，現藏於挪威。

（左下圖）維京海盜。

（下圖）織毯上的維京海盜船。

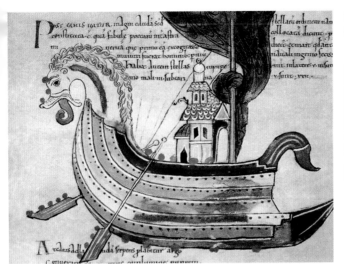

（左圖）維京人的長船上有高高的
龍頭，主要起裝飾作用。

（右上圖）維京海盜船的桅杆上掛着方帆，船舷兩側有
成排的圓盾。

頭。船旁排滿色彩鮮豔的盾牌，船上的人手中刀
劍寒光閃閃，殺氣騰騰。每艘長船都有掛帆的桅
杆，他們用的是長方形的船帆。船帆由雙層的亞
麻或粗羊毛織品製成，常常染成紅色，使船更容
易辨認。他們還設計出安在船後右舷的舵，使用
起來很靈活。長船由槳和帆一起推進，一次可載
40人以上，以每小時10海里的速度前進，出海
後能在海上活動一個多月。

　　長船上的水手都是嚴格挑選出來的，有着
熟練的掌舵、划槳技能。他們年齡一般在16歲
以上，每人事先經過體力和敏捷程度的測驗。這
些人一旦上船就必須遵守嚴格的紀律，船上不能
攜帶婦女，在出海期間誰也不許心懷宿怨，在同
伴中搬弄是非，發現情況只能向船長一人報告。
獲得的戰利品要集中到火刑柱前，按照規定分
配。維京人就是靠着嚴格的紀律、剛毅的精神和
善戰的特長橫行於歐洲海岸。據說"對付數量相
等的敵人，他們總能保持不敗"。每次作戰，維
京人通常都是先乘船接近要攻擊的目標，然後再
騎馬進行陸上戰鬥。

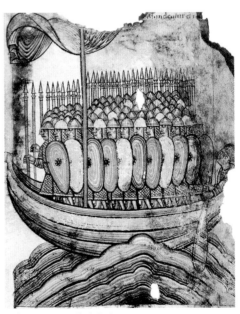

維京人的船上滿載着士兵。

維京海盜

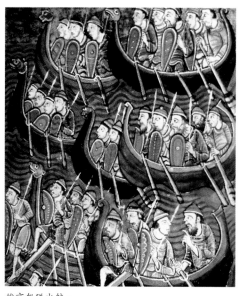

維京船隊出航。

　　維京人常年在海上與風浪搏鬥,積累了豐
富的航海經驗。他們能從海水的顏色、潮水的流
動,甚至一陣風,判斷出海岸離他們大約有多
遠,在什麼方向。維京人不屑於從事那種比較保
險的航行,即沿着海岸從地角到地角,從島嶼到
島嶼緩慢航行。他們已能運用顯示太陽高度的方
位表和一種星盤。這種星盤叫扇形太陽盤,是一
種標度盤,上面有一個活動指針,用來指示方
向。維京人用這種星盤測量出角度,定下大概的
方位。這些測量器可以確定船所在的緯度,但無
法確定經度。

　　最早受到維京海盜侵擾的地方是英格蘭。
大約在789年夏天,三艘長船到達英吉利海峽,
在沿海城鎮搶掠一番後退走。到9世紀後期,從
丹麥來的維京人在英格蘭東北部定居下來,建立
了國中之國的"丹麥統治區"。後來這些維京人
逐漸被當地居民同化。845年,維京人一度攻佔
了巴黎。911年,一支丹麥來的維京人佔領了法

國西北部的大片土地。這一地區因此被稱為
"諾曼底",意為"北方人的土地"。874年,
來自挪威的維京人發現了冰島,隨即移民,並
在那裡建立了歐洲第一個議會制共和國。冰島
的古代議會叫"阿爾庭",由全體公民派代表
參加,每年夏天在露天集會兩個星期,處理重
要的公共事務。982年,挪威維京人埃里克·勞
德率領25艘長船向西航行。他在沒有指南針導
航的情況下,憑着豐富的航海經驗,橫渡大西
洋,發現了格陵蘭島。為吸引人到那裡定居,
他把這個島命名為"格陵蘭"(意為"綠色的土
地")。但這個大島實際上大部分是寒冷荒涼的
土地,只是在短暫的夏天靠近海濱的地方才有
一點綠色。

(上圖) 維京船隊圍攻巴黎城。
(下圖) 877年,英格蘭人在海邊防備入侵的維京海盜。

浩瀚海陸的探索

（左圖）在冰島定居的維京人有自己的議會"阿爾庭"。畫中是"阿爾庭"開會的情形。

（左下圖）萊夫·埃里克率維京船隊航行到美洲。

石雕上的維京海盜船。

維京海盜

維京人在向四周探航的過程中還曾無意中到達了美洲，比哥倫布探航美洲早了將近500年時間。大約在1003—1004年，萊夫·埃里克（埃里克·勞德的兒子）從格陵蘭出發，率船隊向西航行。船隊在航行了很長時間後，發現一個長滿葡萄的海岸，他們把這個地方叫做"文蘭"。這個地方就在今天加拿大境內的紐芬蘭。他們在這裡與印第安人做買賣，用布換毛皮，度過了三個冬天。最後他們感到在當地生活太艱難，就滿載木材、野獸和皮毛返回了故土。

瑞典的維京人則主要向俄羅斯擴張，他們發現了伏爾加河與第聶伯河之間的水路，通過這條水道可以加強北歐與東方之間的聯繫。每年解凍後，維京人的船先在基輔集合，然後結隊沿第聶伯河順流而下，到達黑海後再沿海岸駛向拜占廷帝國的都城君士坦丁堡。860年，一大群維京人乘坐200多艘船對君士坦丁堡發動進攻，洗劫全城，獲得了豐厚的戰利品。

在8到11世紀之間，維京人乘坐長船走遍了半個世界，四處探險，開闢了多條海上航線，發現了許多新地方，但他們不能在所到的地方建立長期有效的統治，最後逐漸融合於當地社會。等到維京海盜的殖民高潮過去之後，人們發現曾經煊赫一時的維京人突然停止了探險，在海上消失得無影無蹤，人們只能從他們在各地留下的建築和遺物中來尋覓其蹤跡。

絲綢之路

絲綢之路

中國是生產絲綢的故鄉，很早就向西方輸出蠶絲和美麗的絲織品。古羅馬歷史上曾記述了這樣一個故事：公元前53年，羅馬大將克拉蘇率領七個軍團約4萬羅馬軍隊，東征安息（今伊朗）。安息人採取誘敵深入的戰術，將羅馬大軍引誘到沙漠深處重重包圍。安息士兵射出密集的亂箭，羅馬人用盾牌拚命抵擋。雙方廝殺到中午，安息人突然展開他們鮮豔奪目、讓人眼花繚亂的軍旗。這樣豔麗的軍旗羅馬人從來沒有見過，讓他們感到耀眼刺目，再加上被圍的羅馬士兵已經疲憊不堪，羅馬軍團的隊列很快就潰散了。兩萬多士兵被殺，一萬多人被俘，主將克拉蘇陣亡。在戰鬥的關鍵時刻擾亂羅馬軍心的軍旗，就是用來自中國的絲綢做的，這大概是羅馬

人見到的最早的絲織品。後來有不少絲綢通過商道運到羅馬，羅馬貴族以穿着絲綢衣服為時尚，據說大政治家愷撒也喜歡穿絲綢外袍。公元14年，羅馬元老院發佈命令，禁止羅馬男子穿着絲綢衣服，對婦女穿着絲綢服裝也有限制。元老院認為這種豔麗的服裝過於奢侈，甚至在有些元老看來簡直有傷風化，穿着絲綢衣服"猶如裸體一般"。時間一長，羅馬人也打聽到，這種漂亮織品來自一個遙遠的東方國家"賽里斯"（絲國）。當然這個"絲國"就是中國。

從中國向西方運送絲綢的古老商道就是"絲綢之路"。在公元前1世紀以後的上千年中，大量的中國生絲和絲綢織品經過亞洲大陸的內陸地帶，一直運輸到歐洲。絲綢之路在很長時期是東西方來往的交通要道，古代東西方之間的大部分經濟文化交流都是通過這條路線進行的。

絲綢之路東起中國的古都長安（今西安），生絲和絲綢織品在這裡集中西運。從長安出發，向西穿過河西走廊，來到地處西域門戶的敦煌。接着道路分為南北兩條進入西域。北道出玉門關，沿塔里木河北面的通道前進，向西翻越帕米爾高原，進入中亞地區到木鹿城（今土庫曼境

在新疆出土的胡人頭像。

絲綢之路上的商旅。

道路艱險
的絲綢之
路。

在絲綢之路上胡人與漢人相遇。

商人遇盜。

絲綢
之路

內）；南道順着塔里木河南面的通道前進，也是向西翻越帕米爾高原，經過今阿富汗境內到木鹿城。南北兩道在木鹿城會合後，再向西到達今伊朗境內。沿途都是大漠黃沙和崎嶇山地，道路艱險。以後的路線進入西亞的兩河流域，道路較為平坦，土地也比較肥沃，順着幼發拉底河而行，最後抵達地中海沿岸的商業城市安條克（今土耳其境內）。從商品集散地安條克再把絲綢轉運到歐洲。絲綢之路全程 7,000 多千米。

最早開闢這條貿易通道的是中國的漢朝。西漢初年，中國北方的遊牧民族匈奴強盛起來，不斷南侵，給漢王朝造成很大威脅。漢武帝為了抗擊匈奴，派張騫出使西域，目的是聯合西域各國共同抗擊匈奴。張騫用了十多年時間遍訪西域各國，最遠到達中亞的阿姆河流域，他的副使還訪問了安息（今伊朗）。從此，漢王朝和西域之間建立了聯繫，開闢了交往的陸上通道。中國的生絲和絲織品也就通過這條通道經隴西、今天的新疆、中亞運到安息，再從安息轉運到西亞和羅馬。

商隊通過帕米爾
高原。

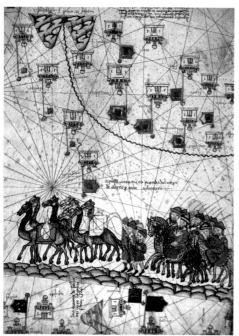

（左圖）前往中國的外國商隊。
（下圖）理繭。蠶繭抽絲織出的絲綢是中國輸出的重要商品。

絲綢之路

絲綢之路是東西方之間物質和文化交流的重要通道，起到了融合中外文明的作用。中國文明沿着絲綢之路向西傳播，同時也通過這條路線吸收外來文明。歐洲人對東方來的漂亮絲綢衣服非常珍愛，穿着越來越普遍。後來西方人也知道了養蠶的秘密。有關中國養蠶技術的西傳，還有一些神奇的傳說。據拜占廷歷史學家記述，公元前6世紀，有幾個來自印度的僧人來到拜占廷首都君士坦丁堡。當時波斯商人正在那裡高價出售絲綢，從中牟取暴利。這些印度僧人就向拜占廷的查士丁尼皇帝獻計，說他們有辦法讓拜占廷以後不向波斯人買絲綢，因為他們在東方的時候發現產絲的是一種蟲，絲從蟲的嘴裡吐出。要想得到蟲比較困難，但可以得到這種蟲產的卵，然後再孵化成蟲。查士丁尼答應取來蠶卵後就重賞他們。後來印度僧人果然送來了蟲卵，依法孵化得到蟲，用桑葉餵養，從此拜占廷人就可以在國內

胡商。

浩瀚海陸的探索

養蠶繅絲了。另外還有一個波斯人為查士丁尼取來蠶種的故事。查士丁尼召見曾在中國住過的兩個波斯人，請他們為拜占廷尋找蠶種。波斯人去了中國，兩年後帶着蠶種返回了拜占廷。他們是把蠶種藏在空心手杖中帶來的。

在玄奘寫的《大唐西域記》中也有一個養蠶技術西傳的故事。在今天新疆的和田，古代有一個叫瞿薩旦那的國家。該國向東國求取蠶種，遭到拒絕，東國國王還嚴令邊關禁止蠶桑種子出口。瞿薩旦那王想出一個主意，他送給東國國王貴重的禮物向東國公主求婚，得到允准。迎娶公主時，瞿薩旦那王告訴去迎娶公主的專使説，你告訴公主，我國沒有絲棉，她可把蠶桑種子帶來，以後好為自己做衣服。公主聽了專使的話，就秘密地弄了一些蠶桑種子，放在自己的帽子裡。到了邊關，官員不敢搜查公主，蠶桑種子就這樣傳到了瞿薩旦那。

通過絲綢之路，中國的生產工具和生活用

練絲。

品，尤其是鐵器、漆器和瓷器，還有中國的偉大發明——造紙技術傳播到了西方。反過來，中國文明也得到了東傳的域外文化的豐富。中國曾從西域引進了許多植物品種，比如葡萄、石榴、胡蘿蔔等。有些現在常用的中國民樂樂器如琵琶也是從西域傳來的。馬其頓著名統帥亞歷山大東征後，曾在今天阿富汗境內建立過希臘人的國家，當地的藝術風格深受希臘文明影響。通過絲綢之路，這種帶有希臘文明特徵的藝術風格也曾傳到中國。

總之，絲綢之路的開闢在歷史上有重大意義，它極大地促進了東西方不同文明之間的交流和融合。

古絲綢之路上的巴米揚大佛，該像近年被毀。

西天取經

　　"西天"是西方天竺國的省稱，就是今天所說的印度。因為古代印度是佛教的發祥地，因而在中國古代就有不少僧人不遠萬里，沿着絲綢之路，長途跋涉去印度，搜尋、抄寫佛教經典帶回國內，以作求法修行的依據。在眾多去印度取經的中國僧人中，最有名的是唐代高僧玄奘。尤其是在明代小說家吳承恩寫了《西遊記》後，有關唐僧西天取經的故事更是膾炙人口，家喻戶曉。

　　佛教起源於印度，公元1世紀時傳入中國。傳說公元67年有兩個天竺來的高僧來到洛陽，

他們帶來的經卷用一匹白馬馱着，故而佛教傳入中國有"白馬馱經"的說法。南北朝時佛教在中國迅速傳播，但傳來的佛教典籍卻不能滿足僧人的需要，因為當時傳來的佛教經書大多是由來自中亞和印度的和尚翻譯的，譯文意思常常不準確，讀起來讓人感到不知所云。正是在這種情況下，一批高僧冒險西行，去印度求法取經。

　　在去西方取經的中國僧人中，除玄奘外，比較有名的還有東晉時期的法顯。法顯西行的目的是去尋找內容更準確的佛經。399年，當時年

唐代絹本上的佛像。

（左圖）玄奘。
（中圖）正在翻越帕米爾高原的駝隊。

浩瀚海陸的探索

齡已過 60 的法顯從長安城出發，前往天竺，開始了中國人西行求法的第一次探險旅行。他沿着絲綢之路經過河西走廊，一出陽關就進入了白龍堆沙漠。這裡上無飛鳥，下無寸草，只有連綿起伏的沙丘，一望無際。在穿過白龍堆沙漠後，法顯又用 35 天穿越了今天新疆境內的塔克拉瑪干大沙漠，歷經艱險，他自己描述是"所經之苦，人理莫比"。

在翻越了帕米爾高原後，法顯取道今阿富汗、巴基斯坦進入印度。他在印度的佛教文化中心摩揭陀國首都巴連弗邑居住了三年，學習當時的佛經書寫語言梵文，抄寫經卷。他還走訪了佛祖釋迦牟尼生前留下的遺跡，慨歎"法顯生不值佛，但見遺跡處所而已"。407年，法顯從海路到獅子國（今斯里蘭卡），在佛教盛行的獅子國住了兩年，搜集到不少經本，然後乘船東歸，中途經過南洋群島的蘇門答臘，稍做停留後又繼續北上。一路上法顯飽受風浪之苦，他搭乘的海船幾次遭遇風暴，船體漏水，在海上漂流了幾個月，九死一生，最後才到達山東的崂山。法顯帶着搜集到的經卷，從陸路南下到建康（今南京），到這時他已在外旅行了 15 年。在建康，他靜心譯經，將從印度帶來的經書譯成漢語。

在譯經的同時，法顯還親筆記錄了自己這次長途旅行的經過，後人把他的筆記編成《佛國記》（又叫《法顯傳》）。書中記述了他所看到的印度笈多王朝時的社會生活：人民安居樂業，耕種土地的人自願交租；刑罰寬鬆，對犯罪人的處罰是罰錢，即使謀反也只是斬去右手而不處死；當地人不殺生，不喝酒，不吃蔥蒜。《佛國記》是記錄印度古代歷史的珍貴史料。

（左圖） 玄奘還鄉。

敦煌壁畫，佛像下面繪有供養人。

在200多年後，玄奘與法顯一樣，也是沿着絲綢之路去西天取經。玄奘號三藏法師，俗稱唐僧，13 歲出家當和尚。成年後他走訪了國內各地的著名法師，熟悉了佛教各派教義。隨着對佛學研究的深入，玄奘對佛教教義產生了一些疑問，感到在國內無法解決。為了進一步研究佛教經典，提高自己的佛學造詣，他決心到印度去求法取經。玄奘讀過法顯的《佛國記》，知道去印度路途遙遠，但這並不能使他動搖。

浩瀚海陸的探索

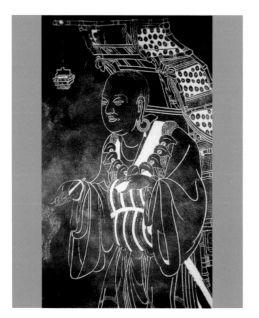

西天取經

　　629年，玄奘出發西行，從唐朝都城長安啟程，西出玉門關。由於沒有得到朝廷批准，他西行是獨自一人偷渡出關的。在進入號稱"八百里瀚海"的沙漠時，他丟了水袋，差點因缺水而葬身沙海。出了沙漠，途經西域的高昌時，他受到高昌王的熱情接待。高昌王與他結為兄弟，臨別時還送給他黃金、銀錢、絲絹，派人護送他去見西突厥可汗。玄奘在翻越帕米爾高原後到達中亞，再越過鐵門關、大雪山（今興都庫什山）進入南亞，終於到達了印度。一路上在過大雪山時最為危險，積雪埋沒了道路，玄奘走得提心吊膽，不由發出感慨："若不為眾生求無上正法者，寧有棄父母遺體而遊此哉。"意思是說，不為求法，我怎麼會以父母給的軀體冒這樣的危險。

　　在印度，玄奘四處尋訪名僧大師求學，訪問了著名的佛教藝術勝地阿旃陀石窟，遊歷了遍及印度全境的五天竺，其中在中印度的那爛陀寺住得最久。那爛陀寺是當時印度佛學的最高學府，

（左上圖）玄奘線刻像。

（上圖）絲綢之路上的古驛站，也是去印度取經的必經之地。

印度古代的佛塔。

（右圖）印度石雕上的佛塔圖案。

浩瀚海陸的探索

在西域樓蘭古國遺址中出土的佛像。

阿旃陀石窟中的金剛。

寺廟主持戒賢法師精通佛教各門學理。玄奘來寺後，戒賢專門為他開講《瑜珈論》。玄奘還在寺中遍覽各種佛教經典，佛學造詣有很大提高。戒賢曾請他為全寺僧眾講學。他論述精闢，說理曉暢，很受聽眾歡迎。玄奘還受到中印度國家戒日國國王的器重，請他去介紹大唐的情況。642年，戒日王特地為玄奘在印度北部的曲女城舉行了一次佛學辯論會，稱"無遮大會"，前來聽講的有18國國王和佛教僧眾4,000多人。辯論會共開了18天，由玄奘主講。他言辭精彩，議論精闢，與會者無人辯駁得了。643年春天，玄奘經陸路回國，隨身攜帶了經論657部。走到于闐（今和田）時，他向唐太宗上表講述自己這次旅行的經歷。唐太宗接到他的上表後，立即派人迎接他回長安。

　　玄奘回國後就在長安組織翻譯佛經，還創立了佛教的法相宗。在晚年，他還自己口授，由弟子辯機記錄，編成了《大唐西域記》一書，記述了他在中亞、印度各國的所見所聞，成為研究中外交通史的重要史料。後來的考古學者就是依照他這本書，發現並發掘出了阿旃陀石窟、那爛陀寺等著名的佛教遺跡。玄奘西行，行程5萬多里，訪問了上百個國家，是赴印度求法取經者中影響最大的。

西天取經

印度佛教造像，佛陀與他的兩個弟子。

馬可‧波羅

馬可‧波羅的家鄉威尼斯。

在隨從陪伴下的元世祖忽必烈。

（左下圖）馬可‧波羅。

（中下圖）馬可‧波羅遠行前與親友告別。

（右下圖）馬可‧波羅和父親、叔叔乘船離開家鄉。

　　馬可‧波羅是意大利中世紀的大旅行家，他在溝通中西交通、促進東西方文化交流方面起過重要的作用。

　　13世紀前期，蒙古統治者經過三次西征，在俄羅斯建立了金帳汗國，在中亞、西亞建立了伊兒汗國。這樣就出現了一個橫跨歐亞大陸的大汗國。蒙古大汗忽必烈即位後，把首都遷到大都（今北京），建立了元朝，他也就成為中國元朝的第一個皇帝。蒙古統治者在他們管轄的地區建立了一套驛站制度，凡持有蒙古大汗的聖旨金牌就可以自由來往，通行無阻。一度中斷的中西交通這時得到恢復和發展，各國使臣和商人往來絡繹不絕。

　　中世紀從歐洲到中國主要經過地中海東部，而意大利正處於地中海的要衝，對東西方之

浩瀚海陸的探索

間的貿易起着舉足輕重的作用。這時意大利的城市共和國威尼斯控制了地中海東部的貿易交通，這樣威尼斯和蒙古的勢力範圍就連接了起來，這種局面有利於熟悉國際貿易的威尼斯商人東行來中國。馬可·波羅就生活在這個時代。他出生在威尼斯一個商人家庭，在家庭的影響下，再加上他個人的努力，終於實現了去中國遊歷的願望。

1260年，馬可·波羅的父親和叔叔去中亞的布哈拉做生意。他們在布哈拉遇到了蒙古旭烈兀汗派往中國元朝的使臣，大家相處很融洽。這位使臣邀請他們兄弟與他一起去中國。在大都，忽必烈見到這兩個威尼斯人很高興，詢問了西方各國和羅馬教廷的情況。忽必烈對他們兄弟的介紹非常滿意，就讓人寫了國書，請他們送到羅馬教廷去，請教皇派100個精通工藝的人來中國傳授技藝並傳教，還囑咐他們到耶路撒冷的耶穌墓上去取燈油，以作藥用。

1269年，他們返程回國，因為這時教皇已去世，就等了兩年，但兩年後新教皇仍沒選出，只好先去中國覆命。這時在家鄉的馬可·波羅已長大，表示願意與父親和叔叔同行去中國。在路上他們聽說新教皇已選出，還派了兩個教士趕來

與他們一起去中國，但後來這兩個教士半路上因害怕危險退了回去。他們一家三口歷盡艱辛，跋山涉水，花了三年半時間才到達中國。

忽必烈歡迎他們到來，召集文武百官，為他們接風洗塵。他們敘述了與教廷交涉的情況，呈上了新教皇的信和在聖墓上取來的燈油。忽必烈對他們大加讚賞，還把年輕的馬可·波羅留在宮中任職。馬可·波羅在他後來留下的遊記中描繪了大都宮殿的雄姿："皇帝大殿宏偉壯麗，氣勢軒昂，能容納一大群人舉行宴會。宮中林立着許多不連續的建築，設計合理，佈局相宜，非常美麗。"有一次，他來到郊外的永定河邊，看到河上美麗的石拱橋——盧溝橋。他說這是"世界上無與倫比的大石橋"，"整座橋氣貫長虹，蔚為壯觀"。因為是他最早把這座橋介紹到了西方，至今歐洲人都把盧溝橋稱為"馬可·波羅橋"。

在宮中，馬可·波羅很快就熟悉了宮廷禮儀，還學會了幾種要用的語言。忽必烈見他辦事認真，便派他當欽差，到各地去巡視。馬可·波羅在巡視時注意搜集各地的風俗民情，回來向忽

馬可·波羅

（下圖）元大都。

馬可・波羅

（右上圖）《馬可・波羅遊記》插圖：稅吏收稅。

（左上圖）馬可・波羅一家三口拜見忽必烈大汗。

（左圖）馬可・波羅的父親和叔叔覲見忽必烈。

（下圖）《馬可・波羅遊記》插圖：歐洲人想像中的野蠻人。

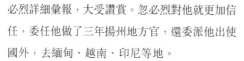

必烈詳細彙報，大受讚賞。忽必烈對他就更加信任，委任他做了三年揚州地方官，還委派他出使國外，去緬甸、越南、印尼等地。

　　他們一家在元朝任職長達 17 年，時間一長思鄉之情就更強烈，因而多次委婉地要求西歸故里，忽必烈每次都盡力挽留。1286 年，忽必烈要送公主闊闊真遠嫁伊兒汗國當王妃，因蒙古諸王相互內爭，使得西行的陸上通道阻塞，忽必烈就讓馬可・波羅和他父親、叔叔從海路送公主出嫁。1291 年，他們乘坐 14 艘大船從福建泉州啟航，旅途中海上波濤洶湧，極為艱苦，航行了兩年半才到達目的地。

　　在把闊闊真公主送到後，他們一家繼續航行，終於回到闊別了 26 年的家鄉威尼斯。馬可・波羅離家時才 17 歲，回到家已是 43 歲。家裡人不讓他進屋，馬可・波羅再三解釋，家人還

浩瀚海陸的探索

(右上圖)《馬可‧波羅遊記》插圖，馬可‧波羅乘坐馬車遠行。
(右下圖) 忽必烈接見使臣。

是半信半疑，直到他們剪開蒙古長袍的邊縫，取出藏在裡面的中國珍寶，才讓大家相信他們確是從中國來的。

1298年，威尼斯和鄰邦熱那亞之間爆發了戰爭。當時熱那亞艦隊圍攻威尼斯，馬可‧波羅出於愛國熱忱，捐出財產裝備了一艘戰艦，並親任艦長，英勇作戰，但終因後援不繼受傷被俘，被投入熱那亞監獄。在獄中有個難友是小說家，他見馬可‧波羅知道許多中國的情況，就勸他寫書。馬可‧波羅同意了，於是就由他口述，這個難友筆錄，寫了一部"世界奇書"——《馬可‧波羅遊記》。第二年，威尼斯與熱那亞議和，馬可‧波羅獲釋。以後直至去世他再也沒有外出遠遊了。

馬可‧波羅

《馬可‧波羅遊記》是他在中國的旅行記，其中對元初的社會情況做了生動的描述，大多是第一手材料，非常珍貴。馬可‧波羅的中國之行和他留下的遊記大大豐富了中世紀歐洲人的地理知識，以後歐洲的不少地圖都是依據這部遊記的材料繪製的。

另外，《馬可‧波羅遊記》對15世紀末歐洲的航海事業還有極大的促進作用，比如意大利的哥倫布、葡萄牙的達‧伽馬等著名探險家都是在讀了這部遊記後，嚮往東方國家的繁榮，產生了出海遠航去東方探險的念頭。在哥倫布留下的遺物中，有一部拉丁文的《馬可‧波羅遊記》，哥倫布在書上做了許多批註，說明他曾仔細讀過這本書。由此可見馬可‧波羅對歐洲人開闢新航路的影響之大。

鄭和下西洋

　　鄭和是中國的航海家，他以其七下西洋的
壯舉在世界航海史上佔有重要的地位。

　　鄭和本姓馬，雲南昆陽（今晉寧）人。1383
年，明太祖朱元璋派大軍進入雲南，打敗了雲南
的地方勢力。在戰鬥中，12歲的鄭和被明軍俘
虜後帶回南京，入宮當了太監。朱元璋把他分給
四皇子燕王朱棣做侍童，於是鄭和就來到北京進
了燕王府。長得眉清目秀、聰明伶俐的鄭和來到
燕王府後，受到朱棣的器重，有機會在王府內的
學堂學習。他勤奮好學，史料上記載他學識豐
富，"才負經緯，文通孔孟"。

　　1398年，明太祖朱元璋去世，由長孫即

明成祖朱棣。

（左下圖）鄭和。

（下圖）中國古代海船。

浩瀚海陸的探索

位，稱建文帝。燕王朱棣對建文即位不滿，不久就與朝廷之間爆發了戰爭。經過3年多的戰爭，燕王軍隊攻下南京，建文帝下落不明，朱棣奪得了皇位，建元永樂，稱明成祖。在這場皇室內爭中，鄭和聽從朱棣調遣，傳達命令，參加戰鬥，立有戰功。1404年，明成祖朱棣賜他姓鄭，從此由馬和改名為鄭和。

朱棣即位後就開始考慮派人出使各國，以擴大明王朝在海外的影響。在這些外交活動中，鄭和下西洋規模最大。以前有一種說法，朱棣派鄭和下西洋是為了尋找建文帝的下落。這種說法有點牽強，朱棣不會花費這樣巨大的人力、物力，只是為了尋找一個外逃的廢帝。鄭和下西洋應該是既有政治目的，也有經濟目的，在進行國務訪問的同時也兼帶為宮廷採買物品。

鄭和被朱棣作為心腹選中，領受了下西洋的任務。所謂"西洋"是當時人對以今天南洋為中心，西到印度洋以及東非沿岸地區的稱呼。鄭和船隊出航的準備工作主要在南京完成，他所用的船大多在南京的龍江船廠建造，所用物資也多

鄭和寶船上用的絞盤。

通草畫上的帆船（沙船）。

通草畫上的帆船（福船）。

在南京的倉庫裡支取。船隊按用途有各類船隻，其中鄭和乘坐的巨型寶船長140多米，寬60米，設計精巧，富麗堂皇，如同水上宮殿。船隊的人員配備也比較齊全，分工細緻，每次出航人員都超過兩萬。在航海技術方面也相當先進。為了充分利用風力，船隊經常靠信風航行，"北風航海，南風回"。在導航方面，船隊採用天文觀測的"過洋牽星"術，以日月升降辨別方位，以星星高低估計遠近，還利用指南針羅盤指示方向。為了測深，船隊將繩子沉入海底，以防備海中的礁石。

1405年，鄭和首次遠航，他率領的船隊有大小船隻62艘。船隊從蘇州的劉家港啟程，浩浩蕩蕩沿着長江駛入東海，再到福建的長樂港停泊，等待南下的信風。信風一來，船隊就從閩江

鄭和下西洋

圖說交通探險史
從牛車到飛船

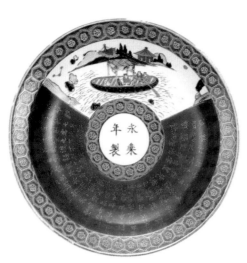

明代永樂間生產的中國瓷器。

鄭和下西洋

海船上掛的海神天后旗。

口的礁島五虎門揚帆開航，進入南海，先到占城國（今越南中南部），然後經過南洋群島的爪哇、蘇門答臘來到滿喇加（今馬六甲）。滿喇加是 15 世紀初在馬來半島興起的國家，控制着海上咽喉馬六甲海峽。鄭和船隊來到滿喇加，國王親自迎接。鄭和向他宣讀了國書，還贈送了禮品"雙台銀印"。滿喇加國王也回贈禮物，並同意鄭和在滿喇加建立"官廠"（倉庫）存放物資，這個"官廠"後來就成了鄭和下西洋的一個轉運站。船隊離開滿喇加後來到印度的古里國(今卡利卡特)。鄭和在這裡向當地的國王、大臣贈送禮品，還立碑紀念。在古里，船隊採購了當地盛產的胡椒，採用的貿易方式是有趣的摸手議價，交易者把手伸到對方袖子裡摸手指議價。結束了對古里的訪問，鄭和船隊啟程返航。在經歷了兩年零三個月的遠航後，鄭和回到南京。

　　1407 年，鄭和再次奉命出訪西洋各國，仍按原路出海。船隊經占城到達爪哇、暹羅（今泰國）、柯枝（今印度可欽）、錫蘭（今斯里蘭卡）。在錫蘭，鄭和向國王遞交國書，贈送禮品，還在當地的寺院裡佈施，立石碑紀念。這塊

明成祖命令沈度畫的"麒麟"（長頸鹿）。

繪有海船圖案的中國瓷器。

羅盤上描繪的伊斯蘭教聖地麥加，鄭和船隊最後一次下西洋訪問過這裡。

（下圖）明代《天工開物》中的插圖：打造鐵錨。

石碑上的碑文有中文、泰米爾文和波斯文三種文字，至今仍完好無損。兩年後鄭和第三次遠航又來過錫蘭，這次返航時他還帶了十幾個國家的使節與他同行。這些使節集體訪問了明朝廷，一時間南京"萬使雲集"，被譽為中外關係史上的盛事。

經過鄭和三下西洋後，明成祖朱棣打算派他到更遠的地方出訪。鄭和的第四次遠航走得比較遠，船隊橫越印度洋，到達了波斯灣上的忽魯謨斯。在這裡，當地商民用當地土產交換中國的絲綢、瓷器。回程時，船隊途經溜山國（今馬爾代夫）。中國文獻稱這裡為"弱水三千"，因為溜山國沿海海水鹽分低，浮力小，船到這裡吃水會變深。第五次下西洋，船隊除了阿拉伯半島外還到了東非沿岸，最遠到達麻林（今肯尼亞的馬林迪）。鄭和還想再往南行，只見南面森林密佈，全無人跡。在當地人的勸阻下，鄭和才返航回國。以後鄭和還遠航了兩次，其中最後一次走的地方最多，幾乎走遍了以前到過的各個國家。鄭和派出一支分船隊訪問了榜葛剌（今孟加拉）。由鄭和建立了明朝與榜葛剌的聯繫後，榜葛剌給中國送來了長頸鹿作禮物。中國人沒見過這種動物，就稱它為"麒麟"，認為是吉祥的東西。明成祖見到"麒麟"，還下令宮廷畫家沈度把它畫下來，"傳賜大臣"。在這次航行中，船隊還到了天方（今伊斯蘭教聖地麥加），隨員還在那裡畫了一張"天堂圖"。1433年，鄭和回到南京，第二年去世。

鄭和七下西洋是世界航海探險史上的大事。他揚帆遠航，縱橫幾萬里，遍訪30多個國家，增進了中國與亞非各國間的友好關係。另外，他的遠航也早於歐洲後來的地理大發現，比哥倫布遠航美洲早了近一個世紀，規模也大得多。可惜的是，在鄭和之後，中國封建王朝採取了閉關鎖國政策，使中國開始逐漸落後於世界先進行列。

哥倫布 "發現" 美洲

哥倫布堅信地圓學說。

人們常説，哥倫布發現了美洲，而這個
"發現" 是應該打引號的。實際上在他之前就有
歐洲人遠航到達過美洲，比如維京人、愛爾蘭人
都曾比他更早跨海越洋去過美洲。即使真是哥倫
布第一個從歐洲到達了美洲，也談不上是他發現
了美洲，因為美洲的土著居民印第安人本來就有
自己的文明，他們在那裡過着自給自足的生活，
根本就不需要別人來發現他們。 1992 年，聯合
國教科文組織發起紀念哥倫布首航美洲500周年
活動，就迴避了 "發現" 的説法，而是稱兩大文
明相遇在美洲。客觀一點評價，可以稱哥倫布是
最早發現橫渡大西洋航路的歐洲探險家。

哥倫布1451年出生在意大利熱那亞的一個手

伊薩貝拉女王接見哥倫布。

哥倫布。

浩瀚海陸的探索

工工匠家庭。由於家庭不富裕，他早年沒有受過
很好的教育。從18歲起，哥倫布就開始了他的海
上航行生涯，曾隨船隊到過英國、法國、冰島等
許多國家。他接受了當時流行的地圓說，認為從
歐洲向西航行可以到達亞洲東部。當時著名的地
理權威意大利人托斯堪內里也贊同地圓說，認為
從歐洲向西航行可以到達亞洲東部。他把整個東
方都稱為"印度"。在他繪製的地圖上，從歐洲西
海岸到印度只有五六千英里。後來哥倫布得到了
這張地圖，根據這張圖來規劃他的遠航計劃。據
說哥倫布還與托斯堪內里通過信。托斯堪內里在
回信中對哥倫布大加鼓勵："你想着手的航行並不
像人們想像的那麼困難，你決定的航線肯定沒錯。"

哥倫布要想實現他的遠航，需要有巨大的
人力、物力支持，最好能得到王室資助。 1484
年，他向葡萄牙國王提議，組織向西航行去印度
的探險隊，但遭到拒絕。哥倫布轉而寄希望於西
班牙王室。於是他就帶着長子來到西班牙，住在
一個修道院裡。在修道院長的幫助下，他的遠航
計劃傳到了宮廷。當時西班牙由斐迪南國王和伊
薩貝拉女王夫婦共同執政。 1486 年，伊薩貝拉
女王在宮中接見了哥倫布，決定把他的計劃交給
一個專家委員會審查。這個委員會對他的計劃不

專家委員會審查哥倫布的遠航計劃。

哥倫布船隊的三艘帆船。

哥倫布「發現」美洲

以為然，將計劃整整壓了四年也不做出答覆。
1492 年，西班牙的財政大臣為增加國庫收入，
請求國王贊助哥倫布的計劃，還有一些宮廷貴族
也支持哥倫布。於是，國王很快召見哥倫布，與
他簽訂了一個協定。這個協定規定：西班牙國王
是遠航新發現土地的宗主和統治者，哥倫布將得
到海軍司令、欽差和總督的頭銜，還能得到從領
地送回宗主國全部財富的十分之一。

隨後哥倫布就籌集資金準備遠航。伊薩貝
拉女王變賣自己的首飾為遠航籌款，她還向富商
募捐，再由國庫出一部分錢，其餘的都由哥倫布
自籌。參加這次遠航的共有三艘船，最大的是
"聖瑪麗亞"號，大約為 120 噸。水手和隨行人
員共有 87 人。

哥倫布的第一次遠航於1492年8月3日從西
班牙的帕洛斯港啟航，開始橫渡大西洋。 9月8

哥倫布的旗艦"聖瑪麗亞"號。

浩瀚海陸的探索

哥倫布船隊從帕洛斯港啟航。

哥倫布「發現」美洲

日船隊離開加那里群島進入無人熟悉的海域。因怕迷失方向，哥倫布命令一直向正西方向航行。船隊一路上都遇不到陸地，水手們很焦急，要求改變航向。哥倫布被迫轉向西南，仍不見陸地，船員們非常憤怒，差點要暴動，就在這時水中出現了蘆葦和木棍，表明已經接近陸地了。

10月11日夜裡發現了陸地，這是巴哈馬群島中的一個小島。一上岸，哥倫布就遇見了印第安人中性格和善的阿拉瓦克人。他在《航海日誌》中這樣描寫他們："男人和女人都赤身露體。他們身材很好看，體格健美，五官英俊動人。"哥倫布誤認為他到的是印度，就把遇到的土著居民稱為"印第安人"，這一叫法竟以訛傳訛地流傳下來。10月28日船隊到達古巴，12月7日到達海地。他見海地景色秀麗，很像西班牙，就給它起名"小西班牙"。由於航行不慎，他的旗艦"聖瑪麗亞"號觸礁沉沒。他就命令一

哥倫布發現了陸地。

哥倫布上岸見到印第安人。

第一次遠航成功後哥倫

浩瀚海陸的探索

部分人在海地島上建立殖民據點，自己帶其餘人分乘剩下的兩艘船回國。

1493 年 1 月 16 日，哥倫布船隊返航，藉順風相助，3 月 15 日回到帕洛斯港。一上岸，哥倫布就用奇特的異域風情吸引西班牙人。他帶回了十個印第安人，就讓這些印第安人頭插羽毛、臉帶鑲金面具，拎着鸚鵡和美洲其他物產，在大街上緩緩走過。然後他再帶着隊伍去宮廷所在地——巴塞羅納。

當哥倫布到了西班牙首都後，王室舉行了盛大儀式歡迎他。哥倫布又組織了一次他導演的印第安土著文化表演。他的隨從帶着印第安人，拿出色彩豔麗的鸚鵡、金面具、珍珠和熱帶水果，組成一個奇異的展覽隊列。這些印第安人在哥倫布的調教下竟都向國王要求接受基督教洗禮。哥倫布向國王述説了一通他在美洲探險的經過，宮廷舉行盛宴款待他。哥倫布的遠航轟動了西班牙，使他名聞歐洲。

著名畫家達利的作品《哥倫布發現美洲》。

哥倫布「發現」美洲

被上了鐐銬押送回西班牙的哥倫布。

1493 年 9 月，哥倫布又裝備了一支更大的船隊，有 17 艘船。這次遠航花費大，收益小，還遭到印第安人的拚死抵抗，讓滿懷期望的國王大失所望。後來的第三次遠航也不成功，不能給西班牙帶來它急需的大量黃金。另外，遠征隊中的貴族之間也矛盾重重。1500 年，為平息內爭，西班牙國王竟命令把哥倫布押送回來。為表示抗議，哥倫布回西班牙後，拒絕解除在歸程中一直帶着的鐐銬，宣稱要把這些刑具當紀念品永久保存。女王親自來看望他，下令釋放，並好言寬慰。後來哥倫布又一次遠航，希望能找到出海口，卻沒能找到，不得不返航。回來後他就一病不起，於 1506 年去世，結束了他不平凡的一生。

達‧伽馬遠航印度

　　達‧伽馬是葡萄牙著名航海家，他為開闢新航路做出的最大貢獻是完成了從西歐直達印度的航程。他大約出生在 1460 年，父親是個貴族。他早年的經歷史料中沒有記載。

　　1492 年，達‧伽馬奉葡萄牙國王命令率戰船去海上攔截法國船隻，以報復法國對葡萄牙海上貿易的破壞。他很好地完成了任務，為他以後從事海上探險活動提供了鍛煉的機會。

達‧伽馬。

16 世紀初的里斯本港。

　　15 世紀時，西歐的商品經濟有了很大發展，但原先東西方之間的陸上商路被土耳其人阻隔。為發展對東方的貿易，西歐沿海國家就需要探索新的海上通道。西方國家急於開闢新航路還有另一個動機，就是要到東方去尋找黃金，因為當時歐洲的經濟活動需要大量黃金。不少歐洲人受《馬可‧波羅遊記》的影響，過高估計了東方國家的富裕程度，以為在中國、印度這些東方國家遍地都是黃金。

　　在 15—16 世紀的地理大發現中，葡萄牙起了帶頭作用。這與這個國家所處的地理位置有關。葡萄牙雖然國土狹小，經濟不發達，但它瀕臨大西洋，是北歐與地中海之間貿易通道的必經之地，擁有優良的港口和發達的造船業。另外在長年的戰爭中，這個國家還產生出一批敢於冒險的人。正因有這些條件，葡萄牙人開始在海上積極地對外擴張。

圖中年長者是葡萄牙的"航海家"亨利王子。

達·伽馬塑像。

達·伽馬遠航印度

有"航海家"稱號的葡萄牙王子亨利對海上探險特別有興趣，專門在國內開辦航海學校，培養航海人才。葡萄牙人一點點向南航行，向東方推進。1460年，葡萄牙人到達非洲的幾內亞灣。1488年，葡萄牙人迪亞士航行到了非洲南端的好望角，還向這個海角東面航行了500多海里。迪亞士對非洲南端這個巨浪滔天的岬角沒有什麼好感，給它起名為"風暴角"，但葡萄牙國王認為這個名字太悲觀，覺得到了這裡已有通往東方印度的希望，就親自將它改名為"好望角"。但要繞過好望角穿越印度洋直航印度還有技術上的困難，迪亞士返航後報告，要在大洋裡航行必須用船身較圓、更牢固的新型船隻。為此，葡萄牙國王讓迪亞士監督建造這種新船，專為去印度探險用，同時還在西非沿海一些地方建立了葡萄牙的航海基地。

里斯本的航海家紀念碑，碑前群雕描繪着亨利王子引導着眾多葡萄牙航海家。

正當葡萄牙在進行遠航準備時，傳來了哥倫布"發現"新大陸的消息。葡萄牙國王深受刺激，立即着手組織對印度的遠航，達·伽馬被選為遠航船隊的指揮官。國王給達·伽馬這次遠航確定的任務是"發現領土，尋找香料"，因為在他心目中印度是個盛產香料的國度。1497年7月，達·伽馬率領的船隊從葡萄牙首都里斯本南

達·伽馬首航印度船隊的旗艦。

達·伽馬在東非海岸受到當地穆斯林統治者蘇丹接待。

達
·
伽
馬
遠
航
印
度

面的一個港口啟航。這支船隊有四艘船，隨行人員170人，船上還帶了六根十字架形的石頭標柱，作為葡萄牙對遠航所發現土地擁有主權的標誌。船隊裝載了可供用上三年的補給品，但帶的禮品卻很少。後來在與沿途王公交往時，東方的君王對送上的少量寒酸禮品簡直不屑一顧，使得達·伽馬非常尷尬。

這年11月，達·伽馬的船隊繞過好望角。他們在鄰近好望角的地方受到當地人的友好款待，補充了船上急需的淡水，因而他們就給這個地方起名為"好人海岸"。第二年4月，船隊在肯尼亞的馬林迪拋錨休整。在這裡，達·伽馬一行遇到一個有經驗的阿拉伯領航員。正是靠這個阿拉伯人幫助，葡萄牙船隊才得以順利越過印度洋，平安地駛向印度。1498年5月20日，達·伽馬船隊終於到達印度西南部的港城卡利卡特。葡萄牙人剛上岸，一個會說點葡萄牙語的阿拉伯

達·伽馬居高瞭望遠處的陸地。

1480 年葡萄牙在黃金海岸（今加納）建造的米納堡。

人就迎上來對他們説："好運氣，好運氣！這裡有很多紅寶石，有很多祖母綠！"

達·伽馬在卡利卡特豎立了象徵葡萄牙權力的標柱，但當地的阿拉伯商人對他很敵視，使得他只得在 8 月離開了這座城市。達·伽馬走時在船上裝了不少珠寶和香料，還帶走了六個當地土著。返回時因為沒有嚮導，船隊在印度洋上備受煎熬，許多水手在途中死於壞血病。第二年 9 月，由於嚴重減員，達·伽馬只帶着一艘船回到里斯本。葡萄牙國王為他舉行了隆重的凱旋儀式，授予他貴族稱號，還賞賜了巨額年金和地產。達·伽馬這次遠航成功在西歐國家引起了震動，為歐洲以後在印度建立殖民帝國創造了條件。

為了建立葡萄牙在印度洋的霸權，1502 年，達·伽馬奉命再次去印度。這時他已身為葡萄牙海軍上將，指揮的船隊有十艘船。達·伽馬先去的地方是印度海港城市果阿，他在那裡指揮船員攔截了一艘從阿拉伯來的船，把船上近 400 人關在船艙裡，點火燒船，船艙裡的人無一倖免。隨後，達·伽馬就帶人到達卡利卡特，下令捕捉城裡的阿拉伯人。他們把抓到的阿拉伯商人割耳砍手，然後塞進一艘船裡，任憑這條船在海上漂泊，讓他們聽天由命。達·伽馬率領的戰船還炮轟了卡利卡特港口，屠殺了幾十個當地漁民。通過這次遠航，葡萄牙在印度設立貿易據點，建築防禦工事，建立了瀕臨海岸的葡屬印度殖民地。

1503 年，達·伽馬回到里斯本，成了全葡萄牙最富有的貴族，有一段時間還出任國王有關印度和航海事務的顧問。在過了多年隱退生活後，國王又起用他出任葡萄牙駐印度總督，讓他重新經營葡萄牙在印度的"東方帝國"。因為年老體衰，達·伽馬到任不到三個月就病死在印度，並在當地安葬，結束了他作為航海探險者和殖民掠奪者的一生。

（上圖）16世紀印度的果阿港。

（右上圖）16世紀時印度的卡利卡特港。

（右圖）達·伽馬遠航前接受葡萄牙國王的祝福。

達·伽馬遠航印度

浩瀚海陸的探索

麥哲倫環航世界

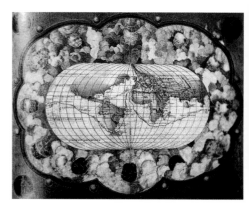

16世紀40年代的世界地圖，圖上繪出了非洲和東南亞。

麥哲倫是 16 世紀世界著名的航海家，他曾組織人類第一次環球航行。雖然他本人航行中在菲律賓被當地土著居民所殺，未能完成剩下的航程，但與他同行的海員繼續航行，最終完成了人類繞地球一周的航行，回到出發地。

麥哲倫出生在葡萄牙北部一個破落騎士的家庭，少年時進宮服役，成為王后的侍童。成年後麥哲倫進入葡萄牙的國家航海事務廳工作，這使他有了熟悉航海業務的機會。1499 年當達·伽馬首航印度歸來後，葡萄牙政府計劃組織更大規模的海上遠征隊，向東擴張。受到獲取東方財富和遠洋探險榮譽的吸引，麥哲倫積極要求參加遠征隊。

1505 年，身材矮胖結實的麥哲倫被批准參加去印度的遠征隊。這支遠征隊由葡萄牙駐印度第一任總督阿梅爾達率領，有 20 多艘大小帆船，隨船人員 2,000 多，麥哲倫只是其中的一名普通水手。

（左下圖）麥哲倫。

（中下圖）籌劃遠航的麥哲倫。

（右下圖）16 世紀葡萄牙的各種遠洋船隻。

浩瀚海陸的探索

西班牙帆船模型。

在隨遠征隊去印度途中，麥哲倫在海戰中三次受傷。他在印度期間還參加了葡萄牙人對馬六甲和印度尼西亞的探航。1513年，麥哲倫回國。回來後他沒有受到國王重用，生活貧困，處境艱難，這使他感到在國內前途渺茫。正在這時不斷傳來通過新路線遠洋探航的消息，即越過大西洋向西航行到達東方。1502年，意大利航海家阿美利哥通過親自探航後認為，哥倫布到過的地方不是印度，而是一塊"新大陸"，後來這塊"新大陸"就以他的名字命名為"阿美利加"（美洲）。阿美利哥還認為，繞過這塊"新大陸"南端就有可能到達東方。1513年，西班牙探險家巴爾波亞越過美洲狹窄的巴拿馬地峽，在高山頂上發現西面有一片海洋，他稱之為"大南海"。

麥哲倫注意到了這些發現，他設想如果找到一條溝通大西洋和"大南海"的海峽，繞過美洲就可以越過"大南海"直接到達東方。他曾將自己的探險計劃向葡萄牙國王提出，沒有回音。1517年，麥哲倫離開葡萄牙去西班牙，向西班牙國王提交了遠航計劃。1518年，西班牙國王

查理一世接見麥哲倫，同意資助他的遠航探險，還與他簽訂了協定。國王允諾將這次探險中獲得的所有財富分一部分給麥哲倫，並保證在十年內不再批准其他人從事類似的探險。1519年，由五艘船組成的麥哲倫船隊從西班牙塞維利亞城的外港聖羅卡港出發，船隊人員共有265人。

麥哲倫首先碰到的是如何選擇航線的問題。從歐洲到美洲可以走哥倫布到中美洲的"西班牙航線"，也可以走另一位航海家卡布拉爾到

麥哲倫環航世界

（左下圖）支持麥哲倫探航的西班牙國王查理一世。
（下圖）麥哲倫的遠航船隊。

英國航海家羅利在北美大陸上岸。

麥哲倫率船隊穿越海峽。

麥哲倫環航世界

南美的"葡萄牙航線"。後一條航線雖然路途遠
些，但可以利用洋流和信風。麥哲倫決定走"葡
萄牙航線"。

　　經過兩個多月的海上漂泊，麥哲倫船隊到
達了南美的巴西海岸。他們與當地人進行實物交
換，用一面鏡子就可以從土著居民那裡換來足夠
十個人吃的鮮魚，得到了不少補給品。因為在以
後幾個月中都沒能找到貫通大陸的海峽，水手們
情緒低沉，一度爆發了反對麥哲倫的叛亂，他很
快將叛亂鎮壓下去。1520年10月，已損失一艘
船的船隊發現一個海峽口。這條海峽看起來很
長，忽寬忽窄，彎彎曲曲，港汉交錯，浪濤洶
湧。有一艘船上的水手眼看前途艱險，就掉轉船
頭逃回西班牙。等到一個月後船隊走出海峽時，
只剩下了三艘船。後人為了紀念麥哲倫，把他經
過的這條海峽命名為"麥哲倫海峽"。

　　通過海峽後，船隊進入"大南海"繼續航
行。在三個多月中，海上風平浪靜，麥哲倫和水
手們就把這個海叫做"太平洋"。這個名稱一直

浩瀚海陸的探索

沿用至今。在太平洋上航行，因為食物不足，加上水手中壞血病蔓延，死了不少人。1521 年 3 月 27 日，這支船隊到達今天菲律賓群島中的馬索華島。第二天清晨，有一艘載着八個土著居民的小船開到船隊旁邊。這時麥哲倫突然想起水手中有他從馬六甲帶來的僕人亨利，他就叫亨利用馬來語和這些土著講話，對方居然聽得懂，這使雙方得以交流。麥哲倫這時意識到，他已經實現了從西方繞道航行到東方的理想。八年前，他從東方回到西方，現在他又從西方繞道到東方，環航了世界一周。這一事實確鑿無誤地說明，人類居住的世界是個球體。

到達菲律賓後，麥哲倫企圖把所到的地方納入西班牙版圖，就在馬索華島留了下來。通過傳播基督教，他與當地統治者拉上了關係，還以這裡為基地向菲律賓其他島嶼進軍。4 月 27

最後完成環航世界的"維多利亞"號帆船。

麥哲倫環航世界

日，麥哲倫參與了土著居民間的爭戰，帶人幫助宿務島統治者去鎮壓馬卡坦島酋長的叛亂，結果在馬卡坦島的淺灘為當地人殺死。

麥哲倫死後，這支船隊環球航行的最後航程由與他同行的水手繼續完成。在帝汶島補充了淡水和糧食後，他們只有一艘帆船"維多利亞"號可用了，就推舉這艘船的船長卡諾為首領。為了避開葡萄牙人的追逐，卡諾決定遠離海岸，橫渡印度洋。他們繞過好望角，穿越赤道，終於在 9 月 6 日回到西班牙的原出發地聖羅卡港。這次環球航行前後共花費了三年時間。返航時，"維多利亞"號上只剩下 18 名海員，個個身體虛弱、疲憊不堪。

麥哲倫這次環球航行有着十分重要的意義，不僅證實了地圓學說，還對歐洲各國的航海探險事業有很大推動。幾十年後，英國航海家羅利就再次繞地球環航。羅利還建立了英國在北美的第一個殖民地——弗吉尼亞。後來的美國就是在英屬北美殖民地的基礎上發展起來的。

麥哲倫在菲律賓被殺。

麥哲倫探航之後，菲律賓很快成為西班牙殖民地。照片上是西班牙人在馬尼拉建造的天主教堂。

工業時代的車船

自 18 世紀中期起,最先從英國開始,在西方國家出現了工業革命。工業革命名為革命,實際是科學技術的不斷發明和工業的迅速發展。於是,西方國家率先進入了工業時代。蒸汽機的發明是工業革命標誌性的成果,這一新的動力來源也給交通帶來了大發展的契機。

19 世紀初,英國人斯蒂芬森發明了使用蒸汽機的火車機車。機車在鐵軌上行駛,運輸量驚人,很快就成為陸上交通的主力。不久,世界各國掀起了修築鐵路的熱潮,鐵路和機車成了傳播工業文明的先導。在多條鐵路線中,最長、最有名的是俄國的西伯利亞大鐵路和橫跨北美大陸的幾條鐵路。為了使包括鐵路在內的陸上通道能穿山越嶺,出現了鑿通山岩的隧道。隧道不僅洞穿山體,還穿越大河和海峽,構築在水下。不過要從水面跨越江河湖海則需要架橋,在工業時代出現了鐵橋、混凝土橋等各種新式建材的橋樑。

蒸汽機用在船上就出現了汽船,船體也由木板演變為鐵殼。早先的汽船是用明輪打水的輪船,而在螺旋槳發明後,笨重的明輪就從船舷兩側消失了。為了充分發揮水運的效力,彌補天然河流分佈的不平衡,人們還開挖了運河。世界上有兩條運河最為重要,這就是蘇伊士運河和巴拿馬運河。它們溝通了大洋水道,大大縮短了國際間的海上航程。

與工業時代車船借助機械動力的做法不同,

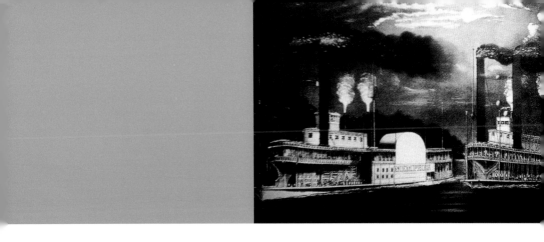

有兩種19世紀後期出現的車卻是在巧用人力。這就是流行於世界的自行車和局限於亞洲的人力車。前者是自騎自行，至今仍在使用；後者要靠車夫拉動，現在大多已成為博物館中的藏品。

在各類車輛中，後來居上的是汽車，汽車的動力來自於燃燒汽油的內燃機。汽車問世後種類繁多，其中供人乘坐的轎車發展最快，在世界各國，尤其是經濟發達國家，已經或正在進入尋常百姓家。將內燃機裝在自行車上就成了摩托車。摩托車雖然運載量小，但行駛迅捷，自有其特殊的用處。

在飛機發明前，空中曾出現過兩種交通工具：氣球和飛艇。這兩種飛行器都有缺陷：氣球可以升空，但飛行不能自如；飛艇可以飛行，但安全缺乏保證。它們先後都讓位於後起的飛機。

借助於技術發展和交通進步，工業時代是繼15—16世紀大航海時代之後探險的又一黃金歲月。英國是當時的工業強國，因而在工業時代的大探險中一直居於領先地位。在海上，18世紀時庫克船長航行太平洋，繪製了精密的海圖；19世紀時達爾文搭乘考察船完成他的科學之旅，創立了進化論。在陸上，利文斯頓深入非洲腹地，橫越了非洲大陸；斯科特探險南極，到達極點後喪身冰原。可以這麼説，在這次大探險的浪潮過後，人類的足跡已留在世界的每個角落。

火車長驅

在博物館中展出的是早期蒸汽機車。

　　火車是鐵路列車的俗稱，原是指它用煤燃燒的火力驅動蒸汽機牽引列車運行。不過現在的火車已經不再用火力驅動，大多是內燃機車或電力機車。

　　火車是在英國工業革命的浪潮中應運而生的，目的是使交通工具適應當時大工業生產的需要。18世紀時，英國已經發明了蒸汽機，但因過於笨重且效率低而難以用作火車的動力。19世紀初，英國機械師特萊維西克發明了高壓蒸汽機，能較充分利用蒸汽膨脹產生的能量。1802—1803年，他造出了世界最早的蒸汽機車。1804年2月21日，這台機車牽引着6噸重的列車，以每小時8千米的速度行駛在一條15千米長的鐵路上。但這輛機車因為鍋爐安裝不當，機車震動很大，而用生鐵鑄造的鐵軌很脆，經不起

蒸汽火車發明人喬治·斯蒂芬森。

（左圖）法國宣傳火車的早期海報。

工業時代的車船

沉重的負載和震動，多處斷裂。特萊維西克機車無法實際使用，一時間只能供人乘坐遊玩。

　　後來對火車的發展有較大推動作用的是一對父子發明家：喬治·斯蒂芬森和他的獨生子羅伯特·斯蒂芬森。喬治·斯蒂芬森在少年時代靠做工謀生，成年後才開始讀書。他學習勤奮，很快就獲得了一個機械師所應具備的知識。當時礦井運煤是用馬拉運煤車在軌道上行駛，他想改變這種落後狀況，決心製造出一種實用的蒸汽機車。經過十年的努力，1814年他造出了一台機車，行駛時速只有6.5千米。但他將蒸汽活塞的連桿與機車車輪相連，充分利用車輪和機車的慣性。這台機車在鐵軌上試行，牽引八節車廂，載重34噸，性能好於特萊維西克的機車。它也有不少缺點：噪音大，速度慢。當時有人嘲笑道："怎麼還沒有馬車跑得快？"還有人抱怨："機車放汽的聲音太可怕，把附近的牛都嚇跑了，車頭冒出的火把附近的樹都烤焦了。"有關斯蒂芬森的機車還流傳着這樣一個笑話：他的機車因噪音太大，在路過一座農家小院附

早期火車。

近時，竟把農家的母雞嚇得不下蛋了，他因此受到這家農民的控告。1825年，斯蒂芬森又造出了新的機車"旅行"號，減輕了噪音，加大了牽引力。同年在斯蒂芬森主持下，英國建成世界上第一條標準鐵路，從斯托克頓到達林頓，全長32千米。

　　1828年，羅伯特·斯蒂芬森子承父業，設計製造了一台改進過的機車——"火箭"號。這時英國正在修建利物浦和曼徹斯特之間的鐵路。在鐵路完工前，為確定以後要用的機車選型，於1829年10月舉行了一次機車行駛競賽。"火箭"號參加了這次比賽，它以22千米的時速在這條快完工的鐵路上行駛了96千米，沒出差錯。"火箭"號的成功要歸功於兩項關鍵技術：一是採用了法國人馬克·塞甘剛發明的管式鍋爐，它氣壓高、熱

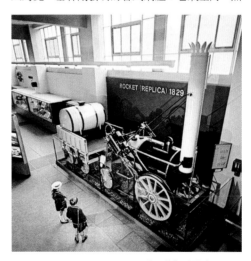
"火箭"號機車模型。
（左圖）羅伯特·斯蒂芬森設計的"火箭"號蒸汽機車。

效高而且輕便；二是將排出的廢汽用管道引到鍋
爐煙囪口排出，高速氣流形成了較大的負壓，使
鍋爐得到強有力的鼓風，燃燒效率大大提高。還
有兩輛機車與"火箭"號一道參賽。一輛外觀設計
得很漂亮，但在掛上車廂後一開動鍋爐就爆炸了。
另外一輛車行駛了44千米後許多零件脫落，汽缸也
破損了。"火箭"號成為後來通用的蒸汽機車原型。

火
車
長
驅

1832年火車開到英國茱斯特郡的博古索思。

在陸路交通中火車代替了馬匹。

　　由於鐵路運輸省時間，省運費，運輸量也大
得出奇，很快就被廣泛使用。火車運輸除貨運外還
用於客運。 1836 年在客運火車上出現了臥鋪車，
以後又有了專門的餐車，使旅客乘車旅行更為舒
適。1883年，在巴黎和維也納之間開通了一條"東
方特別快車"專線，快車裡有設施完善、裝潢精美
的餐車和臥鋪車，是世界上最早的高檔豪華列車。

　　火車在問世約半個世紀後傳入了中國。
1865 年，英國人杜蘭德在北京修建了一段 1,000
米長的鐵路。試行火車時，清政府以 "觀者驚
駭" 為由下令拆除。 1876 年，清政府以 20 萬兩
銀子買下英國人在上海和吳淞口之間修建的約
20 千米長的窄軌鐵路，拆除後還在一側車站原
址建了一座天妃宮。但封建王朝的愚昧阻止不了
中國鐵路的發展， 1878 年以後，為開採河北唐
山的開灤煤礦，清政府被迫同意修築從唐山到胥

工業時代的車船

各莊煤礦的鐵路，總長 10 千米。同時唐山還利用進口材料造了第一輛中國的火車——"龍"號機車。1895—1911 年，中國的鐵路建設有一定發展，平均每年興修鐵路500多千米，數條幹線通車。其中中國鐵路工程師詹天佑還依靠國內的技術力量，修建了從北京到張家口的京張鐵路。

1912 年，瑞士製造出柴油內燃機車。1903年，德國建造了一條電氣鐵路，用電力作為機車動力來源。現在世界各國在鐵路建設中都很注意發展高速火車，使機車時速達到200千米以上。1964 年，日本建成從東京到大阪的鐵路，這是世界上第一條高速鐵路，率先將時速提高到210千米。在各種高速鐵路建設方案中，最引人注目的是磁懸浮列車。這是一種"會飛的列車"，是使列車懸浮在磁墊上，沿着鐵軌高速前進。由於磁懸浮列車不存在軌道對車輪的摩擦阻力，因而能突破輪軌列車時速300千米的極限。目前德國

清末北京的火車。

和日本分別開發了吸引式電磁系統和排斥式電動系統磁懸浮列車。前者利用車輛上攜帶的非超導的鐵芯電磁鐵，與位於導軌側面的電磁鐵相互吸引着向上懸浮，使車輛和導軌之間產生1.5厘米的空隙，能達到 450 千米的時速。後者利用車上的超導電磁鐵來產生導軌中導電線圈內的電流，形成一種互斥作用，從而使車輛懸浮15厘米，最高時速甚至能超過 500 千米。目前中國已經採用德國開發的磁懸浮技術，在上海浦東修建了一條磁懸浮列車專用鐵路線，並在 2002 年試運行成功。

火車長驅

英國斯托克頓到達林頓間的鐵路開通。

在曼徹斯特至利物浦鐵路上行駛的火車。

日本東京的子彈頭高速列車。

修築鐵路

18世紀英國礦井中用軌道車拖煤。

19世紀末在鐵路上行駛的英國火車。

鐵路由路軌、枕木和道床等幾部分組成。在鐵路路軌出現以前就已經有了石軌和木軌。據史書記載，古代一些國家曾在道路上用石頭砌出車轍，以引導車輪前進。這種石軌直到中世紀時才被放棄。後來又出現了木軌，1550年法國阿爾薩斯地區的一個煤礦就使用木樑作礦車軌道。17世紀，木軌被廣泛地用於英國各煤礦的巷道中，用來拖拉運煤。以後木軌有所改進，1738年在英國的懷特黑文出現了外緣包有鐵皮的木軌。

1768年，世界上最早的鐵軌鋪設在英國的

修築鐵路

霍斯貝和科爾布魯克代爾之間，用來拖運貨物，這是一條凹形鑄鐵軌線。而後來鐵路上通用的工字形路軌是英國人傑索普在 1785 年發明的，當時仍用鑄鐵軌。1820 年英國人約翰‧伯金肖造出了鍛鐵軌。在火車出現以後，鍛鐵軌又讓位於鋼軌，鋼軌的使用壽命比鐵軌長。在平滑的鋼軌上火車的金屬車輪能夠承受極大重量，同時也大大減少了滾動摩擦。現在有的鐵路上還使用一種焊接長鋼軌，把普通鋼軌焊接起來，接頭處不留縫隙，有的長軌長達 1,000 米。長軌減少了鋼軌的接頭，也就減輕了車輪對鋼軌的衝擊，可以有效地減少火車發出的噪聲。

除發明工字形路軌外，1789年傑索普還發明了活動道岔設備。這種設備現在還在多條鐵路的交匯處使用，對火車的安全行車具有很大作用。後來，人們又在道岔的控制手柄上加上重壓，使得在列車通過時扳道員不必始終緊緊地扳住手柄。

鐵路上位於路軌和道床間的枕木，作用是

標誌工業發展的鐵路和廠房。

承受從路軌傳來的重量。枕木是用優質木材加工而成，還經過防腐處理。中國鐵路上用的枕木大多是松木。第二次世界大戰以後出現了混凝土枕，代替了枕木。混凝土枕的優點是穩定性好，使用壽命長，缺點是彈性差。作為鐵路基礎的道床是用碎石、卵石等道碴材料填充的，其作用是將軌枕承擔的負荷均勻地傳到路基上去。

兩條路軌之間有固定的軌距。據說古羅馬

（上圖）新修的鐵路與遠處的火車。

（左圖）奧地利的早期火車。

（中圖）法國 1862 年時的土倫火車站。

印度大吉嶺鐵路。

修築鐵路

大軍入侵不列顛時，羅馬人的戰車兩輪間的距離是1,435毫米，當時不列顛大道上到處都是1,435毫米寬的車轍印。後來英國人為了讓他們的馬車能沿着這些車轍印行駛，就把馬車的輪距定為1,435毫米。19世紀初，英國人斯蒂芬森發明火車機車時，把機車的輪距也設計為1,435毫米。這一軌距後來被英國議會定為標準軌距。不久，美國也接受了這一標準。以後世界上大多數國家都相繼把路軌軌距定為1,435毫米，成為通用的國際標準軌距。中國也採用了這一軌距。除了標準軌距外，還有小於這一標準的窄軌距和大於這一標準的寬軌距，比如日本的鐵路除新幹線外，一般都採用1,067毫米的窄軌距，而俄羅斯的鐵路則採用1,524毫米的寬軌距。窄軌鐵路的修建費用比較低，大多建在山區。日本侵佔中國東北時，曾在山林中造了不少很窄的窄軌鐵路，用來掠奪東北的森林資源。當地人把在這種窄軌鐵路上行駛的火車叫小火車，在小說《林海雪原》中就有對這種小火車的描寫。

不同軌距的鐵路之間相互不能連接，火車不能直接通行，火車上的貨物需要換載，旅客也需要換乘。民國時期山西省處在地方軍閥閻錫山的統治下，在他主持下，1932—1935年山西修築的同蒲鐵路（從大同到風陵渡）採用1,000毫米的窄軌距，修成後與外省鐵路無法連接，很不方便。另外，20世紀50年代初中國人民志願軍抗美援朝期間，前蘇聯向中國提供了一些作戰物資。因為兩國的鐵路軌距不同，從前蘇聯經鐵路運來的物資就不能直接運到目的地，而必須在邊境口岸卸貨換車。現在在因軌距不等無法接軌時，一般不再需要換載、換乘，而是在交界處把車廂吊起來換車輪，以適應新的軌距。

自從鐵路與在鐵路上行駛的火車問世後，這種陸上交通形式發展很快，引起了一場運輸革命。火車速度快，載運量大，行駛的路途遠，有着其他交通工具無法取代的優勢。在中國，從前官員和生員從江南去北京辦事、趕考，都要先通

日本東京最早的火車站。

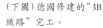

工業時代的車船

巴西亞馬遜森林中的鐵路。

過水路在運河裡搭船，然後棄舟乘車，途中至少需要一個月才能趕到京師。而到了清末津浦鐵路修通後，乘坐火車大大縮短了行程。

西方強國過去曾把修築鐵路作為對外擴張勢力範圍的重要手段。19世紀後期，列強都積極策劃在中國修建鐵路，以圖牟取利益。比如1910年法國修築的滇越鐵路通車，這條鐵路是由雲南昆明通往越南河內。法國經營滇越鐵路33年，這條鐵路成為它在雲南傾銷商品、掠奪資源的重要通道。

為了利用鐵路對外擴張，19世紀末英國人羅

德斯曾提出一個設想，修建一條從南非開普敦到北非開羅的鐵路幹線，以此構建一個貫通整個非洲大陸的殖民帝國。羅德斯稱這條鐵路為"2C鐵路"，以開普敦和開羅兩個地名的外文首字母命名。在此同時，法國也在考慮造一條橫向穿越非洲大陸的鐵路，從西非的塞內加爾通往東非的索馬里，也以兩地地名的外文首字母取名為"2S鐵路"。由於英法兩國的明爭暗鬥，這兩條跨越非洲大陸的鐵路一直沒有建成。後起的德國也不甘示弱，在近東地區建造了一條鐵路幹線，從柏林一直通到巴格達，中間經過奧斯曼帝國的首都君士坦丁堡（舊稱拜占廷），也以地名外文首字母定名為"3B鐵路"。一時間修築鐵路成了西方列強支撐殖民帝國、擴展勢力範圍的重要手段。

描繪羅德斯企圖建立貫通非洲殖民帝國的漫畫。

（下圖）德國修建的"3B鐵路"完工。

（左圖）德國在非洲烏干達修建鐵路。

西伯利亞大鐵路

鐵路路基已經築好。

俄羅斯的西伯利亞大鐵路是世界上最長的
鐵路線，從首都莫斯科一直通到太平洋岸的海參
崴，全長 7,416 千米。

19 世紀末，俄國建造西伯利亞大鐵路主要
是為了開發當地的資源。在當地語言中，西伯利
亞是"沉睡的土地"的意思，原來這裡地上是一
望無際的原始森林，地下蘊藏着豐富的煤鐵和石
油資源。另外，沙皇政府修建這條鐵路還有增強
俄國在遠東地區的軍事力量，與其他列強爭奪勢
力範圍的目的。1904 年，俄國與日本交戰，這
條鐵路就日夜不停地把俄軍從歐洲運往遠東。

勞工們正在幹活。

西伯利亞本是荒涼之地，俄羅斯從16世紀起
就把這裡當作犯人的流放地。1553年，俄羅斯的
第一個沙皇伊凡雷帝曾把許多參加叛亂的大貴族
從莫斯科流放到西伯利亞。他們通常從莫斯科的

勞工為鐵路鋪軌。

麻雀山出發，要跋涉一年多才能抵達發配地點。
彼得大帝統治時，修通了連接莫斯科與西伯利亞
的驛道，縮短了行程。1735年，俄國女皇伊麗莎
白將死囚流放西伯利亞，以代替死刑。西伯利亞
之所以被作為犯人流放地，是因為這裡氣候惡
劣，嚴冬漫長，風雪凌厲，森林廣袤，人煙稀
少，基本上處於一種與外界隔絕的狀態。犯人流
放到這裡，既難以逃走，又能達到懲罰的目的。

西伯利亞大鐵路始建於1891年，工程從莫斯

在荒原上修建西伯利亞大鐵路。

工業時代的車船

科和海參崴兩端同時開工，路線與老的驛道基本
平行。幸好西伯利亞沒有多少險峻的高山，大部
分山脈都比較低矮，不需要修建多少隧道，工程
難度不大。但因為路線漫長，工程量仍相當驚
人。從烏拉爾山脈向東，鐵路穿過廣闊的大平
原，來到鄂畢河和葉尼塞河之間地勢起伏的地
區。從這裡開始，鐵路在葉尼塞河到伊爾庫茨克
的路上翻過一連串山地，然後以之字形路線下降
到河谷，再橫穿過幾座山進入沼澤地帶。路上架設的
橋樑特別多，最主要的有跨越四條大河的四座大
橋，橋墩都用巨大的石塊砌成，能經受住浮冰沖擊。

　　1898 年，鐵路從兩端修築到貝加爾湖，在
湖兩岸停住。旅客到這裡得坐上船，橫渡 40 千
米水面穿過貝加爾湖。在冬季湖面結冰時，則要
坐一艘破冰船穿過湖面。這艘破冰船是在英國定
製的，拆成幾個部分後運到貝加爾湖組裝。後來
鐵路繞過湖的南端連成一體，就不用擺渡了，火

被洪水沖斷的一段鐵路。

車可以靠着湖岸行駛。以前坐馬車旅行需要三個
月時間，現在則縮短到一個星期。這條鐵路起初
是單軌鐵路，20 世紀 30 年代完成了複線工程。
40 年代又開始改建為電氣化鐵路，直到 70 年代
中期全部實現了電氣化。

　　西伯利亞大鐵路的火車時刻表以莫斯科時
間為準，沿線各車站的鐘也用莫斯科時間，但列
車實際要穿過八個時區，東海岸的時間比莫斯科
要早七個小時。因為路途長，車廂裡全是上下兩
層的臥鋪。車上有全天開放的餐車，這些餐車還

西伯利亞大鐵路

（下圖）這條鐵
路已經實現了
電氣化。

俄國沙皇時代的農民，他們生活貧
困。西伯利亞大鐵路的修建對俄國的
社會發展有着重要的意義。

西伯利亞大鐵路

西伯利亞大鐵路的起點——莫斯科的耶魯斯拉夫火車站。

兼有商店的功能，沿線城鎮和村莊的居民可以在火車到站時購物。列車從莫斯科出發，越過伏爾加河，向東南駛向烏拉爾山脈，進入亞洲。列車繼續駛向鄂木斯克和新西伯利亞，跨過河運繁忙的鄂畢河，到達葉尼塞河。從這裡到伊爾庫茨克，再穿過貝加爾湖南面的高山，經戈壁灘邊緣，沿着石勒喀河到達海濱城市海參崴。

　　火車途中經過的貝加爾湖是世界上最深、蓄積量最大的淡水湖，中國古代史書中稱它為"北海"，漢代被匈奴人扣留的使臣蘇武就曾在湖邊牧羊。湖面煙波浩淼，湖水澄澈清冽，周圍被群山環抱，景色自然天成。俄國大文豪契訶夫讚譽貝加爾湖是"西伯利亞的明眸"，是"瑞士、頓河和芬蘭的神妙結合"。中國當代學者季羨林先生1935年乘火車經西伯利亞大鐵路轉道去德國留學，他坐了八天火車才從中國邊境的滿洲里到達莫斯科。一路上給他留下印象最深的就是貝加爾湖，火車繞行這個大湖花了半天時間。鐵路就修在湖邊，從車廂裡可以俯視湖水。季先生在《留德十年》一書中這樣描寫貝加爾湖："湖水碧綠，

在西伯利亞大鐵路上奔馳的列車。

工業時代的車船

沙皇時代的俄國士兵。西伯利亞大鐵路的修建便於軍隊迅速向東調動。

前蘇聯畫家熱平的作品《宣傳者被捕》。荒涼的西伯利亞長期以來就是沙皇政府迫害革命者的流放地。

莫斯科的聖巴西爾教堂。西伯利亞大鐵路便利了莫斯科與俄羅斯廣大東部地區的交往。

靠岸處清可見底，漸到湖心，則轉成深綠色，或者近乎黑色，下面深不可測。」

　　湖邊的伊爾庫茨克是這條鐵路線上的主要城市。這裡以前是流放路上的重要驛站，因當地生活條件較好，歷來是流放貴族的地方。1825年，一些具有進步思想的俄羅斯青年貴族反對沙皇統治，在暴動失敗後大多被流放到此。流放者中有特洛彼茨柯野公爵，他被發配在附近一個鐵礦裡做苦工。年輕的公爵夫人不顧阻攔，毅然坐着馬車，風雪萬里趕來尋找丈夫，一時傳為佳話。

　　20世紀前期，中國有不少革命者去前蘇聯，也是通過這條鐵路到達目的地的。瞿秋白20年代初去蘇俄就乘坐過西伯利亞鐵路火車。在《新俄國遊記》中他這樣形容自己乘坐的火車：「輪機軋軋，作和諧的震動，煙汽蓬勃噴湧，撲地成白雲繚繞。」他還描繪了火車路經烏拉爾山脈時車窗外的景色：「長蛇蜿蜒的火車在烏拉嶺上緩緩的遊行，山色清新時時投入車窗，成飛掠轉折翠白相間的畫影。」「長林迴密，隨着高低轉折的峰巒，蜿蜒漫衍，努力顯現偉大雄厚的氣概；閃爍晶光的雪影映射着寒厲勇猛的初日，黯雲掩抑依徊時，卻又不時微微的露出淒黯的神態。」他用詩一般的語言記述了這條世界最長的鐵路。

　　1974年到1984年，為了開發西伯利亞北部的資源，前蘇聯又修建了從貝加爾地區的勒拿到阿穆爾地區的共青城的新鐵路，簡稱貝阿鐵路，長3,145千米，連同已有的兩段相關鐵路，全長4,350千米，被稱為第二西伯利亞鐵路。

美國大陸鐵路

在19世紀60年代以前，美國的鐵路大多集中在密西西比河以東，廣大西部地區幾乎沒有鐵路，陸上東西部之間的聯繫主要依靠馬車。1858年，有人從中部城市聖路易乘四輪馬車去西部太平洋沿岸的港口，花了24天時間，隨後就在東西部之間建立了小馬快遞的郵政系統。但馬車的運輸能力有限，花費的時間也太長，適應不了西部發展需要。還有一條從海上溝通東西部聯繫的路線，先乘船到巴拿馬，再登岸坐馬車通過地峽，然後乘船北上。這種繞圈子的運輸方式需要30天時間，費用也昂貴。這時大家都認為有必要修築一條橫貫美國大陸的鐵路，以便於溝通，開發西部。

從19世紀60年代開始，美國西部進入了鐵路大發展時期。1862年7月，美國總統林肯簽署了"太平洋鐵路法令"。這項法令同意由兩家鐵路公司共同修建一條橫貫美國大陸的鐵路。聯合太平洋鐵路公司從密蘇里河西岸的奧馬哈城向西動工，中央太平洋鐵路公司則從加利福尼亞州首府薩克拉門托城向東修路，最後兩邊的鐵路線會合在一起。這條鐵路線工程量相當大，但組織得井井有條。東段工程總指揮道奇回憶道："這項工程的全部物資都要從軌道的盡頭拉運過來，馬車的運輸量很大。有一段時間，我們使用了一萬頭牲口。工程每向西推進100英里，運輸量就要大大增加，但我想不起來有哪一次因缺少物資而停工。"幹活的主要是中國勞工和愛爾蘭移民，他們各自承擔一邊的工程。出於鐵路公司的經濟利益，工程進度不斷加快。

1869年5月10日，兩側鐵路在猶他州的普羅蒙特里接軌。為了紀念工程完工，接軌時用了一顆金道釘，並用鍍銀鐵錘把它釘進鐵軌。那天晚上，全美國都為此舉行了慶祝活動。這條鐵路再加一些與這條線路貫通的鐵路線，就構成了一

在修建大陸鐵路前，乘坐馬拉篷車向西部移民的美國人。

（左圖）大陸鐵路正在鋪軌。
（中圖）1869年第一條美國大陸鐵路接軌，被當時人稱為歷史性的"東西方握手"。奇怪的是這張照片上竟沒有一個華工。

鐵路穿越落基山脈。

美國大陸鐵路

火車遭到風雪阻擋。

條橫貫美國大陸的鐵路線，從大西洋邊的紐約一直通到太平洋岸的舊金山，全長4,850千米。此後不久，在這條鐵路兩側又修建了四條橫貫大陸的鐵路幹線，每側各兩條，通向北面的是大北鐵路和太平洋鐵路，通向南面的是聖菲鐵路和南太平洋鐵路，形成了縱橫交錯的全國鐵路網。

對修建美國大陸鐵路，華工做出的貢獻最大。1863年鐵路工程開工後，鐵路公司就發現華工特別勤勞，手腳輕快，費用又低，是廉價的好勞動力，於是委託經紀人在中國南方大量招募華工。華人施工的地段多是山地，遇到的困難要比在另一側平原地帶施工的愛爾蘭移民大得多。在修建鐵路過程中，華工付出了艱辛的勞動，尤其是打通塞拉嶺隧道的施工特別艱難。有個美國記者描寫道："百折不撓的華工腰繫繩索，身懸半空，用錘子和鋼釺鑿出一條險峻的小道，然後費力地逐步向裡擴展，開出一條能行駛車輛的通道。"另外，鐵路公司為加快進度，竟在嚴冬季節繼續施工，甚至還要加班。有時半夜華工正在臨時性帳篷裡睡覺，暴風雪鋪天蓋地而來，把人和帳篷埋在厚厚的積雪下，要等到來年開春解凍時才能找到屍骨。1869年這條鐵路建成，據說平均每完成1,000米工程就有一名華工喪生。一些正直的美國記者目睹華工的辛勤勞動，讚譽他們是"美國真正的開路先鋒"。

　　美國橫貫大陸鐵路的建成，對開發西部有重要的意義。鐵路修通後，隨之而來的是大批東部居民向西移居，形成了美國歷史上著名的"西進運動"。新興城市在鐵路沿線建起來，而交通的便利推動了西部金礦的開採，掀起了新一輪淘金熱。鐵路的延伸也帶來了新的生活方式，人們逐漸接受了較為雅致的生活風尚，建立起法治和秩序，過去西部荒原獨行俠無法無天的情形成為歷史陳跡。

　　鐵路建成還帶來了一些其他變化。首先，在火車參與競爭下，內河航運業衰落。在密西西比河上，以前主要靠蒸汽船運輸農產品。漂亮的明輪汽船在河裡互相追逐，巨大的輪盤飛轉，攪起陣陣水花。但隨着各條鐵路支線伸向四面八方，汽船的生意越來越清淡。美國作家馬克‧吐溫在小說裡曾描寫過這種情

美國大陸鐵路

19世紀的美國鐵路廣告。

19世紀時火車車廂內景。

（右圖）紐約中央火車站。

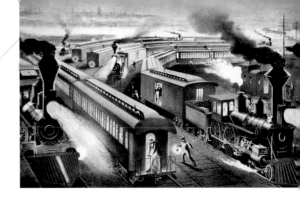

(左圖) 印第安人在遠處觀望他們以前從未見過的火車。

(右圖) 1885年時的美國鐵路車站,扳道工、信號員和行李員正在工作。

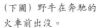

(下圖) 野牛在奔馳的火車前出沒。

(左圖) 印第安人捕捉野牛。

況:"往常船一靠岸,岸上就有人向船長脫帽行禮說:'有28噸麥子,您能裝運就開恩了。'船長回答:'我只能裝兩噸。'但是現在,船長滿面笑容,鞠個大躬,嘴裡說着:'見到您真高興,有什麼要我裝?'對方連頭都不抬,答道:'什麼也沒有。'"

其次,鐵路的修建使得西部的野牛滅絕。在鐵路到來前,在西部大草原上漫遊的野牛大約超過1,300萬頭。野牛對當地印第安人十分重要,他們吃野牛肉,用牛皮做衣服、帳篷和被褥,用牛骨做刀柄,牛蹄則用來熬膠,乾牛糞還可當燃料。總之,野牛一身是寶,簡直就是印第安人"奔馳的百貨商店"。原先不管印第安人如何捕殺,野牛總的數量基本保持穩定。真正給野牛帶來滅頂之災的是鐵路。鐵路通車後,有時一列行駛的火車會被受驚亂闖的野牛群撞翻,因此鐵路公司就僱用了一批白人獵手,專門捕殺野牛。當時有個綽號叫"野牛比爾"的獵手在18個月中就殺了4,000頭野牛。後來一家皮革廠發現野牛皮能加工成皮革製品,就大量收購。這一消息傳開後,很多獵手也趕來捕殺野牛。他們把野牛皮打成捆裝上火車運走,吃不完的野牛肉就任其在草原上腐爛。1872年以後,捕殺野牛達到瘋狂的地步,每年殺死兩三百萬頭。到1885年,整個西部已經很難找到野牛了,剩下的只是一堆堆白骨,後來白骨也被收集起來運到東部去做肥料。大陸鐵路敲響了野牛的喪鐘,也破壞了印第安人賴以生存的環境。

隧道洞穿

法國開鑿的第一條鐵路隧道。

公路、鐵路遇到高山大川或是海峽就會受到阻礙，難以穿越，但如果修築隧道，就能讓道路穿過山嶺、河流、海峽，繼續向前延伸。由此可見隧道在交通運輸中的作用。

世界上最早的隧道可以追溯到公元前 2180 年─前 2160 年。那時西亞兩河流域的名城巴比倫建在幼發拉底河兩岸，宮殿在河的一邊，而神廟在河的另一邊。國王為了在去神廟時不用出城，決定在幼發拉底河下面修建一條隧道。這條長約900米的水下人行隧道是在旱季將河流改道後用明挖法建成的。奴隸們在挖開河床地表後用磚石砌頂，再鋪上柏油以防止滲水，然後讓河水返回故道。

如果在山嶺中挖掘隧道，這樣的明挖法是行不通的。公元前525年，古希臘人在薩摩斯島的山岩中開鑿過一條隧道。這條穿過一座山嶺的

瑞士開鑿穿越阿爾卑斯山的聖哥達隧道。

蒸汽火車穿越隧道。

趕驢人看着火車穿過隧道。

隧道高兩米，總長約有100米。修隧道的目的是為了將水引進城。挖掘工程從兩頭同時開始，由奴隸用鎬、錘和鑿釺等原始工具開鑿貫通而成。但這條隧道也給敵人以可乘之機，後來雅典人正是利用這條通道攻進城來。中國在東漢時也曾在漢中用類似方法開鑿了古道上的石門隧道。

在山地開鑿隧道十分艱難，為了鑿開堅硬的岩石，古人在施工中創造出了"淬火法"：先將岩壁燒熱，隨即澆上冷水，利用熱脹冷縮的原理使岩石開裂。羅馬人曾用這一方法修築了世界上最早的公路隧道。中世紀時，在歐洲修築的一些隧道是為了便於城堡裡的貴族在危急時用來逃亡的。

鐵路隧道是在山嶺或水下鋪設鐵路供列車通過的工程。最早修建鐵路隧道的國家是英國，1826年修建了長770米的泰勒山單線鐵路隧道。隨後其他國家相繼仿效。19世紀歐洲修建的最長的隧道是瑞士的聖哥達鐵路隧道。由於聖哥達山口每年冬天因下雪關閉，因而修建這條隧道就極為重要。這是一條穿越阿爾卑斯山的雙線隧道，長15千米，從1872—1881年歷時九年才完工。在施工中有近200人喪生，其中包括主管工程師。19世紀60年代以前，修建隧道大多採用人工鑿孔和黑火藥爆破。1861年，在修建穿越阿爾卑斯山的仙尼斯峰鐵路隧道

古希臘的薩摩斯隧道。

時，首次使用了風動鑿岩機，使施工進度大大加快。

進入20世紀，隨着世界各國鐵路網的形成和擴大，隧道修建的規模更為壯觀。連接日本本州和北海道的青函海底隧道長近54千米，是當今世界上最長的海底鐵路隧道。這條隧道1964年動工，由於受地形和火山活動影響，施工地段地質情況複雜，施工中遇到了許多困難。工程人員採用了先進的挖掘方法，從南北兩岸同時推進，終於在1987年建成通車。

英法兩國合建的英吉利海峽海底隧道也是著名的海底工程。幾個世紀以來，人們一直談論在英吉利海峽下面修建隧道的事。19世紀初拿破崙就設想過挖條隧道，供法軍入侵英國用。由於工程浩大，技術要求高，加上英國考慮到安全因素，不願失去這一阻擋外敵的海峽天塹，一直拖到1987年才正式動工。隨着技術條件的改善，開鑿隧道實際只用了42個月，1990年12月就鑿通了。11台挖掘機從海峽兩端同時並進，以每小時4.6米的速度不停地掘進。海峽隧道全長53千米，大約有38千米在水下。實際海峽隧道共有三條：兩條供火車通行的隧道和中間一條較小的服務隧道。英吉利海峽隧道1994年正式

倫敦至伯明翰鐵路線上的一條隧道。

隧道洞穿

啟用，成為溝通英國與歐洲大陸來往的最主要的
通道。

　　中國第一座鐵路隧道修建於1887—1889年，
是台灣省台北至基隆窄軌鐵路上的獅球嶺隧道，
長261米。而由中國人自己修建的第一座越嶺鐵
路隧道是八達嶺隧道。這條隧道從長城腳下穿過
燕山山脈，全長1,000米，是中國著名鐵路工程師
詹天佑規劃督造的。八達嶺隧道穿過的岩層石質
堅硬，施工時還有地下水干擾，工程難度大。詹
天佑克服了各種困難，終於帶領工人打通了隧
道。他還在隧道中部設置了一座深25米的豎井，
井上建有通風樓，以供通車後排煙和通風用。

　　相對而言，水下隧道的修建比陸上隧道要困
難得多，因為會碰到進水的問題。1807年，英國
開始修建穿越首都倫敦泰晤士河的水下人行隧
道，就是由於隧道內進水被迫停工。1825年工程
再次開工。主管工程師布魯內爾嘗試用盾構法施
工。他設計了一個被稱為"盾構"的大型鑄鐵構

（上圖）英法海底隧道正在鋪軌。

（右圖）泰晤士河隧道的開鑿歷經艱辛，1827年在未完
工的隧道裡召集股東開會，向他們介紹工程進展情
況。

各自從英法兩側施工的工人在海底會合，標誌着隧道
已經打通。

工業時代的車船

圓形的英法海底隧道。

（上圖）過橋鑽入隧道的火車。
（左圖）在倫敦泰晤士河下面開鑿的隧道。

架，裡面分成36個單元，每個單元內有一名隧道工把他面前的泥土挖空，然後構架向前緩緩移動，挖空的地方立刻被鋪上磚塊。這條隧道於1843年建成，有兩個入口，長366米。在隧道剛開通的24小時內，共有5萬人湧入隧道。1869年東倫敦鐵路公司買下這條人行隧道，改建成鐵路隧道，成為世界上第一條水下鐵路隧道。

在20世紀修建的水下公路隧道中，埃及的蘇伊士運河隧道較為有名。1973年10月中東戰爭以後，埃及出於戰略和經濟的長遠考慮，決定開鑿一條橫貫蘇伊士運河的地下隧道。1978年10月動工，1981年交付使用。這條隧道全長1.64千米，深達河面以下38米。隧道呈圓形，分上中下三部分，中間部分是主要通道，雙線雙向行駛。下面裝有輸水管，在輸水管旁還有高壓電纜和進風道。上部是廢氣排除通道，裝有電視錄像、照明、火警監測等各種輔助設備。

隧道的修建，使人類在穿越高山峻嶺和大江大海時如履平地，使得水陸交通的觸角能夠伸得更遠更廣。

隧道洞穿

長橋如虹

長橋如虹

橋最早是為人過河而架設的，後來在湖泊和海洋上也架設橋樑，再由水上延伸到陸地，在山谷間架設橋樑，連接道路。今天在城市中，連穿越街道也用橋樑，稱為天橋。所以說現在橋的定義可以寬泛地定為"一種可以同時實現立體交錯的建築物"。不過，從橋的歷史和起源來看，橋樑主要是為人跨越水面提供方便而建造的一種建築。

世界上最早的橋可能是那些為供人跨越小溪而臨時擱置的樹幹，也就是獨木橋。如果河道較寬，獨木難支，還有一種方便的方法是架設吊橋。在非洲和南美洲，深山密林中至今還留有一些原始的吊橋，把藤條綁在河流兩岸的樹上就成了懸空的吊橋。以後又出現了在水中打下橋墩的木樑橋。公元前1800年，西亞兩河流域的古巴比倫王國曾建造了一座多跨木橋，全長180多米。除建造固定的木橋以外，人們還把船一艘接一艘橫向連在一起成為浮橋。浮橋是應急用的，搭建所需時間不長，常在軍事行動中使用。公元前480年，波斯國王薛西斯率大軍入侵希臘，要經過達達尼爾海峽，先後建了兩座簡易長橋，都被狂風摧毀。後來工匠就想出搭浮橋的辦法，用674條船連成兩座1,500米長的浮橋，船下用大鐵錨固定，就這樣讓波斯士兵渡過了海峽。

羅馬人長於土木工程，很早就已在台伯河上建造出了長150米的木橋。公元前58年，羅馬名將

德國法蘭克福中世紀建的石橋。

工業時代的車船

長橋如虹

（上圖）羅馬士兵在萊茵河上架橋。

（左上圖）羅馬加爾水道橋。

（左圖）德國13世紀建的石橋。

愷撒率軍遠征日耳曼人，遇到萊茵河的阻隔。愷撒"認為坐着船過河，既不夠安全，也跟自己和羅馬人的尊嚴不相稱"，就決定在又急又深的河上造一座橋。從伐木到架橋，羅馬士兵只用了十天就全部完工。羅馬人還擅長造石橋，他們在造石橋方面有兩大貢獻：一是發現火山灰可以用作建築材料，供建造水下橋基用；另一是發明了"圍堰壩"法造橋墩，用木樁先將河道中要建造橋墩的地方圍起來，再抽去裡面的水，使橋墩能在乾燥的地方砌壘，這就是現在造橋時常用的沉箱法的雛形。另外，羅馬人還建造了不少石拱水道橋，如現存於法國加爾河上的引水橋，長270米，上下三層，是長達48千米引水渠道的關鍵部分。歐洲人在中世紀也建造了不少多孔石拱橋，其中英國倫敦泰晤士河上的石橋較為有名。這座橋1209年建成，由19孔跨徑為7米的尖拱橋構成。許多商店就開設在橋上，使倫敦橋成了一個集市。這座橋是當時泰晤士河上的惟一通道，直到1831年其地位才被新的倫敦橋取代。1968年，這座舊的花崗岩石橋被美國人當作古董收買，拆卸後運往美國重建。

世界上第一座鐵橋出現在英國。 1779年，

意大利帕多瓦城運河上的石橋。

長橋如虹

在英國建造的世界第一座鐵橋。

從事冶煉業的企業家亞伯拉罕．達比建造了這座鑄鐵拱橋。這座鐵橋由普里查德設計，長30米，橫跨在塞文河上。造橋時先在廠裡鑄好預製鐵構件，再在河上組裝成拱形，與石頭基座連接。由於採用了新的造橋技術，在不中斷河上交通的情況下只用了幾個月就架起了鐵橋。橋造好後轟動一時，許多人趕來參觀，畫家來現場寫生，在橋的一側還出現了一個叫鐵橋鎮的小鎮。達比的鐵橋經受住了1795年洪水的考驗，安然無損，而架在河上的其他木橋、石橋都被沖垮。第一座大型鋼橋是1874年美國在密西西比河上建造的三孔鋼拱橋，拱形跨度達到152米。鋼由於在強度、韌性和可塑性等方面都比鐵強得多，很快就被用於建造懸索橋。1894年，英國泰晤士河上又建成一座鋼結構的塔橋，橋身由四座塔形建築連接而成，建築風格古樸凝重。橋身分上

下兩層，下層可以開合，在萬噸輪通過時使用。

斜拉橋是用高強度的鋼纜索斜拉而成，剛度比懸索橋強。美國舊金山1937年建成的金門大橋就是一座著名的斜拉橋。這座橋雄踞於舊金山海灣入口處的金門海峽上，建造前後共用了四年。在當時它的橋墩跨度是最大的。金門大橋被漆成橙紅色，它優美的造型已成為舊金山的形象標誌。1988年，日本連接本州和四國的瀨戶大橋建成通車，第一次把日本四個主要島嶼用鐵路連了起來。這座橋橫跨五個小島，總長12千米，實際

倫敦塔橋。

工業時代的車船

美國金門大橋。

元代畫家畫的《盧溝運筏圖》，圖中有盧溝橋的雄姿。

瀨戶大橋。

是由連成一體的幾座橋組成的，其中有兩座就是斜拉橋。鋼筋混凝土橋出現在19世紀末，開始時一般都是拱橋，後來研製出預應力鋼筋混凝土，強度成倍增加，便成為一種理想的建橋材料。第二次世界大戰後，各國都用它來建造大跨度的懸臂橋。

中國也有悠久的造橋歷史。西周初年，周文王為了迎親，曾用船在渭水上架設浮橋，《詩經》中"親迎於渭，造舟為樑"的詩句就是描述這件事。到戰國時，用石塊堆積為墩、上架原木作樑的跨空橋樑，在黃河流域已很常見。在東漢時出現了石拱橋，比如現在尚存的名橋趙州橋就是石拱橋。趙州橋建於隋代，全長50多米，一跨過河，在大拱圈兩側還各有小拱兩個，既減輕了橋體重量，又便於宣洩洪水，設計頗具匠心。其他有名的石拱橋還有造型優美的蘇州寶帶橋和得到過馬可·波羅盛讚的盧溝橋。另外，在宋代名畫《清明上河圖》中繪有汴梁（今開封）的虹橋。這是一座單跨木拱橋，跨徑近25米，整座橋用木樑拼接成拱，以木構件縱橫相架，形成穩定的木拱結構，這在國外的橋樑建築史上從沒有出現過。在現代，中國的工程專家也設計出了新的橋樑結構，創造出鋼筋混凝土的雙曲拱橋，橋的縱向和橫向都有曲度，並成功地將這一技術運用於南京長江大橋等著名橋樑的建設中。

長橋如虹

橋樑工程師們在商討建造大橋。

蘇州的石拱橋。

明輪汽船

在大西洋沿線航行的明輪船。

明輪汽船

　　"明輪汽船"的明輪是指安裝在船兩側的兩個大輪子，輪子划水就能帶動船行走。汽船指以蒸汽作動力，帶動明輪轉動的船。實際上在蒸汽機發明以前，就有船用人力轉動輪子行駛，這些船也是明輪船。中國宋代時就有一種叫"車船"的木船，船的兩側裝有木葉輪，一輪叫做一車，用人力踏動，"以輪激水，其行如飛"。南宋時楊麼的農民起義軍就使用車船，船高兩到三層，最大的有32車，可載千餘人。在與官軍作戰時，車船大顯神威。這種車船是世界上最早的明輪船。

　　自從英國人瓦特發明蒸汽機後就一直有人想用蒸汽機作動力，推動船舶前進。1763年，美國

天津楊柳青木刻版畫，表現中國軍民1900年抗擊八國聯軍。圖中繪有外國的明輪軍艦。

（左下圖）瓦特發明蒸汽機。　　（下圖）富爾頓。

工業時代的車船

人威廉‧亨利造出一艘汽船，但它沒下水試航過。第一艘下水試航的汽船是法國人佩里埃造的，可惜這艘船的設計有問題，在塞納河上試航時一遇到逆水就無法向前。1787年，美國人約翰‧菲奇研製成了"實驗"號汽船，並試航取得成功。這艘船兩側各安有六把划槳，用鐵桿連接，靠蒸汽機的活塞推動鐵桿作水平運動，帶動六把槳一齊划水，推動船前進。1790年，菲奇在費城和巴爾的摩之間開闢了一條航線，但這艘汽船航行得很慢，因而乘客很少。兩年後，這艘船在一場暴風雨中被毀。

後來製造汽船獲得極大成功的是美國人富爾頓，是他使汽船成為被廣泛使用的一種交通工具。1765年，富爾頓出生在北美賓夕法尼亞一個農場主家庭，因父親經營失敗，家裡並不寬裕。14歲時他在費城一個銀匠家當學徒，滿師後曾與人合作經營珠寶生意。富爾頓曾向英國名畫家韋斯特學過繪畫，但他對科技發明表現出更大的興趣。起初他致力於改善運河航運和設計潛水艇，後來又潛心研究汽船。他年輕時在英國曾見過瓦特，瞭解蒸汽機的工作原理，決心將蒸汽機用在船上造出實用的汽船。

1802年，富爾頓來到英國。當時英國人賽明頓已經用蒸汽機造了一艘名叫"夏洛蒂‧鄧達斯"的輪船，在克萊德運河上送人運貨，但遭到用馬拉船的拖船業主聯合反對。這些人說輪船航行時激起的浪花太大，會沖壞運河堤岸，不准它在運河中航行。這艘船後來就被丟棄在河岸邊的荒草中。富爾頓仔細研究了這艘船，得到不少啟發。1803年，他在巴黎造了一艘自己設計的汽船。這艘船其貌不揚，船上安放了一台燒煤的蒸汽鍋爐，看上去十分笨重。人們給這艘汽船起了個綽號，叫"富爾頓的蠢物"。"蠢物"也確實不爭氣，在塞納河上試航時走走停停，走了沒多遠就走不動了。兩年後，為了爭取造船資金，富爾頓還經人引見，在法國皇宮中見了拿破崙。富爾頓告訴拿破崙，他發明了一種可以幫助皇帝陛下打敗英國艦隊的東西，說着就拿出了汽船模型。拿破崙對這種新玩意不感興趣，讓人把他送走。

英國使用風帆的蒸汽船"大東"號。

富爾頓的"克萊蒙特"號汽船。

明
輪
汽
船

富爾頓沒有洩氣，回到紐約繼續研製汽船。他發現自己以前失敗的原因是船體與推進器不配套。1807年，他終於造出另一艘汽船"克萊蒙特"號。這艘船長45米，寬4米，比以前那艘更大。這年8月，"克萊蒙特"號在紐約的哈德遜河上試航，富爾頓親自開船。試航時，岸上擠滿了看熱鬧的人，他們都不相信船能開動。果然，"克萊蒙特"號開出不久就不動了，從岸邊傳來哄笑聲。幸好這只是個普通的機械故障，富爾頓很快就排除了故障，機器聲又響了起來。"克萊蒙特"號以每小時9千米的速度沿河從紐約開到奧爾巴尼。後來富爾頓就開闢了這條班輪航線，從此開始了汽船商業航行的歷史。

在美國密西西比河上行駛的明輪船。

早期的蒸汽船基本上都是明輪船。船上的明輪有槳片在水中，槳片轉動時把河水向後推，船靠河水的反推力前進。但明輪汽船有明顯缺陷，由於輪子大部分在水面以上，當海面、河面起風浪時，船體就顛簸得厲害，輪子也會上下波動，因而攪水的力量減弱，輪船行駛的速度自然下降。同時，明輪也容易受風浪襲擊損壞，因而需要改進。

保留風帆的明輪船。

1802年，美國人斯蒂文斯製成第一艘用螺旋槳推進的汽船。螺旋槳安裝在船尾中部水線以下，形狀像個大電扇。螺旋槳由蒸汽機帶動，把水向後推，水作用於船體，船就前進。一年後，經過改進的螺旋槳汽船製造成功，並在哈德遜河

兩艘並列航行的明輪汽船。

工業時代的車船

1853年航行到日本的美國汽船。

聖城耶路撒冷，圖中繪有明輪船。

明輪汽船

上順利航行。但這種船真正應用到航運上卻是40年後的事。

英國工程師史密斯造了一艘裝有木製螺旋槳的船，在試航時螺旋槳葉折斷。他驚奇地發現，螺旋槳葉變短了，船反而走得快，以後船上的螺旋槳葉也就做得比較短。1843年，英國人建成了全部是鐵製、用螺旋槳推進的"大不列顛"號汽船。設計這艘船的工程師本來打算在船上裝明輪，但他看到史密斯的船走得快，於是就改用螺旋槳。"大不列顛"號船上既有蒸汽機也有風帆，順風時它就揚起風帆，在無風或逆風時則用蒸汽推動。這艘船造好後從利物浦航行到紐約，首次橫渡了大西洋。

當時仍有許多人不相信船尾螺旋槳產生的動力會超過巨大的明輪，為此英國海軍1845年做了一次試驗。英國人找來兩艘蒸汽機馬力相同、排水量相當的船，一艘是明輪船"愛里克拉"號，另一艘是螺旋槳船"響尾蛇"號。隨着一聲令下，比賽開始，兩艘船開足馬力向同一方向駛去。起初，"愛里克拉"號還能勉強跟上"響尾蛇"號，但漸漸就慢了下來。沒多久，"響尾蛇"號就把"愛里克拉"號遠遠地甩在後面。試驗結果證明，由螺旋槳驅動的船比明輪船性能好得多，從此明輪船逐漸被淘汰。

美國橫越大西洋的郵輪。

人工運河

18 世紀時意大利運河邊的城鎮。

在現代交通工具出現以前，水運是最方便的，船隻的運輸量要遠遠超過陸上的車馬運輸。水上運輸利用江河、湖泊、海洋之便，在沒有現成水路可用的地方，人工挖一條河道，就成了運河。運河溝通了河流和海洋，連接城鎮和工礦。運河的主要功能是航運，同時也方便了農田灌溉，並有助於排澇瀉洪，甚至有條件的運河還能發電。運河的深度必須能讓船隻暢行無阻，隨着船隻增大增加和河道淤塞，就需要不停地疏浚、拓寬。

荷蘭的阿姆斯特丹街道建在運河兩岸。

希臘科林斯運河。

大多數運河都是全河道水位相同的水平式（海通式）運河，比如蘇伊士運河。但在開鑿運河時，有時也會遇到地形高低不平的情況，河道就會隨着升降，這就會形成高低不等的河段。在兩個水位相差懸殊的河段間需要設置船閘。當船隻進入不同的河段之前，必須在船隻進入河道後將閘門關閉，然後在河道中注滿水或放掉水，使水位上升或下降到與下一河段相同，然後打開下一道閘門，讓船繼續前進。另外，如果運河兩邊的水位相差懸殊，也需要在運河上建造船閘，中美洲的巴拿馬運河就是一條船閘式運河。

說起來，人工開鑿運河的歷史已有幾千年。大約在4,000年前，古埃及法老曾組織挖掘過溝通尼羅河和紅海的運河，這是蘇伊士運河最早的雛形。公元前600年前後，新巴比倫國王尼布甲尼

撒二世整修了當地新月形沃地中的運河，除用來運輸外，還給農田提供了充足的水源。歐洲古代修過不少灌溉水渠，其中有的能夠通航，這也可以看作是運河。公元9世紀，法蘭克人的查理大帝曾計劃把萊茵河和多瑙河連接起來，因工程量太大沒有動工。直到20世紀德國才開掘了萊茵—美因—多瑙運河，形成一條西起北海，東到黑海，長達3,500千米通貫歐洲的大水道。建於中世紀的意大利名城威尼斯，過去是一個主要靠運河連接的城市，全城有150條運河，是個名副其實的水城。大街小巷都靠一種叫"貢多拉"的小船相通。歐洲還有一個依靠運河溝通市內交通的城市，這就是荷蘭的阿姆斯特丹。城內有上百條運河，四通八達，光是架在運河上的橋樑就有上千座之多。

自18世紀後期開始，隨着工業革命的開展，歐洲的運河建設進入興盛時期，各國都紛紛開挖運輸用的運河，溝通各主要工業城鎮。1761年，由私人投資，英國工程師布林德利設計開挖了一條運河，從沃斯利通往英格蘭主要的

荷蘭鹿特丹港口運貨用的運河。

工業中心曼徹斯特。沿運河兩岸還修築道路，用馬拉動駁船，以運輸大批量的貨物。

19世紀以後，隨着火車、汽車以及飛機的問世，交通方式走向多元化，運河的地位逐漸下降。但即使如此，仍舊建成了一些著名運河，以溝通海洋和重要水道，其中最著名的有基爾運河、科林斯運河、蘇伊士運河、巴拿馬運河和伏爾加河—頓河列寧運河等。希臘的科林斯運河穿過了連接中希臘和南希臘的科林斯地峽，長度只有5,500米，但它是從堅硬岩石中開鑿出來的。這

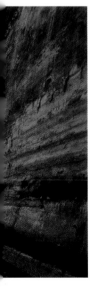

最早組織開鑿科林斯運河的羅馬皇帝尼祿。

英國曼徹斯特的運河。

人工運河

條運河提供了一條從愛琴海到愛奧尼亞海的捷徑。早在公元67年，羅馬皇帝尼祿統治時就曾動工挖掘這條運河，據說還是由尼祿用金鏟或是銀鏟象徵性地挖了第一鍬。勞工都是從猶地亞省來的猶太人，他們因為參加反抗羅馬統治的起義而被抓來當苦力。第二年，因尼祿被廢黜後自殺，工程停工，直到 1893 年才由希臘政府鑿通了這條運河。德國的基爾運河貫通了日德蘭半島，溝通了北海和波羅的海。這條運河 1887 年動工，1895 年建成通航，全長近 100 千米，兩頭設有船閘。基爾運河對當時德意志帝國有重要的戰略意義，便於德國艦隊調動，基爾軍港也因此而成為德國海軍最重要的軍港。直到20世紀前期，前蘇聯還動用大量人力挖掘了幾條規模很大的運河。

中國開鑿運河也很早。公元前 486 年春秋末年，吳王夫差就開鑿了邗溝，溝通了長江和淮河，目的是向北方運送軍隊和糧食。吳國軍隊通過這條運河攻打齊國，進軍中原。在中國西南地

19 世紀時的荷蘭運河。
（左圖）前蘇聯的波羅的海—白海運河，貨輪正在過船閘。

工業時代的車船

（下圖）康熙皇帝南巡，他的南巡路線是沿着大運河一路南下。

（上圖）隋煬帝下江南。

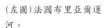

（左圖）法國布里亞爾運河。

（右圖）京杭大運河。

人工運河

區也有一條古老的運河，這就是連接長江水系和珠江水系的靈渠。公元前219年，秦始皇出巡到湘江上游，為了解決南征軍隊的運輸問題，決定派水利專家史祿領導"鑿渠運糧"，在五嶺中開一條運河，數十萬民工花了五年時間才完工。秦軍通過靈渠調兵運糧，一舉控制了嶺南。為了讓船能在穿越山嶺的運河中行駛，靈渠上還修建了船閘。這是世界上第一次在運河中使用船閘。而在歐洲，直到1373年荷蘭才最先在運河上使用了閘門。

中國最有名的運河是大運河。大運河的開挖經歷了幾百年時間。中國的大江大河大多是從西往東橫向流動，因而有必要開闢一條縱貫南北的運河。公元7世紀，隋朝為了解決都城的糧食運輸（漕運）問題，首先修復西漢的關中漕渠，名廣通渠。隋煬帝即位後，更大規模興修運河，開通濟渠引導洛水入淮，又疏浚邗溝，再開永濟渠通往涿郡（今北京），最後開挖從京口（今鎮江）到餘杭（今杭州）的江南河。在26年中開浚了從長安（今西安）北到涿郡、南到餘杭的大運河。隋朝開挖運河主要是為了方便運輸，民間傳說隋煬帝開運河是為了他個人能乘船去江南遊玩，這種說法是沒有根據的。後來元朝在定都大都後，為了南北通航，又先後開鑿了從今山東濟寧至安山的濟州河、安山至臨清的會通河以及今通縣至北京的通惠河。1293年，京杭大運河全線完工。大運河工程浩大，前後動用了數百萬民工，溝通了海河、黃河、淮河、長江和錢塘江五大水系，是世界水路交通史上的偉大工程。

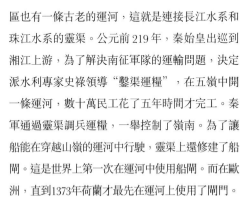

工業時代的車船

蘇伊士運河

雷塞普開運河。

蘇伊士運河

歷史上人們一直在考慮，為了便利航運，需要開掘一條穿過狹窄的蘇伊士地峽，把地中海和紅海連接起來的運河。在古埃及，早在近4,000年前，法老塞索斯特里斯三世就從尼羅河的支流開鑿了一條間接溝通兩海的古蘇伊士運河，後因泥沙積而廢棄。公元前6世紀，法老尼科二世又開始動工開挖連接兩海的運河。因工程過於浩大，據説有12萬人死於挖掘工程，尼科不得不中途停工。公元前525年，波斯人入侵埃及。波斯國王大流士一世下令完成這一工程。大流士一世

留下的銘文曾這樣自豪地寫道："我下令從埃及境內的尼羅河開挖這條運河，一直挖到波斯所瀕臨的那個海洋，後來按我的命令挖好了這條運河。從此，船隻便可如我所願從埃及經這條運河駛向波斯。"據古希臘歷史學家希羅多德記載，這條運河未取兩海之間的直線，而是繞道尼羅河，乘船沿運河航行需要四天，寬度可供兩艘船並排通過。由於泥沙淤積，運河需要經常疏浚，航路時通時斷，這條運河後來也被廢棄了。

最早提出開掘直接溝通兩海運河的人是法國的拿破崙。1798年，他率法軍入侵埃及，帶來了一批工程師進行實地測量，後因法軍被英國軍隊打敗，這一計劃沒能付諸實施。不過即使法軍不被打敗，拿破崙也不一定會動工興建運河，因為他帶來的工程師算錯了水位，認為地中海與紅海之間的水位相差9米，如果將兩海溝通後，海水會淹沒尼羅河三角洲，造成巨大損失。後來事實證明，他們的擔心是多餘的。1847年，兩名工程師經過實測，證明地中海與紅海兩海的水位相差不大。

以後實際組織開鑿蘇伊士運河的是法國工程師雷塞普。雷塞普本是個外交官，當過法國駐埃及領事，與後來成為埃及總督的賽義德關係很好。1854年，已退出外交界的雷塞普説服賽義德接受運河開鑿方案，並與埃及政府簽訂了協

蘇伊士運河連接兩個湖泊。

工業時代的車船

從英國到印度的海上航路，途中經過蘇伊士運河。

議，為此他還成立了股份制的蘇伊士運河公司。1859年，在法國皇帝拿破侖三世（拿破侖姪子）的支持下，運河工程破土動工。工程規模浩大，每月需要6萬勞工輪換。在勞力實在不足時，雷塞普建議動用軍隊。賽義德同意讓士兵大批提前復員，整隊開往運河工地。埃及軍隊一時間竟由4萬人減到1萬人。為了保證開河工人飲用淡水，還專門挖了一條引水渠，把尼羅河的淡水從開羅引到工地上。當時開鑿運河主要靠人力，用鍬鎬挖土，用籃筐運送，只是在開鑿後期才使用了一些機械。工地上的生活條件極為惡劣，伙食很差，勞工基本上是風餐露宿。結果瘟疫流行，共有12萬埃及人死於這一工程。而埃及政府得到的回報只是每年從運河公司提取15%的純利。

運河開通典禮盛況。

蘇伊士運河

工業時代的車船

1869年蘇伊士運河工程完工，運河開通的典禮非常壯觀，有6,000來賓參加。雷塞普曾邀請著名劇作家威爾第為運河開通典禮創作一部歌劇，威爾第創作了歌劇《阿伊達》，但沒趕得上在典禮上演出，遲至兩年後這部名劇才公演。為參加典禮，一支大型船隊來到因開鑿運河而形成的塞得港，法國皇后歐仁尼作為貴賓乘第一艘船開進運河。這場典禮持續了好幾天，耗資巨大。

蘇伊士運河從塞得港到陶菲克港全長173千米，河道連通了兩個天然湖泊。由於地中海和紅海的海面幾乎持平，所以運河上沒有船閘。運河剛開通時，河深8米，河底寬22米，河面寬70米。後來運河不斷拓深拓寬，現在水深為12米，可以通行長500米、寬和高各70米的大型船舶，但大部分河道仍只能供單向航運。船舶通過運河的時間平均為15小時。它為從歐洲到印度的船隻提供了一條捷徑，使這些船不必繞過非洲大陸，最多可縮短航程8,000千米，成為歐、亞、非三大洲海上貿易的重要通道。馬克思稱之為"東方偉大的航道"。

作為一條海洋間的交通幹線，蘇伊士運河在歷史上發揮了重要作用，但它也曾爆發了幾次重大的爭議，甚至爆發戰爭。原來這條運河雖建在埃及，但運河控制權卻在英國手中。英國最初為維護

1869年蘇伊士運河開通。

繁忙的蘇伊士運河。

船隻通過蘇伊士運河。

1880年的蘇伊士運河。

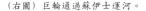

（右圖）巨輪通過蘇伊士運河。

英國航空母艦停泊在運河中。

1956年英軍封鎖運河。

1957年為重開運河疏浚河道。

蘇伊士運河

其在非洲沿海的殖民利益,反對開鑿蘇伊士運河。但在運河完工後,英國又用各種手段控制這條運河,收買了近一半的運河股票,操縱運河公司。1882年,英國用武力佔領埃及,在運河區建立軍事基地,將蘇伊士運河看作是英國的"東方生命線"。

1956年,獨立後的埃及政府決心用強制手段收回運河。這年7月26日,埃及總統納賽爾在亞歷山大的解放廣場對25萬群眾發表演說,他稱蘇伊士運河是"用埃及人民的靈魂、頭顱、鮮血和屍骨築成的",隨即宣佈收回運河主權。被激怒的英國立即聯合法國、以色列入侵埃及,發動了一場"蘇伊士運河戰爭"。10月29日,以色列先出動4萬多軍隊打頭陣,入侵埃及的西奈半島。11月6日,兩萬多英、法海軍陸戰隊在塞得港登陸。埃及軍民拿起武器,與侵略者在城內打起了巷戰。英、法兩國夥同以色列侵略埃及,遭到了世界輿論的譴責,被迫宣佈停火,從埃及撤軍。戰後,埃及在對原運河股東做了適當補償後成功地收回了運河主權。1967年6月,以色列發動第三次中東戰爭,佔領了運河西岸的西奈半島,運河被迫關閉,以色列還沿運河修建了一道防線。1973年10月,埃及軍隊發動進攻,突破以軍的運河防線,收復了東岸的一些土地。1975年6月,蘇伊士運河恢復通航,重新發揮其國際海上航運命脈的作用。

巴拿馬運河

在美洲，連接北美和南美之間有一個長條狀的中美洲地峽，而在中美洲地峽南端是更窄的巴拿馬地峽，最窄的蜂腰地帶寬度只有60多千米。世界聞名的巴拿馬運河就正好位於這個蜂腰部位。有關這條運河開鑿的歷史要從幾百年前説起。

1519年，西班牙殖民者強迫當地人在這裡修建了巴拿馬城，作為統治中美洲的中心，接着還修築了一條穿過地峽連接兩大洋（大西洋和太平洋）的石板大路。西班牙人還制訂了開鑿一條橫貫巴拿馬地峽的運河的計劃，但一直沒有動工。

1821年，巴拿馬脱離西班牙的殖民統治，併入哥倫比亞，成為它的一個省。19世紀中期，美國西部發現了大金礦，大批淘金者湧向西部。因陸路交通不便，從海路繞行又距離遙遠，美國政府希望能早日在巴拿馬地峽開一條運河，方便溝通美國東西部之間的海上航運。不料法國卻先行動起來，1878年經哥倫比亞政府同意，法國得到了運河地峽的承租權。第二年，曾成功設計蘇伊士運河的法國人雷塞普出任巴拿馬運河公司董事長，負責運河開鑿工程。1880年元旦，這一浩大的工程動工，有一萬多工人在工地上幹活。雷塞普不熟悉巴拿馬的地形，照搬蘇伊士運河的設計方案，要開鑿一條與大洋洋面一致的海平面運河，但在動工後他發現兩邊大洋的水位相差很

描繪老羅斯福挖掘巴拿馬運河的漫畫。

大，無法自然溝通，結果工程量急劇增加。在開工八年後，何時能完工仍是遙遙無期，而資金已經枯竭，雷塞普只得宣佈公司破產。1894年，法國一家新的巴拿馬公司繼續開鑿運河，設計方案有了改變，將海平面運河改為水閘式運河。但工程進展仍然緩慢，拖到1900年才完成了三分之一，難以為繼。法國公司只得以4,000萬美元的價格把運河開鑿權和剩餘財產賣給了美國政府。

工業時代的車船

（上圖）運河水閘。

（左圖）老羅斯福在巴拿馬運河工地。

巴拿馬運河

（左圖）雷塞普計劃開鑿巴拿馬運河。
（中圖）1903年巴拿馬爆發脫離哥倫比亞的叛亂。

　　美國這時已深深感到開鑿這條運河的重要性。1898年，美國與西班牙之間為爭奪古巴爆發戰爭。戰爭期間，停泊在美國西海岸的軍艦"俄勒岡"號開往古巴，繞道南美洲，航行了兩萬多千米，用了66天才到達目的地。如果運河開通，連一半時間都不需要。1903年，美國國務卿與哥倫比亞官員簽訂條約，條約規定：哥倫比亞永久割讓運河區給美國使用，美國則付給哥倫比亞1,000萬美元。這一條約侵犯了哥倫比亞的主權，遭到哥倫比亞參議院的全票否決。當時在任的美國總統老羅斯福（西奧多·羅斯福）惱羞成怒，揚言要教訓哥倫比亞人，不能讓他們"長期阻攔未來的文明大道"。他決定策動巴拿馬人叛亂，讓他們脫離哥倫比亞。1903年11月3日，在美國軍艦保護下，巴拿馬宣佈"獨立"，成為一個"因開鑿運河而製造出來的國

巴拿馬運河示意圖，中間是加通湖。

運河水閘安裝的巨型閘門。

家"。幾天後，巴拿馬與美國簽訂條約，條約規定：巴拿馬同意美國"永久使用、佔有並控制"10英里寬的地帶，以供"建造、維持、經營"運河，美國則付給巴拿馬1,000萬美元，並從第九年開始每年支付25萬美元。

美國取得運河開鑿權後，於1904年開始動工修建運河。由於利用了過去法國人開鑿過的河段，工程進度較快。運河全部工程中，最艱巨的是在地峽分水嶺的山上開出一條1.3千米長的河道，工程量極大。運河建築的主體是兩座大壩和運河兩端的三座水閘，其中著名的加通大壩長2,500米，底寬800米，頂寬30米，造壩的砂石泥土要用火車從幾十千米外運來。這座大壩攔水後形成了一個大水庫，這就是加通湖，湖中的水位可以調節。利用湖水建造了規模巨大的水力發電站，為整個運河區供電。運河主航道和加通湖高出海平面25米，所以整個運河就像架在巴拿馬地峽上的一座"水橋"。運河兩端的三座水閘是整個運河的樞紐。三座水閘共有12個閘室，全部用鋼筋混凝土建造。船隻通過運河通常需要八個小時，其中有兩個小時是在水閘裡等待水位升降。

開鑿運河的大部分勞工是來自西印度群島的黑人，只有少部分人來自其他地區，其中也有

工業時代的車船

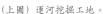
（上圖）運河挖掘工地。

（左上圖）運河工地上用火車運送土石材料。

（左圖）巨輪正在通過巴拿馬運河。

（右圖）運河水閘上的水道分上水、下水兩條。

來自中國的華工。相對來說，西印度群島的黑人比較能適應當地的熱帶氣候，成為開鑿運河的主力。運河所經的地區環境險惡，工程艱巨。當地的氣候炎熱潮濕，疫病流行，尤其是由蚊蟲傳染的黃熱病患者最多，影響到了工程的進展。美國政府派來了軍醫戈加斯。他指揮工人在工地上填埋水坑，大力滅蚊，還動員工人在蚊帳中過夜，防止被蚊蟲叮咬，終於制止住了黃熱病的流行。為建這條運河先後大約有 7 萬多人死於非命，其中400多人是華工。平均每修築1米運河就要死掉一名勞工，使得這條運河有"死亡河岸"之稱。

1914年，這條全長68千米的運河完工。8月15日，美國的萬噸蒸汽貨輪"埃倫貢"號首次通過巴拿馬運河，標誌着這條跨洋運河的開通。巴拿馬運河的通航使兩大洋之間的航程縮短了1萬多千米，有利於海上交通和國際貿易，給美國帶來的便利尤為明顯。同時，運河可以向過往船隻徵收通行費，也給美國帶來了巨大的經濟利益。

對巴拿馬人民來說，運河被美國控制使得他們失去了寶貴的資源，蒙受了巨大的經濟損失，同時也是對他們國家主權的侵權。為此，巴拿馬人民一直在要求擺脫美國控制，收回運河主權。根據兩國新簽訂的《巴拿馬運河條約》，自2000年1月1日起，巴拿馬已全部收回了運河的管理和管轄權。

腳踏車自行

馬車夫揚鞭略顯身手，騎車人就摔了跤。

用腳蹬地行走的自行車。

自行車是由騎車人通過腳踏驅動，利用車把和前叉轉向的兩輪交通工具，又稱"腳踏車"或"單車"。如果追根溯源，世界上第一輛自行車的雛形很可能是中國人發明的。據《晚清野史大觀》記載，清康熙年間有個叫黃履莊的發明家，他製造了一種車，前後各有一個輪子，"長三尺餘，可坐一人，不煩推挽，能自行自往，以手挽軸旁曲拐，則復行如初，隨行隨挽，日足行80里"。可惜的是這種早期自行車的實物沒能保留下來。

幾十年以後西方也出現了自行車。1790年的一天，法國人西弗拉克伯爵正在雨後的路上行走，突然一輛四輪馬車從他身邊急馳而過。西弗拉克來不及躲避，被濺了一身泥水。他懊惱地回到家，心想在窄窄的馬路上最好能造一種輕便的交通工具。他考慮把四輪馬車從中間一分為二，

19世紀末在天津紫竹林租界裡的自行車（自行洋車）。

使之成為一種小巧的車。西弗拉克用木頭造出的車前後有兩個輪子，中間一根托架，騎車人跨坐在上面，兩腳蹬地使之向前滾動。這種車沒有轉向的車把，拐彎時人要下車，抬起前輪改變方向。人們稱這種車為"休閒馬"，它的實用價值不大。1813年，德國巴登地區的杜萊西亞男爵也研製出一種用腳蹬地行走的車，這種車前面有一個放雙臂的鐵檔，手扶着與前輪相連的木棍，可以轉動方向，車架是金屬製的。這種車仍然不主要用作交通工具，只是被人騎着取樂。

　　作為一種代步工具的自行車實際是 1839 年由英國人麥克米倫發明的。麥克米倫是英國蘇格蘭的一個鐵匠，他使車的後輪通過連接踏板的曲柄傳動，踏板轉一圈輪子就轉一周，這種車成了名副其實的"腳踏車"。麥克米倫製成了世界上第一輛真正實用的自行車，但他的車主要缺陷是騎得費力。 1861 年，法國的馬車製造工匠米紹在修理杜萊西亞式自行車時，採納他兒子的建議，將腳蹬和曲柄直接安裝在前輪上。因為這種車用的是木輪，騎起來特別顛，所以米紹車有個外號叫"震骨器"。"震骨器"沒有車閘，人們在騎車時要費很大勁才能剎住車。 1865 年，米紹開辦公司生產他發明的腳蹬式自行車。

　　1870 年，英國人史泰龍對自行車的設計做了大膽創新。他把腳蹬直接裝在前輪上，同時因為車的速度主要依賴前輪，為了讓自行車跑得快，前輪就做得很大，車座有一人多高，人騎在上面有耍雜技的感覺。這種車有個外號叫"大小錢"。"大小錢"跑得快，缺點是不穩當，騎車人很容易摔倒，騎一天車摔幾個跟頭是常事。史

（左上圖）鐵匠砸碎新出現的自行車，這種車影響了他們打造馬具的生意。
（右上圖）形形色色的高輪自行車。

泰龍自行車採用金屬製造，用橡膠實心輪胎。在 20 年內這種車佔領了歐洲市場，直到 1885 年新式的鏈條自行車問世後才逐漸被淘汰。

　　當時有一些中國人在西方國家遊歷，街頭招搖過市的高輪自行車給他們留下了深刻的印象。1870 年去巴黎訪問的中國外交官張德彝在日記中寫道："見遊人有騎兩輪自行車者，造以鋼鐵，前

號召加入自行車俱樂部的廣告。

19世紀末結伴騎車外出的英國婦女。

腳踏車自行

輪大後輪小，上橫一樑。人坐樑上，兩手扶舵，足
踏軸端，機動馳行，疾於奔馬。"後來的清朝大臣
李鴻章訪美時，在紐約遇到一個騎高輪自行車的女
孩，覺得很新奇，還特意邀請她到旅館敘談。

1885年，英國工業家斯塔利發明了用鏈條
傳動的安全自行車。這種車兩個輪子一般大，腳
蹬和後輪之間連接着一根鏈條。腳踏柄的盡頭有
一個鏈輪。騎車人可以舒適地跨坐在兩個輪子之
間，用腳踩動腳蹬，鏈條就會帶動後輪向前滾
動。這種車的外形已與今天的自行車非常相似。

1887年，在英國有個叫鄧祿普的獸醫，他
的原籍是愛爾蘭。有一天他的兒子準備參加一次
自行車比賽，央求父親想點辦法對他騎的車做些
改進。鄧祿普別出心裁，將廢棄的舊橡皮膠管黏
結成兩個環，打足了氣，把它們安裝在自行車的
兩個輪子上。這是世界上最早的充氣輪胎。比賽
那天，其他人的車都用實心橡膠輪胎，自然不如
鄧祿普兒子的車騎得輕快。鄧祿普兒子獲得了冠
軍。第二年，在朋友勸說下，鄧祿普申請了充氣
輪胎的專利。後來有位愛爾蘭企業家與鄧祿普合
作，大量生產自行車用的充氣輪胎。到這時自行

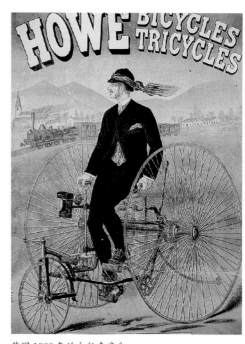

英國1880年的自行車廣告。

鄧祿普為他發明的自行車充氣輪胎做的廣告。

車的樣式就基本定型了。

　　從1900年起，自行車基本上沒再進行重大的改革，只是通過更新穎的設計和使用較輕的合金材料，使車的性能更好，重量更輕。由於第二次世界大戰後私人汽車的普及和輕便摩托車的問世，在歐美等西方國家普通自行車的銷量一度大為減少，自行車甚至不主要用作代步工具，而成了鍛煉身體的體育用品。但從20世紀70年代開始，自行車行業在西方又有重新興旺的趨勢。而在發展中國家，自行車仍在短途交通中發揮着不可替代的作用。

　　20世紀80年代，自行車家族中增添了一個新成員——山地車。這種最早出現在美國的自行車速度可以通過大小齒輪自動調節，上坡時省力，內外胎加寬，越野性能極好，有的車上還裝有避震裝置。

　　儘管現在世界交通運輸技術發展很快，但與

（左圖）被當作運動器材的自行車。

（下圖）英國自行車生產基地考文垂的售車廣告。

脚踏車自行

騎車過橋。

各種交通工具相比，自行車仍有其獨特的優勢。首先是它價格低廉，維修保養費用少，不需要消耗能源；其次是它佔地面積小，停放方便；再次是它使用靈活、使捷，在交迪堵塞汽車難行時照樣可以穿行其間；另外它無污染，無噪音，而且它的使用有益於騎車者的健康，腿部不停運動可以促進全身血液循環。因而自行車作為一種有益生態的綠色交通工具，仍有着廣闊的發展前景。

人力黃包車

19世紀後期日本的各種交通工具，其中有人力車。

人力車是近代中國非常流行的一種交通工具。南方人叫它"東洋車"，說它是從日本傳來的；還叫它"黃包車"，是因為車篷上漆有黃色的桐油或黃漆。北方人有叫它"洋車"和"膠皮"的，"洋車"之稱當然是因為它來自國外，"膠皮"則是因車輪外緣有硬橡膠皮而得名。這種車據說是一個美國人發明的。1868年，有個叫果伯的美國傳教士住在日本橫濱。那年他的妻子生病，醫生囑咐她做一些"輕微的室外鍛煉"。為幫助妻子在室外活動，果伯在一個日本木匠協助下設計了這種車。它的主要組成部分是彈性車輪、鋼片彈簧和木頭車廂。車廂前伸出兩根轅桿，是拉車的車把。提起轅桿，乘車人身體後仰，可以減少挽車力，拉車比較省勁。很快這種車在日本風行，與馬車同樣成為城市裡常用的代步工具。不久它就傳入了中國。

日本明治時代的西洋式建築——三井館，當年門前車來人往。

1874年，有個叫米拉的法國人，見上海城內的交通仍流行用轎子、馬車和獨輪車，便從日本引進了300輛人力車，在法租界開設了一家人力車行。此後人力車就在中國流傳開來。大約與此同時，有個來中國做生意的日本商人把一輛人力車獻給慈禧太后，慈禧和光緒皇帝都曾在出宮時坐過這輛車。

最初在上海從日本進口的人力車分為雙座和單座兩種。雙座人力車比較笨拙，外表臃腫，拉車也費力，還容易翻車。1879年，租界工部局決定禁用雙座人力車，只准使用單座車。起初人力車安的是木頭輪，車輪高大，還包了鐵皮，行駛起來隆隆作響。後來車輪改小，裝上滾珠軸承和鋼絲輪盤，用鋼圈橡皮輪代替木頭輪，拉起來就便捷輕盈，坐的人也感到安穩舒適。不過人力車

工業時代的車船

人力車夫拉車（清末天津剪紙）。

1927年英國水兵在上海租界，路邊人力車夫在拉車。

的質量好壞，關鍵還在於車廂下面鋼簧的彈性。彈性好坐上去震動小，拉起來既快又省力，北京的車行把這種車叫作"弓子軟"。人力車不僅要弓子軟，而且車把也需要有彈性。這樣的車跑起來，單靠乘客的體重，就能使車軸自己向前滾動，車夫只需以虎口壓着車把，不讓車翹起來就行了。

20世紀二三十年代是人力車最盛行的時期，不到兩百萬人口的北京就有人力車10萬輛。人力車還分成了許多等級。有錢人家裡置備的私車稱為"包車"，車身華麗，車廂後面釘塊銅牌，上面刻上"某宅自用"。車上有雨布大簾，前面裝兩盞電石燈，腳踏板裝上車鈴，坐在上面的車主可以不停地踏響車鈴，招呼行人讓路。在北京，大多數的人力車則是拉散座的商業用車。他們的車多是從出租人力車的車行租來的。車上的兩根直桿用榆木或槐木製成，車廂用三道白銅箍卡住。車篷是用竹條做的，蒙上布，篷前還有車簾。車的靠墊為白布鑲紅邊，乘客踏腳的腳墊為織花小地毯。車後面還安有三角撐，以防止車廂翹起來。

（左下圖）上海的人力車夫在等客人，牆上畫有二戰中主要戰勝國的國旗。
（下圖）清末北京的人力車。

人力黃包車

工業時代的車船

　　當時在北京城人力車是常用的交通工具。乘客叫車要按當地習慣叫"洋車"，如果按南方人習慣叫"黃包車"或"人力車"，車夫會弄不明白。在北京住了不少年的作家老舍先生對人力車夫的情況很熟悉。據老舍觀察，北京的洋車夫也分成不同類別，年輕力壯的車夫，腿腳靈便，租一輛漂亮車。他們不喜歡拉短途的零活，要拉遠途的整活。一拉上車，他們會跑得飛快，一路跑下去，掙的錢也比較多。但他們有風險，有時會白耗一天，連交租金的"車份兒"也掙不到。而那些歲數大的車夫，拉的車破，跑得也慢，就只能多走路，少要錢，什麼短途的零活都搶着幹。車夫中最為出色的是在東交民巷外國人居住區等活的車夫。他們身強體壯，能拉長活，可以從城裡一氣拉到城外的頤和園、西山，有幾十里遠。他們還多少會說一些簡單外語，知道外國乘客的要求。這些涉外車夫拉車的跑法也特別，"四六步兒不快不慢，低着頭，目不旁視，貼着馬路邊走，帶出與世無爭，而自有專長的神氣"。由此可見老舍先生對人力車夫生活觀察得仔細。

　　1936年，老舍還寫了一部描述人力車夫的長篇小說《駱駝祥子》。這部小說敘述一個叫祥子的年輕車夫，希望以個人的奮鬥改善處境。他

在越南乘坐人力車的法國殖民者。

人力車後來主要被三輪車取代，圖中展示印度街頭上三輪車往來不絕。

工業時代的車船

（左圖）20世紀30年代上海外灘大街上車水馬龍，也常能見到人力車穿梭而過。

日本漆器上畫的人力車。

（左上圖）描繪舊日北京新年逛廠甸的版畫，畫面上有人力車。

19世紀末的上海外灘，路上有人力車。

吃盡辛苦，用自己的血汗錢買了一輛車。可是不久戰爭爆發，祥子連人帶車都被亂兵抓走，他發家的幻想也隨着破滅。在老舍筆下，祥子是個忠厚純樸的勞動者，心地善良，樂於助人。而魯迅先生在短篇小説《一件小事》中也描寫了一個車夫，善良純樸，富有正義感，給後人留下了一個不朽的藝術形象。

這些人力車夫確是這樣，儘管生活窮困，卻總是堅守着他們信奉的職業道德。當時有文人曾這樣描述他們：大半旅客一到北京，首先接觸的是洋車夫。"他們的生活之苦難以形容。但是無論他怎樣汗流浹背，無論他怎樣筋疲力竭，他絕不會以失和的態度向你強索一個銅板；你若情願多給他一兩枚，他會從丹田裡發出聲音來，向你致誠摯的謝忱。"

在拉車時人力車夫長途奔跑，疲勞過度，很容易落下傷病。不少車夫為了養家餬口往往犧牲了健康。20世紀30年代的報紙曾為此大聲疾呼，"惟望坐車者不必催之太速，當知人力有限，慎勿視為牛馬。"

汽車、電車相繼在城市出現後，人力車一度仍以它的簡易和大眾化受到歡迎。但到抗日戰爭時期，汽油供不應求，民用汽車無法上街，腳蹬三輪車應運而生。三輪車有着比人力車明顯的優勢，速度快，乘客坐得穩，車夫也省力。結果這種新的人力交通工具逐漸淘汰了人力車。1956年，上海的最後兩輛人力車被送進了歷史博物館。

汽車童年

　　多少世紀以來人們就設想能製造出不借用
人力畜力行駛的車輛。意大利文藝復興時期的藝
術巨匠達‧芬奇曾經設計過幾種這樣的車，但都
僅是停留在圖紙上。16、17世紀時這類設計大
多是設想用帆或風箏利用風力，或是利用彈簧的
彈力做動力，沒有實用價值。

　　蒸汽機的發明使這一設想有了實現的可能。
1771年，法國陸軍工程師居紐奉陸軍大臣舒瓦瑟
公爵的命令，製造了第一輛用蒸汽機做動力的車，
被稱為"大板車"，目的是要用它運送輜重和牽引

（右上圖）菲亞特汽車銷售海報。
（下圖）1907年英國的出租汽車。

火炮。這輛車以粗木做車架，裝有三個車輪。前輪既是驅動輪，又是轉向輪，司機通過一個雙把曲柄控制方向。"大板車"因鍋爐太大，比較笨重，難以操縱，在試車時就撞倒了一堵牆。1801年，英國人特里維西克也造了一輛蒸汽動力車。他駕駛這輛車在住地附近轉來轉去。有一天，他把車停在一家小飯店門口的棚子裡，自己進去吃飯，結果鍋爐燒乾引起火災，車和棚子都被燒毀。這時的蒸汽動力車既大又重，車速極慢，使用很不方便。

因為蒸汽機不適宜做車的動力，人們開始尋找新的發動機。1860年，法國人勒努瓦發明了一種內部燃燒的汽油發動機。這一發明使"汽車"的問世能夠成為現實。1886年，德國人戈特利布·戴姆勒和卡爾·本茨用重量輕、轉速快的汽油發動機做動力，幾乎同時造出了新車，這就是現代意義上的汽車。戴姆勒讓車匠造了一輛改裝的馬車，把車轅變為操縱桿以控制方向。司機坐在原來馬車夫坐的地方，採用後輪驅動。這是世界上最早的四輪汽車。

卡爾·本茨造的是三輪汽車，用高壓電火

1886年戴姆勒製造的四輪汽車。

最早的德國奔馳汽車。

（左下圖）最早的法國雷諾汽車。

花為發電機點火，採用汽化器，使用液體燃料，用前輪控制方向。本茨造好車後卻不能當眾試車，因為德國政府不同意他在公用道路上試車。本茨只能開着車在自己家的院子裡兜圈子。本茨的妻子貝爾塔是個敢做敢為的女性，她決心瞞着丈夫出去闖一闖。有一天，貝爾塔帶着兩個兒子把車開出家門，車開出不久就遇到麻煩。車上的小發動機只有二馬力，上坡時車上的人要下來推車；下坡時皮剎板壞了，貝爾塔就請附近的鞋匠來修。有一個活門因為彈簧斷裂合不上，她就解下自己的一根吊襪帶連上，就這樣車又開了起來。在行駛了整整40千米後她把車開回家。貝

汽車童年

汽車童年

爾塔成了世界上第一個女性汽車駕駛員。這次試車證明了汽車的實用價值。本茨車（奔馳車）後來投入批量生產。

不久，法國人對汽車的熱情超過了德國人。1890年，龐阿爾和勒瓦瑟購買了戴姆勒的專利，仿製他的汽車。他們造的車將發動機裝在前面，用鐵皮罩上，並裝了齒輪箱和變速器，汽車設計基本定型。他們兩人後來成為法國最早的汽車製造商。1892年，龐阿爾的兒子伊波利特開車從巴黎去法國南部旅行。沿途農民目瞪口獃地注視着這個怪物，有人拍手歡呼，也有人驚恐逃跑。1895年，法國組織了世界上第一次賽車活動，路線從巴黎至波爾多再返回，全程732千米。參加比賽的有46輛車，勒瓦瑟用48小時48分鐘駛完全程。每輛車上有兩名駕駛員，而勒瓦瑟始終是一人開車，因為候補駕駛員在車上睡着了。

19世紀末，在法國還出現了一種引人注目的汽車。21歲的法國青年路易·雷諾設計並製造了一種輕型汽車。它採用輕型管式車架，裝有一台三檔變速器和一套差速軸式傳動系統。整個車子除發動機外都是雷諾自己設計的。1899年，雷諾和他的弟弟合作建立了雷諾兄弟公司，在新興的汽車行業嶄露頭角。

美國汽車業的發展後來居上。第一輛汽車是1891年蘭伯特製造的三輪汽車。1896年，亨利·福特造出一輛四輪汽車，稱為福特T型汽車。三年後他從愛迪生照明公司退職，自己開辦汽車公司。1908年福特公司安裝了世界上第一條汽車裝配生產線，生產效率大為提高。大批量生產同時也降低了汽車的造價，在T型車生產初期，福特曾估計：

1900年常見的四輪汽車。

（右上圖）最早的意大利菲亞特汽車。
（右圖）20世紀初的汽車裝配廠。

愛迪生和亨利‧福特坐在福特車上。

1908 年的福特 T 型車。

（上圖） 1903 年倫敦街頭的汽車。
（下圖） 英國的早期汽車。

"每當我把車價降低 1 美元，我就增加了 1,000 個新買主。"情況正是如此，這種車把汽車從有錢人的專利品逐漸變成了大眾商品。從 1908 年到 1927 年間，福特汽車公司共生產出了 1,800 萬輛 T 型汽車。

英國汽車的發展比較艱難，受到法律和偏見的阻礙。1895 年 6 月，埃利斯造了第一輛英國汽車。當時英國制訂了"公路車輛法"，規定每輛車必須有兩人駕駛，另外再有一人在車前舉着紅旗引路；車輛在城裡每小時只能行駛兩英里，在鄉村每小時行駛 4 英里。這阻礙了英國汽車業的發展。幾經周折，1896 年 11 月英國議會才取消了這一苛刻限制。汽車剛問世時，開汽車會遇到很多困難：費用高昂，沒有加油站和修車站，道路也差。發動汽車也很危險，曲柄在發動時失去控制會打傷手腕，有時還會燒着汽油。敞開的汽車沒有車門和車頂，車速又慢，路上揚起的灰塵成了開車人最大的麻煩。汽車行駛時還會與馬車夫發生爭執，又會給行人帶來危險。

1900 年，英國汽車俱樂部組織了一次汽車越野賽，全程 1,000 英里，經過英國許多城市。整個活動組織得很成功，65 輛參賽車中有 35 輛跑完全程。這證明汽車能用於長途旅行，同時讓許多人看到了汽車的優越性，而工程師則借此機會發現汽車的缺陷加以改進。到第一次世界大戰前夕，汽車製造技術逐步完善，已能生產每小時行駛 40—50 英里的汽車。汽車這種新型的陸上交通工具已度過了它的童年，由醜小鴨變成了白天鵝。

摩托轟鳴

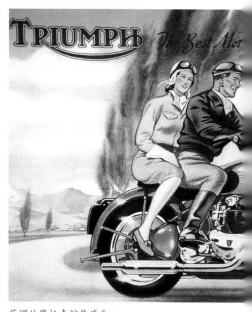

英國的摩托車銷售廣告。

摩托車是由汽油內燃機驅動、靠手把操縱前輪轉向的一種兩輪車或三輪車。摩托車輕便靈活，行駛迅速，可用於執行巡邏、通信和客貨運輸等任務，同時也是體育運動器械。

到底是誰最早發明了摩托車，一般都認為是德國的戈特利布·戴姆勒，他同時也是汽車的發明人。但有些英國人認為是英國工程師布特勒最早發明了摩托車。1884年，布特勒就設計出了摩托車，確實比戴姆勒早一年並獲得了專利。但他設計的摩托車直到1887年才研製出來，要比戴姆勒晚兩年。布特勒設計的摩托車有三個輪子，發動機裝在後面，以驅動後輪。

德國人戴姆勒從1872年開始一直在科倫與德國工程師奧托一起工作。那時奧托正在研製四衝程的燃氣內燃機。戴姆勒考慮對奧托的設計做

意大利人用摩托車模仿古羅馬賽車。

1947年倫敦一摩托車廠在試車。

工業時代的車船

（右圖）在印尼首都雅加達一穆斯林婦女騎摩托車上學。

20世紀60年代西德人站在摩托車上隔柏林牆向對面觀望。

倫敦一皮鞋商把他騎的摩托車的邊斗設計成皮鞋形狀。

摩托轟鳴

一些改進，用汽油做燃料，用電力點火。1883年，戴姆勒研製出一台熱管點火式內燃機。兩年後，他又造出性能更好的立式汽油內燃機，每分鐘轉速為600轉。1885年8月29日，戴姆勒把它裝在一輛木頭自行車上，世界上第一輛摩托車就這樣誕生了。這輛車除了前後輪之外，左右還各裝有一個輔助小輪，樣子有點像今天的兒童自行車。內燃機裝在車身的底盤中。他製造這種二輪摩托車的目的是為了檢驗他設計的汽油內燃機的性能。戴姆勒後來被人稱為"摩托車之父"。

這年11月的一天，戴姆勒的長子鮑爾·戴姆勒打算試騎一下這輛摩托車。那天下午，許多人都來觀看試車情況。只見鮑爾穩穩地坐在車上，手扶着把手，腳踩着踏板，油門一開，車就慢慢跑起來。他駕駛着父親研製的摩托車，以每小時12千米的速度試騎了3千米。戴姆勒當時預計"這種

車可能對鄉下的郵遞員最有用"。第二年，戴姆勒又把這種內燃機安裝在四輪車上，這就成了汽車。

第一輛摩托車問世後，德國工程師沃爾夫·米勒和漢斯·蓋森霍夫認為，戴姆勒的摩托車用的是單缸內燃機，如果改裝成雙缸內燃機，性能一定會更穩定。兩人朝這個方向努力，終於在1894年1月獲得成功。這一年，在德國慕尼黑的工廠裡總共生產了1,000輛"沃爾夫·米勒"牌摩托車。這是世界上首次批量生產摩托車。但是由於這種摩托車的點火裝置不完善，汽缸在前車體底架下部，進氣和排氣都不順暢，因此很容易出故障。1897年7月，沃爾夫·米勒為他設計的車申請了專利，他還給車起了"摩托車"的名字，以前這種車叫"機器腳踏車"。

後來，德國亞琛的一家工廠生產了一種"弗

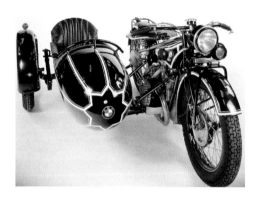

（左圖）1928年德國生產的摩托車。

1938年德軍進入奧地利，在前面開道的是騎摩托車的士兵。

爾尼爾"牌的内裝式内燃機，並且允許自行車廠用它將自行車改裝成摩托車。在短短幾年内，德國就生產了35種品牌的摩托車。1901年，慕尼黑第一自行車廠採用法國產的内裝式内燃機造了一輛摩托車。兩年後，這種摩托車又採用啟動離合器與後輪鏈條傳動裝置，性能比原先的皮帶傳動優越，至此摩托車的樣式基本定型。同時，其他國家也先後生產出了有實用價值的摩托車。

摩托車剛開始出現時並不流行，因為它速度快，有些國家的交通管制比較嚴，不利於摩托車的推廣。不過在第一次世界大戰爆發後，摩托車在軍隊中得到了廣泛使用。軍隊利用它速度快的特點，用摩托車偵察敵情和傳送命令。這時還出現了跨斗式摩托車，在車旁加裝一個有車輪的邊斗，邊斗中架一挺機槍，供戰鬥人員執行作戰任務。1939年，一種專門供軍隊用的越野摩托車研製成功，它的邊斗裝的是驅動輪。有的國家還組建了摩托車部隊。第二次世界大戰中，德國的機械化部隊中就配有大量摩托車。

民用摩托車從20世紀二三十年代開始在市場上流行。許多人買不起汽車，就買摩托車作為代步工具。當時意大利的古奇公司是歐洲最主要的摩托車生產廠家。"古奇"摩托車設計先進，很

德軍機械化部隊入侵前蘇聯。

工業時代的車船

受用戶歡迎，前後連續生產了50多年。到60年代中期，當大多數摩托車還只是裝有單缸或雙缸發動機時，日本的本田公司開始生產裝有四缸發動機的摩托車，1968年在市場上銷售。這種摩托車有着驚人的起動速度和每小時190千米的最高時速，屬於大功率摩托車，主要被用來作為賽車。

現代小型的低座摩托車是由意大利工程師達斯卡尼奧在1946年設計的，他的老闆皮亞焦希望能騎着車來巡視自己的工廠。達斯卡尼奧受命後很快就拿出了他的設計方案：車身呈U形，車座下裝一台二衝程發動機，有兩隻小巧易換的車輪，平坦的踏板騎着很舒適。這種低座摩托車價格便宜，輕巧靈活。對它的外形則有兩種截然相反的評價，有人認為它的造型是設計成功的經典範例，也有人認為它的外形看起來有點醜陋。

摩托車有速度快的優點，常被用來傳送要求很快遞達的物品。以前，郵遞員遞送需要快遞的電報時就騎摩托車。還有電影院的跑片員，要在幾家電影院放同一部影片時，需要迅速將電影膠片送到指定的影院，一般也是騎着摩托車在城市的大街小巷穿梭來往。另外，在外交活動中摩

意大利皮亞焦公司生產的小型低座摩托車。

摩托車賽車。

摩托轟鳴

托車有着特殊的禮儀作用，往往作為重要人物來訪的護衛。十幾輛摩托車組成一個三角形的屏障，在車隊前以每小時100多千米的速度行駛，始終保持整齊的隊形。這種護衛主要是展示國家的威儀，同時也帶有保衛作用。摩托車還受到年輕人的喜愛，為他們外出旅行提供便利。格瓦拉是古巴革命的傳奇英雄，他年輕時就曾與友人騎摩托車周遊南美。有些年輕人還喜歡騎摩托車飆車，把車開得飛快。他們以此來體驗某種刺激和驚險，不過這很容易出事故。

1974年美國總統尼克松出訪埃及，車隊有摩托車護衛。

氣球升天

氣球升天

　　世界上最早的熱氣球恐怕要算中國的"孔明燈"，這種燈實際與三國時人孔明（諸葛亮）無關。據史料記載，在公元10世紀五代時，有人將它用於發出聯絡信號。"孔明燈"實際是用竹和紙做成的方形燈籠，底盤用油脂點燃，隨着燈籠裡空氣變熱，它就會緩緩上升。"孔明燈"升空，運用的就是熱氣球靠熱空氣獲得升力的原理。

　　18世紀初，中國的"孔明燈"傳到西方。1782年，在法國的一次博覽會上，有一些藝人演示了一種很像中國"孔明燈"的日本燈，紙紮的燈籠底部有一根蠟燭，點燃後燈籠慢慢升到空中。當時觀燈的法國人中有一對兄弟，哥哥叫約瑟夫·蒙

（上圖）落在巴黎郊區的氣球。

（左下圖）第一次世界大戰中使用的偵察氣球。

（下圖）1784年在倫敦升空的熱氣球。

工業時代的車船

哥爾費，弟弟叫埃蒂納‧蒙哥爾費。這次日本燈升空演示使他們大受啟發。從巴黎回到昂諾內鎮家中，兄弟倆糊了個大紙袋，再把紙袋口朝下放在爐子上加熱，很快紙袋就升到了屋頂上。接着他們又在屋外用布做了個口袋，同樣用空氣加熱後，布口袋上升了20米。他們於是決定再做個更大的氣球。

1783年6月4日，蒙哥爾費兄弟在昂諾內鎮的廣場上挖了個大坑，坑內放滿稻草和羊毛，點着後將產生的熱空氣充到一個直徑11米的麻布做的氣球中。隨着氣球逐漸膨脹，產生的浮力越來越大，最後為了不讓氣球離開地面，用了八個人才把它拉住。當充滿熱氣的氣球被放開後，很快向空中升，一直達到400多米的高空，飛行了約十分鐘，最後降落在離廣場不遠的地方。

氣球升空的消息被法國國王路易十六知道後，他召見了蒙哥爾費兄弟，讓他們在更大的範

圍內表演。這年9月19日，在巴黎凡爾賽宮前，蒙哥爾費兄弟讓一個直徑14米、高17米的大氣球升到空中。這個氣球球體有三層，裡面一層是防止漏氣的紙，第二層是麻布，外面是一層紗布。在氣球下面還繫了個用柳條編的吊籃，裡面有一隻雞、一隻鴨和一頭山羊。當熱氣球載着三隻動物升空時，廣場上觀看的13萬人和國王夫婦都歡呼起來。這次氣球升空高度達到500米，飛行八分鐘後安全降落。

這次飛行成功後，蒙哥爾費兄弟馬上開始準備熱氣球載人飛行。他們做了一個更大的氣球，還在氣球表面畫上王室徽章和宮殿圖案。氣球下面吊了個迴廊式的吊籃，可以讓搭載者在迴廊裡活動。路易十六對載人飛行猶豫不決，最初只同意用死刑犯人做試驗，並答應：如果試驗成功，可以赦免對他們的死罪刑罰。但與國王有親戚關係的法蘭德斯侯爵反對這樣做，他認為不應該讓罪犯享受這一殊榮，人民更有資格去遨遊天空，"去接近上帝居住的地方"。路易十六只好同意就由法蘭德斯侯爵本人和青年科學家羅澤爾去搭載氣球。

蒙哥爾費兄弟的熱氣球。

氣
球
升
天

1791年奧地利人製作的熱氣球。

（左上圖）
懸掛在英
國倫敦塔
橋上的防
空氣球。

普法戰爭
中巴黎人
用氣球與
外界聯繫。

氣球升天

　　1783年11月15日下午，地面操作人員解開繫留氣球的繩索，充滿熱氣的氣球騰空而起，載着兩位乘客飛向藍天。這隻華麗的大氣球一直上升到900米高處，飛行了25分鐘，最後成功降落。這是人類第一次實現了升空的夢想。

　　載人氣球飛行成功後很快就用於軍事目的。1784年，法國首先在作戰時用氣球將軍官送到空中偵察敵人陣地。氣球升到空中後，氣球上的軍官用旗語將偵察到的敵情通知地面。1849年奧地利第一次用氣球發動空襲。奧軍在200多個熱氣球上都繫上一顆炸彈，計劃讓氣球飄向敵軍堅守的城市。不料由於風向改變，這些氣球炸彈都飄了回來，落到奧軍自己頭上。

　　在1870年的普法戰爭中，熱氣球被用於通訊。當時法國首都巴黎被普魯士軍隊圍得水洩不通。為了與城外取得聯繫，一些氣球飛行員駕駛氣球飛出巴黎。為了不被敵人射落，飛行高度都在900米以上。由於氣球飛出去後不能再回來，巴黎人大規模地造氣球並培訓飛行員。在長達四個月的圍城日子裡，巴黎城內共送出載人熱氣球66隻，運出300多萬封信。

　　在第一次世界大戰期間，氣球仍被用於作戰。德軍和法軍都在自己陣地上設置偵察氣球，偵察員在氣球上用望遠鏡偵察敵軍部隊調動情況

和大炮轟擊效果。英國人則在戰爭中用氣球防空。他們把一隻隻大型繫留氣球在空中拉起一道道索鏈，在索鏈上再懸掛許多小的氫氣球，用來阻擋德軍飛機的轟炸。氣球用於戰爭一直延續到第二次世界大戰，此後就很少用於軍事目的。

　　氣球家族中除熱氣球外用得較多的還有氫氣球。氫氣球幾乎是與熱氣球同時發明的。就在蒙哥爾費兄弟的載人熱氣球升空後半個月，1783年12月1日，法國的夏爾教授與助手乘他製作的氫氣球升到空中，飛行距離40多千米。由於氫氣球的上升高度

工業時代的車船

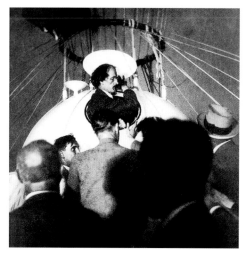

1932年瑞士科學家準備乘氫氣球去高空探險。

（上圖）氣球偵察員
正準備升空。

（上中圖）二戰中使
用的防空氣球。

（左圖）1884年法國
軍隊在越南與中國軍
隊作戰時使用氣球偵
察。

遠遠超過熱氣球，氫氣球就一直被用來探索高空。

　　1862年9月5日，英國氣象學家格萊徹爾和助手乘氫氣球升到9,000米高空。這是人類第一次飛入高層空間。他們兩人差點送了命。氣球越往高處升，他們的高空反應就越嚴重。當氣球升到8,500米時，格萊徹爾倒在吊筐內休克了。高空中11,000米的高度被稱為平流層，那裡空氣稀薄乾燥，氣流十分平穩。後來有幾個氣球探險家乘氫氣球在到達平流層後都沒能生還，這說明用敞開式吊艙的氣球不可能把人帶到平流層，這是人類無法突破的極限。而採用封閉的壓力艙就能不斷突破載人氣球的上升高度。目前氫氣球升空的最高高度是34,442米，是1961年5月4日美國軍官羅斯為檢驗宇航服而創造的記錄。

　　氣球還被用於天文、氣象、宇航、通訊等。它作為人類使用的第一種載人飛行器，在經過200多年發展後仍在發揮重要的作用。

在空戰中氣球被飛機擊中，吊籃中的人跳傘逃生。

飛艇橫空

飛艇橫空

　　飛艇是由氣球發展而來的，它實際是一種形狀像雪茄的巨大氣囊。兩者的不同之處在於，氣球自身沒有動力裝置，只能隨風飄行，而飛艇上有動力裝置。蒸汽機問世後，人們開始考慮將它用於空中飛行。

　　1859年，法國工程師吉法爾造了世界上第一艘雪茄形飛艇，上面裝了一台重160千克的小蒸汽機。這艘飛艇是個龐然大物，長44米，最大直徑12米，氣囊容積2,500立方米。為了操縱方向，飛艇上還有一塊三角形風帆。它的蒸汽機裝在懸掛在飛艇下面的吊籃裡，帶動一套三葉螺旋槳。9月24日，吉法爾飛艇從巴黎起飛，以每小時10千米的速度飛行28千米後降落。這是飛艇的首次飛行。

　　另一個對飛艇研製有重大貢獻的人是僑居

德國的齊柏林飛艇。

法國的巴西人杜蒙，他在飛艇動力上做了改進，把汽車用的內燃機裝在飛艇上。從1899年開始，他共製造了14艘以汽油發動機為動力的小型飛艇。1901年10月19日，杜蒙駕駛他的第六艘飛艇圍繞巴黎的艾菲爾鐵塔飛行一圈後在原地降落，飛行了29分鐘。杜蒙還經常乘坐飛艇到空中漫遊，有一次竟然在一個豪華大飯店的前院着陸，然後進入餐廳用餐。這時的飛艇都是軟式飛艇，它的浮力主要依靠一個內部充滿氫氣的氣囊產生。早期的氣囊是在兩層棉織物中間夾一層牛腸皮膜，一艘飛艇要用上萬頭牛的腸皮膜，後來改為在棉布上塗膠，以確保皮囊不會漏氣。軟

工業時代的車船

（左圖）德國飛艇。

飛艇飛越倫敦。
（左下圖）一艘法國飛艇正準備起飛。

架，用活塞發動機做動力。它的飛行性能良好，運載量很大。早期的齊柏林飛艇長128米，形狀很像一支巨型鉛筆。飛艇上的鋁製框架內共有17個艙室。1900年7月2日，齊柏林與另外四人乘這艘飛艇首飛。德國政府對此非常重視，撥出鉅資資助齊柏林的研製工作。

1907年，齊柏林飛艇一次持續飛行了37小時。1909年，齊柏林創辦了世界上第一家民用航空公司。第二年，飛艇被用於商業營運，來往於幾個城市之間運載旅客。

英國造的第一艘硬式飛艇。

飛艇橫空

氣囊不能承受太大壓力，這就造成軟式飛艇運載能力有限，實用價值不大。

為改變這種狀況，有人開始考慮研製新型的硬式飛艇。硬式飛艇是用金屬、木材做框架，再在表面蒙上布。飛艇的框架做成十幾個隔框，每個隔框就是一個艙室，裡面放一個充滿氫氣的氣囊。這樣的飛艇內部結構有較高的強度，即使有幾個艙室被破壞，飛艇仍能飛行。另外它的運載能力也大為提高。1900年，德國的齊柏林伯爵設計製造了第一艘硬式飛艇，內有鋁合金框

德國還最早將飛艇用於第一次世界大戰，並組建了飛艇部隊。1915年，德國使用飛艇空襲英國。5月31日，五艘飛艇轟炸倫敦，一次就炸死炸傷了幾十人。飛艇上還扔下一張張紙片，上面寫着："警告你們英國人，我們已經來過，而且還要再來。不投降就是死！"落款是"德國人"。英國人的傷亡雖不大，但這種從空中降臨的死神還是引起了恐慌，被稱為"齊柏林大恐慌"。但沒有多少防護能力的飛艇有個致命傷，它所充氫氣極易燃燒，一旦遇到火星，整個飛艇就會化為燃燒的火球，連鋁製框架都要熔化。特別是在戰鬥機面前，飛艇更顯得不堪一

飛艇橫空

第一次世界大戰前夕，德國飛艇飛越英國艦隊上空。

擊。許多飛往倫敦的齊柏林飛艇就此一去不歸，
一艘艘像燃燒的雪茄那樣墜落。英國還派出飛機
去襲擊德軍的飛艇庫，氫氣的劇烈爆炸使飛艇連
同飛艇庫頃刻之間都化為烏有。1916年10月，
德軍最後一次派出由王牌艇長馬蒂駕駛的飛艇去
襲擊倫敦，也被英軍戰鬥機用機槍擊中，而像紅
燈籠一樣在空中爆炸。自此以後德國最高統帥部
就放棄了飛艇戰。

　　第一次世界大戰後，由於飛艇的載重和遠程
空運能力都超過當時的飛機，歐洲一些國家又掀
起了發展飛艇的熱潮。1919年7月，一艘英國仿
製的飛艇完成了人類首次載人飛越大西洋的航
行。意大利還將飛艇用於對北極的探險。1926年
5月，一艘由意大利人設計的飛艇從羅馬出發，
在北極圈內的基地停留後，於5月12日載着三個
人飛越北極極點，向極點投下意大利國旗。

（上圖）前蘇聯宣傳工業化建
設的海報，以橫空的飛艇作
為工業化的標誌。

（右圖）德國齊柏林飛艇的宣
傳海報。

（下圖）去北極探險的意大利
飛艇。

工業時代的車船

一戰後德國在飛艇領域又重新崛起。 1928年，飛艇歷史上最有名的"齊柏林伯爵"號飛艇問世。這艘飛艇是由德國工程師埃克馬設計的，長263米，最大直徑30米，有七八層樓高，裝有五台柴油發動機。"齊柏林伯爵"號內可容納40名服務員，遠程載客20人，短程載客50人，載貨15噸。 1929年8—9月，這艘飛艇完成了環球航行，歷時20天，中間只停留了三次。

在環球航行之後，埃克馬決心造一艘更先進、更豪華的巨型飛艇。新飛艇用當時德國總統興登堡的名字命名，建造了多年後於1936年完工。"興登堡"號全長245米，直徑41米，重約230噸，氣囊容積20萬立方米，佔地面積相當於幾個足球場大。飛艇上有四台發動機，可搭載75名乘客。其內部裝修的豪華和設施的講究如同海上的豪華客輪。"興登堡"號共進行了63次商業飛行，其中37次橫渡大西洋。

但飛艇的致命弱點仍是它使用的氫氣易燃易爆。早在1930年10月，一艘英國飛艇就在法國上空因氫氣洩露爆炸起火，艇上的英國航空大臣和40多名乘客一起遇難。 1937年5月6日，"興登堡"號在美國新澤西州的赫斯特湖降落時，尾部突然起火爆炸，不到一分鐘這艘龐然大物就在火海中化為一堆廢物。此後，很快飛艇就被打入冷宮，它在航空領域的地位被後起的飛機取代。

飛艇橫空

(上圖)1930年東京萬人觀看碩大的"齊柏林伯爵"號飛艇。

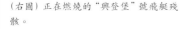

(右圖)正在燃燒的"興登堡"號飛艇殘骸。

(右上圖)1837年"興登堡"號飛艇在美國爆炸起火。

庫克船長

詹姆斯・庫克是 18 世紀英國著名的航海家，一生主要從事海上科學考察。因他年輕時就擔任英國皇家海軍的船長，人們習慣地稱他為"庫克船長"。他曾領導過三次遠航探險考察，對澳大利亞、新西蘭的海岸進行過詳細探測，還對海圖做了精確標注。這些成就使他在探險史上成為與哥倫布、麥哲倫齊名的人物。

(左上圖)庫克船長。

1728 年 10 月，詹姆斯・庫克出生在英國約克郡鄉村一個農業僱工家庭，幼年時只受過簡單的啟蒙教育，年歲稍長就在商店裡做工，後又在港城維特伯船上當學徒。在維特伯期間，年輕的庫克刻苦自學數學和航海技術，頗得僱主的賞識，想把他提升為船長。庫克婉言謝絕了僱主的好意，卻甘願去皇家海軍從軍當一名普通的水兵。很可能庫克是從長遠考慮，認為在海軍服役會更有利於他今後的發展。在皇家海軍裡，庫克認真鑽研航海業務，因其表現突出而被提升為船長。1763 年，庫克奉命率一艘帆船去北美紐芬蘭勘察海岸，他繪製的海圖相當精確，顯示出他已具備了卓越的海洋勘察和科學考察能力。

(左圖)庫克船長在查閱海圖。

當時據天文學家推測，1769 年 6 月 3 日金星將在地球和太陽之間飛過，英國皇家學會決定在全球三個地方對這一天文現象進行觀察。這三個觀測地是北歐的挪威、北美的哈得遜灣和南太平洋島嶼。庫克被指定為在太平洋觀測的負責人，擔任"奮進"號考察船船長。與他同行的有 11 名科學家。觀測點選在南太平洋的塔希提島。在出

工業時代的車船

庫克在塔希提島參加當地人的宗教活動。

（上圖）庫克在塔希提島與土著人接觸。

（左圖）與庫克隨行的科學家在採集生物標本。

（右圖）庫克第一次遠航時"奮進"號抵達澳大利亞海岸。

航前庫克收到一封密封的政府信函，告訴他信中有佈置給他的新任務，但必須在天文觀測結束後他才能拆開封印看信。

1769 年 4 月，"奮進"號到達塔希提島拋錨待命。6 月 3 日，隨行的科學家準時對金星凌日現象進行了觀測。觀測完後，庫克按照規定打開那封信，看到了政府的密令。密令要求：庫克率領的考察隊應"向南繼續航行"，直到南緯 40 度地帶，目的是尋找傳說中的"南方大陸"。如果沒有發現"南方大陸"，就向西航行，尋找位於南緯 40 度到 35 度之間以前沒有發現的土地，或者前往"現在稱為'新西蘭'的東部地區"。

9 月，在到達南緯 40 度海域後，庫克沒有發現人們想像中的"南方大陸"，於是他就按照密令前往新西蘭。他花了幾個月對新西蘭的兩個島進行了環島航行，繪製了精確的海圖。1770 年 4 月，庫克離開新西蘭，向西去尋找新的土地，途中"奮進"號在大堡礁觸礁，險些沉沒。8 月 21 日，庫克看到了澳大利亞東北海岬的頂端，庫克就以他的家鄉名稱之為"約克角"，再向西經過一條海峽，他又以考察船的名字稱之為"奮進海峽"。第二天，庫克宣佈澳大利亞東部是英國領土，並稱之為"新南威爾士"。1771年 7 月，"奮進"號繞過好望角返回了英國。由於這次遠航成功，庫克被提升為海軍中校。

庫克回國後不久，英國政府又在籌劃組織下一次官方考察，以進一步確定"南方大陸"是否

庫
克
船
長

存在。庫克船長再一次被選為考察隊負責人，帶兩艘船"堅定"號和"冒險"號去遠航。他計劃這次要沿着靠近南極的高緯度地區進行一次環球航行。1772年夏，庫克又駕船來到一望無際的大洋上。1773年1月，船隊駛入南極圈，但前進的航路被冰山阻隔，不得不後退向北航行。途中"冒險"號掉隊返回了英國，"堅定"號在庫克指揮下再度南下，一路上只有茫茫冰原。通過這次探察，庫克明確地宣佈，所謂"南方大陸"純屬傳聞。然後他就北返回航，1775年7月回到了英國。在這次長達三年的遠航中，庫克船長還取得了一項成就，控制住了遠洋水手最容易得的壞血病。壞血病在歷史上對航海危害很大，曾奪去許多水手的生命，而庫克注意到水手們如果在飲食中增加一些柑橘汁、泡菜、果醬，就能防止壞血病流行。尤其是泡菜，它是庫克確認的預防壞血病的特殊食品。他下令廚師每天在餐桌上擺出泡菜，讓大家盡量多吃，果然在這次遠航中沒有一人死於壞血病。

休整了幾個月後，庫克船長又想出航了，還有一個問題等着他去弄清，即是否存在一條通往東

庫克船長

庫克船長在南太平洋島嶼接受土著居民贈送的禮品。

描繪庫克海上考察的長卷畫作。

工業時代的車船

（左圖）庫克在夏威夷與土著居民發生衝突。

（下圖）庫克船長被殺。

（右下圖）歐洲航海家在南太平洋島嶼。

（下圖）"堅定"號與"發現"號考察船停泊在夏威夷群島。

方的西北航線。1778年夏，庫克再次率"堅定"號遠航，這次有另一艘考察船"發現"號同行，計劃向西去尋找"西北航線"。1778年1月，庫克發現了夏威夷群島。然後向北航行，對亞洲和美洲之間的白令海峽做了一番考察。由於到處是冰原，難以通行，庫克就決定南下去詳細考察新發現的夏威夷。"堅定"號抵達夏威夷群島的克拉克灣時，當地居民將庫克船長看作是神，對他畢恭畢敬，並熱情款待。英國人在這裡一住就是幾個星期，使得當地有限的糧食短缺，雙方關係開始變得緊張。1779年2月4日，庫克下令開船，準備離開這裡。但航行了不遠，"堅定"號就受損，不得不返回。這次意外讓當地人產生了疑慮和誤會。2月14日，一位土著酋長突然去世，島上居民盛傳他是被英國人害死的，使當地人群情激憤。在一陣混亂中，站在海岸邊的庫克被當地人從背後刺中，倒地身亡。有很高威望的庫克一死，整個考察隊的士氣一落千丈，接下來的考察沒有取得什麼成果。

庫克船長三次航行幾乎考察了太平洋上所有重要島嶼，他對所到的地方都做了詳細記錄，留下了內容詳盡的航海日誌，有重要的科學價值。另外，他的遠航對英國擴張殖民地也有重大影響，在他發現澳大利亞後十多年，英國就宣佈將這裡作為犯人流放地。英帝國的擴大有時是追隨著庫克船長的蹤跡而向四處延伸的。

達爾文的科學之旅

達爾文。

查理·達爾文是英國著名的生物學家，生物進化論的奠基人。他之所以能創立這一理論，與他年輕時有機會參加環球考察有密切的關係。通過這次考察，他對傳統的物種不變論產生了懷疑，最終揭開了物種起源之謎。

達爾文 1809 年出生在英國一個世代從醫的家庭，祖父和父親都是當地名醫。父親曾送他去愛丁堡大學學醫，可他對醫學毫無興趣，卻對生物學很感興趣。他在業餘時間常與一些志同道合的朋友一起外出打獵，採集標本。父親看到他無心學醫，就送他去劍橋大學學神學，目的是以後當個牧師。達爾文對神學也沒有興趣，仍然把大量時間用於自學生物學，還結交了一些學者。其中漢斯羅教授對他影響最大，他們常在一起散步時談論學術問題。

達爾文坐像。

達爾文大學畢業時，英國因對外擴張需要正熱衷於海外探險。英國政府派了大批探險隊到世界各地去進行"科學考察"，有時也吸收學者參加。1831 年，年輕的達爾文經漢斯羅教授推薦，以生物學家的身份參加了"貝格爾"號船的考察活動。

這次考察是英國海軍部組織的，而"貝格爾"號只是皇家海軍的一艘雙桅小橫帆船。達爾文的住處只佔據了船艙一角，放一張吊床就剩不下多少空間。12月27日，"貝格爾"號揚帆出海，按

（右圖）達爾文乘坐的"貝格爾"號考察船。

工業時代的車船

"貝格爾"號考察船上的生活。

達爾文在聽夫人彈銅琴。

計劃進行環球航行。這艘船首先考察了南美的阿根廷。由於"貝格爾"號長時間在港口停靠，達爾文就有機會在一個地方停留幾個星期。在阿根廷，他用鶴嘴鋤在沙礫中挖出了不少已經絕跡的古生物化石，有樹獺、羊駝等。他推測，這些古生物與同類的現代動物都源於同一種古獸。

1832年2月，"貝格爾"號抵達巴西，在那裡停留了四個月，達爾文上岸考察。這裡熱帶雨林中的動植物品種特別豐富。進入巴西熱帶雨林後，達爾文欣喜若狂，他在日記中寫道："高興只是一個沒有活力的字眼，不足以表達博物學家獨自一人踏進巴西熱帶雨林時的強烈感受。"有一天早上在散步時，他就收集到80多種不同鳥類的標本。在林間路上，他親眼看見一大隊螞蟻，浩浩蕩蕩地爬過來，一路上風捲殘雲，活着的東西頃刻被吞得乾乾淨淨。他還把雨蛙放在玻璃上，試驗雨蛙腳趾上吸盤吸力有多大。達爾文搜集到的標本許多都是以前沒見過的，他把它們整理好，託別的船帶回國。

南美的各種珍禽異獸、古怪化石強烈地吸引着達爾文，使他感到非常驚奇。是什麼力量把大自然裝扮得這樣豔麗？按照《聖經》的說法，形形色色的生物都是上帝創造出來的，物種是不變的。但在物種變異的事實面前，達爾文對物種不變論產生了懷疑。整個南美從南到北，同一種生物外貌都有所差異。他開始產生了"物種逐漸變化"的大膽假設。

在海邊停泊的"貝格爾"號船。

工業時代的車船

1834年6月，"貝格爾"號到達南美西海岸，在這裡停留了一年多時間。這段時間達爾文主要興趣集中在地質學上。他手拿地質錘，研究安第斯山的岩層結構。在這裡，他找到了大量貝類化石，還目睹了幾次火山爆發。這些地質現象使他體會到，地表是處於不斷變化和運動中的，反過來生命為了適應周圍環境的變化，也在不斷變化。在南美沿岸考察結束後，"貝格爾"號在太平洋上的加拉帕戈斯群島停留了一個月。"加拉帕戈斯"是海龜的意思，因為這裡的海龜特別大，要六七個人一起用力才抬得動。達爾文上了島，果然看到許多以仙人掌為食的海龜。他發現不同小島上的海龜形狀都不一樣。還有一種鬣蜥，在不同的島上顏色也不一樣，有的鮮豔，有的灰暗。這種現象用物種不變論是無法解釋的。1835年10月，"貝格爾"號開始返航，一路上在沿途島嶼停泊，直到一年後才回到英國。這次科學考察前後長達五年之久。

達爾文回國後，立即就集中精力整理他這次

生物進化示意圖。

（右下圖）諷刺達爾文的漫畫（一）。
（下圖）水手在加拉帕戈斯島上捕捉海龜。

工業時代的車船

考察所得到的資料和標本，把他在考察期間形成的想法系統地表述出來。1859年，花費了達爾文20多年心血的科學巨著《物種起源》出版。他在書中以大量證據證明："物種不是不變的"，"一切生物都不是特殊的創造物"，而是由少數幾種生物進化而來的。他的這一具有劃時代意義的創見引起了軒然大波，尤其是遭到教會的反對。

後來，達爾文又從生物進化理論推論人類的起源，寫了《人類的起源和性的選擇》一書，詳細說明人類起源於古猿。這一結論與"上帝造人"的神學觀念截然相反，遭到教會更激烈的反對。一些主教斥責他的理論是異端邪說，如果是這樣，那麼勢必就會否認上帝的存在，而猴子倒成了人類的祖先亞當。1860年，觀點對立的雙方有一次正面交鋒。這年夏天，英國科學促進協會在牛津大學召開學術會議，反對進化論的牛津大主教親自來參加會議，而支持進化論的學者赫胥黎也來開會，達爾文因病沒能到場。在6月

從猿到人的演變（一）。

從猿到人的演變（二）。
（左圖）諷刺達爾文的漫畫（二）。

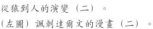

達爾文的科學之旅

30日的討論會上，牛津大主教首先發言。在發言快結束時，他對赫胥黎說："我想問一問坐在我對面的赫胥黎先生，你相信猴子是人類的祖先，那麼我問你，究竟是你的祖父還是你的祖母跟無尾猿發生了親屬關係？"而赫胥黎則回答道："一個人沒有理由因為他的祖先是無尾猿就感到羞恥。我感到羞恥的是粗暴地拒絕科學的人。"1877年，英國劍橋大學授予達爾文榮譽學位。在舉行儀式時，有人竟把一隻猴子帶到會場，讓它亂叫亂跳，以此來侮辱達爾文。

不管遭到什麼樣的反對，達爾文的生物進化理論對全世界產生了巨大的影響。有人曾這樣評價他："達爾文出現之後，世界就不同了。"

橫越非洲

戴維‧利文斯頓。

描繪利文斯頓
在非洲探險的
英國海報。

　　曾經在非洲大陸探險、考察過的眾多歐洲
人中，名氣最大的要算英國人戴維‧利文斯頓。
他一生大部分時間都在非洲度過，並曾數次深入
非洲腹地，還是第一個橫越非洲的歐洲人。他在
非洲時，曾一度與外界中斷了聯繫，美國記者斯
坦利奉命去找他，歷經艱辛終於找到了他。這已
成為非洲探險史上最富有戲劇性的故事。

　　利文斯頓本來的身份是個英國傳教士，
1840 年他大學畢業後被教會派往南非傳教。在
南非，他學會了當地居民的班圖語，還很熟悉風
俗民情。1851 年，利文斯頓帶着妻子、孩子向
北穿越沙漠。在當地酋長的幫助下，利文斯頓找
到了贊比西河。看着奔騰的贊比西河，他決定要
去遙遠、偏僻的非洲內陸傳教探險。他在河邊建
了簡易基地，準備以這裡為中心，開闢一條連接
非洲東西海岸的來往通道。1852 年，他把妻兒
送上回英國的海船，然後隻身一人去非洲內陸生
活。兩年後，利文斯頓帶領160名馬科洛洛人乘
船沿贊比西河向上游航行，還穿越了奴隸貿易盛
行的安哥拉高原，花了四個月時間到達了位於大
西洋沿岸的港口羅安達。

（右中圖）利文斯頓的探險隊用牛車運輸。
（右圖）英國兒童玩的棋盤遊戲，圖案內容是斯坦利在
非洲探險的路線。

工業時代的車船

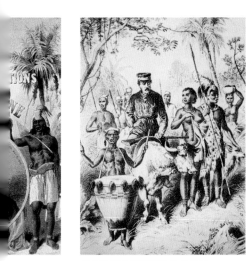

利文斯頓在非洲腹地騎牛旅行。

這個瀑布是尼羅河的源頭。

在探明了從非洲腹地到西海岸的路線後，利文斯頓又着手探測通向東海岸的道路。1855年9月，他率領探險隊水陸兼程，沿着贊比西河東下。10月的一天，他們隱約聽見前方傳來雷鳴般的響聲，越往前走，響聲越大，最後兩人面對面說話都聽不清楚，只覺得一陣陣水霧從天而降，一個從未見過的巨大瀑布出現在利文斯頓面前。這個瀑布寬1,600米，落差超過120米，是世界上最大的瀑布。利文斯頓非常激動，為了表達對英國女王的尊敬，他就以女王的名字稱呼這個瀑布，取名為"維多利亞瀑布"。過了大瀑布，前面的路更難走。雨季暴雨連連，使得河水猛漲，河邊的小路被洪水淹沒，簡直無法通過。這時利文斯頓又得了非洲熱病，處境艱難，還是靠一艘葡萄牙軍艦幫助才擺脫了困境，得以繼續前進。1856年5月20日，利文斯頓一行終於來到贊比西河三角洲，見到了浩瀚的印度洋。這標誌着他完成了橫越非洲大陸的探險壯舉。

這年12月，英國軍艦把利文斯頓送回國。他受到盛大的歡迎，維多利亞女王親自接見並宴請這位出身寒微的傳教士，英國皇家地理學會破例接納他為會員。第二年，利文斯頓寫了一本書《一個傳教士在南非的旅行考察》，出版後成為暢銷書。書中詳細描述了他所見到的非洲腹地的綺麗景色，也談到他目睹的販賣黑奴的罪惡行徑。書中寫道："我騎在牛背上冥思苦想，把大自然的美麗和人類的殘酷無知做了一番比較，覺得無比悲哀。"

1858年聖誕節一過，利文斯頓又重返非洲。他得到了政府提供的5,000英鎊經費和一艘汽船，還有不少人與他同行。這次條件好得多的探險卻沒有成功，一則人多意見難以協調，二則乘汽船沿河而上，碰到瀑布和險灘就無法前進。

斯坦利。

（左圖）利文斯頓第二次
探險，在贊比西河使用
了汽船。

橫越非洲

結果無功而返。

　　1866 年，利文斯頓又接受英國皇家地理學會
的委託，去非洲尋找尼羅河的源頭。這是困擾地理
學界已久的一個難題。這時他已 53 歲，身體狀況
不佳。利文斯頓到達非洲不久就生病，他不顧重病
在身和路途艱險，執意向前走，有時甚至是躺在擔
架上前進，就這樣拖了很長時間。1871 年 3 月 29
日，他來到一條大河邊，誤認這就是尼羅河上源。
然後，他退回到坦噶尼喀湖東岸的烏季季休養。這
時利文斯頓與外界完全中斷聯繫已有好幾年，很多
人都很關心他。英國派出不少人去找他，但後來真
正找到他的人卻是美國人斯坦利（後入英國籍）。

　　斯坦利原本是英國人，1841 年出生在威爾
士。他原名羅蘭茲，是個私生子，在濟貧院長
大。18 歲時他移民去了美國，被一個商人收養後
改名為亨利·斯坦利。成年後他參加過南北戰
爭，後來當了記者，以寫軍事和探險報道而小有
名氣。在利文斯頓失蹤的消息傳出後，為了擴大
報紙影響，美國《紐約先驅報》的老闆貝內特派

斯坦利在非洲。

工業時代的車船

斯坦利去非洲尋找利文斯頓。1871年3月,斯坦利組織了一支由192人組成的隊伍,從東非的桑給巴爾港出發,經過艱險的長途跋涉,終於打聽到了利文斯頓的下落。

1871年10月28日,斯坦利在烏季季見到一個瘦弱不堪的老年白人。他脫下帽子,說了一句很有禮貌的話:"我想,閣下是利文斯頓博士吧?"隨後,他們一起度過了長達五個月的快樂時光,共同考察坦噶尼喀湖。但利文斯頓不願隨斯坦利離開非洲,還想繼續去探險。1873年5月1日,利文斯頓在探險途中死在一個荒僻的小村莊,遺體輾轉運回英國,安葬在倫敦威斯敏斯特大教堂。

斯坦利也因找到利文斯頓而出名。他把這次旅行見聞寫成一本書《我怎樣找到利文斯頓》,出版後引起了轟動。他還到處發表演說。維多利亞女王也接見了他。隨後斯坦利辭去記者工作,像利文斯頓一樣專門在非洲探險。他在非洲先後進行了三次大規模探險。第一次探險,他成為走完從剛果河到出海口全程的第一個歐洲人;第二次探險是受比利時國王委託在剛果河流域活動;第三次探險,他穿越了中非赤道地區的熱帶森林。英國政府授予他爵士榮譽和大十字勳章,像他這樣出身卑微的人很少能得到這樣的表彰。

描繪斯坦利在非洲探險的海報。

(右圖)在非洲活動的英國探險隊。

(左圖)斯坦利與利文斯頓會面。

橫越非洲

南極探險

南極
探險

南極在地球的南端，由南極洲及其鄰近海域組成。這裡天氣極其寒冷。南極大陸覆蓋着終年不化的冰雪，附近海面風暴猛烈、頻繁，海上還漂浮着巨大無比的冰山。南極地區自古以來就沒有人居住。18 世紀時，英國的庫克船長曾率考察船越過南極圈，但離南極大陸還有很遠距離。第一個發現南極大陸的人是俄國探險家別林斯高晉，他在 1821 年率船隊看到了南極大陸的海岸線。後來對南極探險貢獻較大的人是英國航海家羅斯，他在 1841 年率兩艘探險船發現了南極大陸的一處奇景—— 一道高達五六十米陡峭如削的冰崖，冰崖上是一片廣闊的冰原，這就是後來被稱為"羅斯冰障"的南極冰原。以後南極探險停頓有半個世紀。進入 20 世紀，南極探險又熱鬧起來，而且競相以征服南極點為目標。

(上圖)沙克爾頓為南極探險設立的營地。

(中圖)身着英國海軍軍官制服的斯科特。

(左圖)羅斯率考察船在極地探險。

工業時代的車船

最早是愛爾蘭人沙克爾頓提出要征服南極點。他組成了自己的探險隊，1908年11月帶領三名隊員向南極點挺進。途中由於為探險隊運輸物資的西伯利亞矮種馬接連倒斃，他們只好自己拉雪橇前進。1909年1月，在離南極點只有160千米的地方由於體力衰竭，他們不得不返回營地。

沙克爾頓的嘗試激起了南極探險的熱潮，英國海軍軍官羅伯特‧斯科特覺得他應該獲得首先到達南極點的榮耀。在此之前，他已經在南極進行了三年的考察，對當地的氣候和地形都比較熟悉。1910年6月，斯科特帶領探險隊乘"新地"號探險船離開英國，向南極挺進。10月，斯科特收到一封電報，上面寫着："我正在前往南極。阿蒙森。"斯科特沒想到阿蒙森這個挪威的著名極地探險家會向他挑戰，與他開展了一場征服南極點的冰上競賽。

阿蒙森多年在北極探險，本來準備去征服北極點，但在1909年他聽到美國人皮爾里已第一個到達北極點的消息後，就轉而計劃征服南極點，與斯科特爭個高低。阿蒙森胸有成竹，確信他能在這場競爭中取勝。他認為斯科特用西伯利亞矮種馬運給養是個失誤，不如他用北極狗拉雪橇實用。因為狗比馬更耐寒，又可以與人吃一樣

斯科特探險隊用來拉給養的西伯利亞矮種馬。

的食物，不需要帶草料。阿蒙森的一句話說出了他們兩支探險隊裝備上最大的不同："斯科特與我最大的區別是我們選擇了不同的動物。"

得知阿蒙森也要來南極探險的消息，斯科特加快了行程。1910年11月，"新地"號匆匆開往南極，不久阿蒙森的探險船"前進"號也開來了。阿蒙森在冰障上設立的基地要離南極點近一些，但他要走的路以前沒人走過，而斯科特選的路線大部分是沙克爾頓走過的。

（左下圖）羅斯的考察船陷在冰山中。

（下圖）斯科特在南極探險營地中。

南極探險

阿蒙森走向南極點。

阿蒙森在南極點插上挪威國旗。

南極探險

　　1911 年 10 月，阿蒙森領着四個人各帶一架狗拉雪橇上路，每天前進 30 多千米。11 月 20 日，他們到達南極高原，阿蒙森下令殺了 20 多條狗，狗肉供人和拉雪橇的狗作食物。在他們走最後一段路程時，遇到了難得的好天氣，走得很順利。12 月 14 日下午 3 點，阿蒙森一行終於抵達了南極點。他們在南極點插上挪威國旗，在這裡共停留了四天，勘察附近冰原。回程也沒遇到什麼困難，人員無一損傷。

　　斯科特的隊伍比阿蒙森遲走四天，沒走多久就遇到了麻煩。先是機械動力雪橇出了故障，只好由隊員拉雪橇艱難行進。接着，矮種馬不適應南極氣候紛紛倒斃，斯科特只好把所有的馬都殺掉，馬肉當食物。斯科特的隊伍前進速度不快，在阿蒙森快到南極點時，他們才走了一半路程。斯科特決定帶三名隊員強行向南極點衝刺。這三名隊員是醫生威爾遜、騎兵軍官奧茨和海軍軍士埃文斯。海軍上尉鮑爾斯也想分享征服南極點的榮譽，再三懇求帶上他。感情用事的斯科特居然同意了，由於鮑爾斯沒帶滑雪板，前進速度受影響，明顯拖了全隊後腿。

　　1912 年 1 月 16 日，斯科特最擔心的事出現了。在離南極點 20 千米的地方，他看見一面旗幟

斯科特使用滑雪板。

（右圖）斯科特探險隊在南極點合影，他們的臉上流露出失望的表情。

工業時代的車船

狗拉雪橇是極地探險最實用的運輸工具。

斯科特探險隊到達南極點，發現阿蒙森留下的帳篷。

在迎風招展，這說明阿蒙森已經搶在他前面到達了南極點。斯科特和同伴頓時"像是被人擊倒了一樣"，他們默默地走完了最後一段路程，在1月17日抵達南極點。在南極點，斯科特讀到了阿蒙森留給他的信。阿蒙森在信中說，如果他回不去，請斯科特把另一封信轉交給挪威國王。這時，斯科特一行的情緒低落到了極點。他們在南極點豎起一面英國國旗，拍了一些照片，就匆忙離開了。

回程的天氣起初不錯，雪橇張起風帆，順風前進。但後來天氣突然變壞，隊員們個個疲憊不堪，身上滿是凍傷和摔傷，大家精神也很壓抑，食物和燃料短缺，每個人的體力都差不多消耗到了極限。2月17日，精神失常的埃文斯離開了人世。3月16日夜晚，雙腳嚴重凍傷的奧茨為了不連累別人，獨自走出帳篷，消失在茫茫雪原之中。3月20日，斯科特和其他兩個隊員遇到了暴風雪，無法接近就在20多千米外的一個補給站，只能躲在帳篷裡捱凍受餓，又苦苦熬了十多天。3月29日，斯科特在日記本上最後寫下："末日就在眼前，看在上帝份上，照顧好我們的家人。"三人就這樣慢慢地凍餓而死。八個多月後，人們找到了斯科特、威爾遜和鮑爾斯三人的遺體。他們還留下了日記、照片和16千克的岩石標本。

這場悲劇的發生與阿蒙森挑起的競爭有一定關係，使得斯科特不能從容地做好準備，但也與斯科特考慮不周有關，比如選擇馬而不是狗做動力就鑄成了大錯。不過，不管其中有什麼成敗得失，後人對他們兩人的探險成就並沒有忘記。今天在南極點有一個科學考察站，就取名為"阿蒙森—斯科特站"。

更快更高的航程

從 19 世紀末開始，交通進入了現代發展時期，向行得更快、飛得更高的方向努力。更快更高的大交通一則使遠在天涯海角的地球似乎近了許多，"天涯若比鄰"，故而有"地球村"的說法；二則交通的觸角已越出了地球的範圍，向着航天、航宇的新領域進軍。

在現代交通時代，鐵路運輸受到汽車和飛機的有力競爭而有所變化。首先，鐵路和火車自身在發展，相繼出現了電氣化鐵路和高速列車，且還在進行磁懸浮列車試驗。另外，為解決城市交通，鐵路在都市中隱身地下，出現了地下鐵道，繼續以其驚人的運輸量為人與物的流動服務。

與鐵路運輸相比，公路運輸發展更快。四通八達的公路遠非過去的車馬古道可比，鋪砌公路的材料早已是瀝青、混凝土。高速公路的修築更是實現了陸上交通的一場革命，為洶湧的車流提供了六車道以至八車道的坦途。現在的汽車花樣翻新，名人名車，人與機器融為一體，已近乎發展成為一種文化。有些國家因汽車進入千家萬戶甚至被稱為"輪子上的國家"。二戰中，有一種汽車給人留下了深刻的印象，這就是美國研製的吉普車。吉普車以其良好的越野性能，在戰場上左衝右突，對反法西斯戰爭的勝利多有貢獻。車輛給人的位移提供了極大的方便，但也有副作用：車流會造成堵塞，會引發車禍。人們制訂交通規則，增添交通設施，確定交通規劃，以保持

交通有序，將交通災禍降低到最低點。

　　自古以來海難事故就不斷發生，20 世紀初"泰坦尼克"號的沉沒更是舉世震驚。在現代交通時代，海上運輸的遠洋客輪已逐漸被飛機取代，海運轉而以貨運為主。即使如此，巨型油輪失事對環境的破壞後果仍十分嚴重。

　　20 世紀可以說是一個航空大發展的世紀。1903 年，萊特兄弟發明的飛機首次升空。自此以後，飛機飛越了重重險阻，其中以林白單人飛越大西洋影響最大。後來飛行技術的一大進步是惠特爾發明了噴氣發動機，性能遠比原先的活塞發動機優越。正是在噴氣式飛機問世後，民航客機航線才能跨越大洋，長途飛行。飛機的另一大發展是旋翼升空的直升機出現，不過它在軍事上的用途遠多於民用。由於飛機高速飛行的特點，一旦發生空難後果就極為嚴重。為減少空難事故，人們已採取了不少有效措施。

　　20世紀後期，發展出了既是交通也是探險的航天飛行。大功率的火箭把航天器送入太空。起先前蘇聯在航天領域領先，最早發射了人造衛星，實現了載人飛行。美國則後來居上，1969年派出宇航員乘飛船登上月球。美國還研製了能重複在太空使用的航天飛機，但在先後有兩架航天飛機機毀人亡後，暫時停止了航天飛機飛行。2003年中國的楊利偉乘坐飛船飛入太空，中國成為世界上第三個具有載人航天飛行能力的國家。

地下鐵道

倫敦的第一條地下鐵道。

地下鐵道是在大城市地下修建的鐵路公交系統，而在城市郊區，地鐵線路為降低造價，通常會延伸到地面或是高架橋上。地下鐵道具有運量大、不堵塞、噪音小、無污染、安全舒適、節約能源等許多優點，而且與地面交通互不干擾，因而在城市交通中佔有重要地位。一般認為，人口超過百萬的城市就可以考慮修建地下鐵道。

19世紀中葉，由於火車在城內穿行以及城市人口的迅速增加，在西方一些大城市交通堵塞已經非常嚴重。為了緩解地面交通，英國律師查爾斯·皮爾遜提出了自己的設想：在地下建造鐵道。1843年，他把這一建議提交給英國議會，但直到十年以後議會才批准在倫敦造一條地鐵。1863年，在倫敦建造的世界第一條地鐵完工。這條由工程師約翰·福勒設計的"大倫敦地下鐵道"全長6,500米，離地面不深，採用的是明挖法，在路面上向下挖一條深溝，然後在挖開的壕溝裡用磚頭砌成拱形，再加上頂蓋後恢復地面原貌。當時地鐵裡的蒸汽機車燒的是焦炭，吐出的煙霧硫磺味很重，地鐵通道裡污染嚴重。但就是這條簡陋的地鐵仍很受歡迎，一年就運送了950萬乘客。1906年，這條地鐵被改建成電氣化鐵路，解決了污染問題。1890年，倫敦又修建了新的地鐵線。這次採用了新的挖掘技術，用液壓衝頭推進鋼箍在地下挖掘，建成了真正的"管狀"鐵道。採用新挖掘法在地下深處施工，對地面現有的建築以及地下埋設的管線影響較小。

在第二次世界大戰中，倫敦的地下鐵道有

19世紀末紐約曼哈頓街道交通擁擠的狀況。

了新的用途。戰爭初期，納粹德國連續對倫敦發動大規模空襲。為了躲避空襲，倫敦市民自發地把地鐵當防空洞。每天晚上，只要一有空襲警報拉響，人們就帶着食品、毯子來到地鐵站台上過夜。官方先是反對，後來便允許市民在地鐵裡躲避空襲，還在地鐵裡增設了廁所、急救站和食品供應站。倫敦的一些著名藝術家常在晚上演出結束後，來地鐵裡為大家即興表演幾個節目。地鐵中也曾發生過災難，在一個車站裡有個婦女不小心被絆了一跤，摔倒在地鐵台階上，她身邊的人跟着接二連三摔倒，混亂中竟然有近200人被踩死，由此可見地鐵裡面已到了人滿為患的程度。在大規模空襲結束後還有人喜歡留在地鐵裡，繼續在站台過夜。有人就這樣生活，竟然一直延續

二戰初期，倫敦市民在地鐵裡躲避空襲。

到戰爭結束。

倫敦的第一條地鐵建成後，其他大城市紛紛仿效。匈牙利的布達佩斯地鐵1896年開通。1897年波士頓修建了美國的第一條地鐵。1892

在倫敦地鐵牆上有地鐵的紅色環形標誌。

1900年通車的巴黎地鐵。

倫敦地鐵的宣傳海報。

地下鐵道

年，芝加哥建的一條地鐵名不副實，修的多是高架線，直到 1943 年才將這些高架線轉入地下。1900 年建成的巴黎地鐵施工只用了三年時間，全長 14 千米，在當時的地鐵中算是長的。巴黎地鐵採用的也是明挖法，因為巴黎街道寬闊，施工相對比較方便。紐約地鐵在 1904 年開通。早在 1870 年紐約就造了一小段試驗性地鐵，但因遭到反對被拆除，以後紐約就以建高架鐵路來緩解交通擁擠，但效果並不好。經過幾十年的營建，現在紐約地下已修建了密集的地鐵網。不過在世界各國地鐵中，紐約地鐵的名聲不佳，一是那裡的治安狀況較差，在擁擠的人群中經常有人被偷、被搶；二是紐約地鐵比較髒亂，車站牆上經常可見亂寫亂畫的塗鴉之作。

莫斯科地鐵建造得比較晚，卻是世界上最乾淨、最漂亮的地鐵。現在莫斯科地鐵已擁有九條輻射線和一條環行線，長達 500 千米，有 158 個車站。莫斯科地鐵的客運量雄踞世界首位，每天平均開行 8,500 次列車，運送 900 萬旅客。它將市中心與郊區幾乎所有住宅區都連接了起來。

地下鐵道

美國波士頓地鐵站台上的壁畫，描繪早期的地鐵列車。

莫斯科地鐵基輔站。
（中圖）富麗堂皇的莫斯科地鐵車站。
（左圖）韓國漢城的地鐵站。

更快更高的航程

意大利 1990 年建的一個地鐵站。

莫斯科地鐵施工最初採用的是明挖淺埋法，後來改在地下深處用盾構機掘進。莫斯科市委書記卡崗諾維奇是工程實際負責人，林魯曉夫出任工程總指揮。當時有近 10 萬工人日夜不停地輪班幹活。1935 年 5 月 15 日，全長 11.6 千米的第一條地鐵線通車。卡崗諾維奇與妻女乘坐第一列地鐵，到市中心的革命廣場站參加慶祝儀式。斯大林在那裡等他們，向卡崗諾維奇授予了列寧勳章。從這時開始，莫斯科地鐵就一直沒有停工，即使在戰爭年代也沒有中斷。二戰期間，它也曾被當作防空洞，光是在地鐵裡出生的嬰兒就有幾百個，為此地鐵裡還專門設立了牛奶站。傳說在戰爭最激烈時，斯大林曾來到地鐵深處，在那裡思考關係到國家命運的重大決策。

莫斯科地鐵最吸引人的地方，是它的車站富麗堂皇，如同一座座宮殿。寬敞的車站都用磨光大理石和花崗岩建造，用彩色玻璃鑲嵌畫和雕像做裝飾，安裝了造型各異的頂燈和吊燈。當年斯大林曾指示卡崗諾維奇，要把地鐵站建成表現蘇聯各民族、各共和國文化特色的地方，因而各車站或是按照 15 個加盟共和國的民族特點設計，或是按照歷史名人、重大事件設計。比如馬

雅可夫斯基車站站台宏大，頭頂是圓形的巨大天穹，地面鋪砌白色大理石，用絳紫色大理石鑲邊，宛如一條長地毯，一直鋪到站台盡頭詩人的半身像前。街壘站以紀念 1905 年俄國革命為主題，反映工人起義者構築街壘的情景，所有裝飾都圍繞這一主題設計。因而在莫斯科地鐵中乘車，乘客既滿足了出行的需要，又獲得了藝術的享受。

中國北京在 1965 年 7 月開始修建地鐵，1969年9月第一期建成通車，現在已建成了四條線路。另外天津、上海也相繼修建了地鐵，其他城市如廣州、南京等城市地鐵也開始施工。

地下鐵道

與地鐵有關的售房宣傳廣告，這一住宅區建在地鐵站附近。

公路縱橫

19 世紀初倫敦城內在修整道路。

最原始的道路是泥土路，全靠人長年累月行走踩出來。但這種路崎嶇不平，一下雨就泥濘不堪，行走很困難。為了改變這種狀況，人們曾用石塊、石板鋪路，前後沿用了幾千年。在近代，築路技術有了重大突破。19 世紀前期，英國工程師約翰‧麥克亞當發現，在乾泥路基上鋪上碎石，修出的馬車路很不錯。1827 年，他開始採用這種新的築路技術修路，以壓實的泥土做路基，表面鋪上碎石。碎石被大鐵輪碾得更碎，填滿了路面的縫隙。一時間英國到處都是這種碎石路，主要用來行駛馬車。

但這種碎石路也有明顯的缺陷，車輪時常會把小石子帶出路面，使得道路凹凸不平。如果有一種築路材料能鋪出比較光滑的路面就可以克服這一不足，這種材料就是在不久後被用來鋪路的瀝青。1854 年，巴黎人最早嘗試用天然瀝青鋪路。瀝青俗稱柏油，屬於膠凝材料，是提煉石油的副產品。它最明顯的特點是有很強的黏性、抗水性和防腐性。把瀝青加熱後倒在路面，鋪成的路平坦、堅實，還有些彈性。1865 年，在英國又出現了水泥混凝土路面。後來人們在修路時把柏油和碎石用在一起鋪路面，他們把碎石與柏

（上圖）泛美公路。
20 世紀初塞爾維亞的山間公路。

韓國的高速公路。

油攪拌均勻，倒在路面上，再用壓土機壓實。這樣的路面很適宜後來出現的汽車行駛，經得起汽車充氣輪胎的碾壓。到 20 世紀初，道路上來往的主要是機動車輛而不是馬車，道路也就由舊式的馬路變為新式的公路。

20 世紀前期，世界各國修建了無數條公路。在多數公路中，總里程最長的要算美洲的泛美公路，實際上這是由許多條公路組成的一個龐大公路網。早在 19 世紀時就有人談論要建設泛美公路，以此溝通美洲各地區，但直到 1923 年美洲各國政府才認真加以考慮，並陸續施工，到 1950 年泛美公路網基本形成。整個泛美公路網全長4萬多千米，把整個美洲連成一體，從美國的阿拉斯加一直延伸到智利南端，連接了南美各

國的首都。但巴拿馬運河把泛美公路攔腰截斷，要靠汽車輪渡來貫通。

在中國，抗日戰爭時期在西南地區有兩條公路特別出名，這就是滇緬公路和中印公路，它們是戰時中國與國外交往的主要通道。滇緬公路由中國雲南昆明通往緬甸邊境城鎮八莫，再通過八莫與緬甸首都仰光相連。1938年，20萬中國民工在崇山峻嶺間築路，完全靠人力施工，只用了短短九個月就修通了這條公路。公路修通後，大量物資通過它源源不斷地運往抗日前線。1942年5月，日軍進犯滇西，切斷了滇緬公路。為了打通與盟國的陸上聯繫，中國與英美兩國又協力修築了中印公路。這條公路以印度東北的利多為起點，穿過緬甸北部，進入中國雲南。從1942年底開始動工，一直到1945年1月中印公路才全部貫通。這條公路在山嶺間穿行，有的路段曲折盤旋，道路十分艱險。新中國建立後，修建的著名公路有溝通內地與西藏的川藏公路和青藏公路，另外還有 1979 年通車的中巴公路。這條公路是世界聞名的高原公路，沿途跨越了幾十

（上圖）1949年2月人民解放軍乘卡車進入北京。

（左圖）滇緬公路上著名的二十四拐。

個冰川，修路時經常遇到泥石流、雪崩，施工難度很大。

在 20 世紀 30 年代公路家族中還出現了高等級的高速公路。高速公路是一種專供高速車輛行駛的公路，它對車輛行駛速度的限制與普通公路正好相反，不是限制最高時速，而是限制最低時速，要求車輛達到一定的行駛速度。為了保證車輛高速行駛，高速公路必須造得堅固、耐用，路面平坦。高速公路都是雙向行駛，道路寬闊，全封閉，中間設有隔離帶，種植灌木或是設置欄杆。

德國是世界上最早修建高速公路的國家。1932 年，德國設計建造了從科隆到波恩的一條雙向四車道公路，道路交匯處全部採用立體交叉，路上車流可以不間斷地高速行駛，可算是世界上的第一條高速公路。 1933 年，德國又建成柏林至漢堡的高速公路。希特勒上台後，為適應德軍機械化部隊作戰需要，鼓勵建造高速公路，徵召了大批失業工人組成築路大軍。到 1939 年二戰爆發時，德國已修建了 3,440 千米高速公

納粹德國的築路大軍。

二戰後西德海報以暢通的公路表現經濟復蘇的前景。

更快更高的航程

（左上圖）美國高速公路交匯處的立交橋。
（右上圖）意大利米蘭與那不勒斯間的高速公路。

（左圖）建造在荷蘭海堤上的高速公路。

公路縱橫

路，形成了以柏林為中心向四周輻射的道路網。具有諷刺意味的是，在後來德軍入侵前蘇聯的軍事行動中，前蘇聯境內質量較差的公路卻大大阻滯了德軍機械化部隊的行動。

　　二戰結束後，為了振興經濟，西德以境內存留的 2,000 多千米高速公路為基礎整修擴建，並且還制訂了高速公路的修建標準。比如規定車道路面的統一寬度以及上路的最小時速；車道兩邊要設緊急停車道，中間設置分隔帶；公路上全部採用統一醒目的路標線和標誌牌；公路沿線每隔一定距離要設服務區，服務區裡有加油站、停車場、餐館、旅館等設施。

　　繼德國之後，其他國家也興建了不少高速公路。1937 年，美國修建了加州高速公路。如今在美國，由高速公路組成的"州際和國防公路網"已經把國內各主要城市和工業中心全部連接起來，並通往加拿大和墨西哥。"公路網"平時作為客貨運輸幹線，戰時可以適應緊急疏散的需

（右圖）美國的長途汽車灰狗巴士。

要，一些重點路段還可作為飛機起降的跑道。

　　中國從 1984 年開始建設高速公路，最早開工建設的是遼寧的瀋大線（瀋陽至大連），全長 375 千米。進入 20 世紀 90 年代以後，以一些大城市為起始點的高速公路一段段修築起來。到 1998 年底，中國的高速公路已建成 8,733 千米，另外還有一萬多千米正在建設。等到這些高速公路全部建成後，中國的高速公路總里程將超過兩萬千米，僅次於美國，居世界第二位。

名人名車

汽車自問世以來就與名人尤其是政治名人結下了不解之緣，成為他們的代步工具。為了他們的安全，各種轎車又紛紛安裝上防彈裝置。另外有些汽車的生產還直接與他們有關。

英國王室從1910年開始就選定戴姆勒車作為專用轎車。戴姆勒汽車公司以生產精緻豪華的宮廷座車聞名。1919年在倫敦車展上，戴姆勒公司推出了新款的40型車。公司總裁向參觀車展的英王喬治五世推薦這種新車，誰知喬治五世看了後卻說："是不錯，但這種車更適於藝伎而不是王室成員乘坐。"為人古板的喬治五世這樣一說，戴姆勒車頓時就身價大跌。法國領導人通常選擇本國產的雪鐵龍車為座車。1962年8月，受法國極右翼勢力僱用的槍手在巴黎伏擊戴高樂，向他乘坐的雪鐵龍女神車狂射了140多發子彈，打死了兩名保鏢。司機憑藉高超的駕駛技術，控制住四個輪胎全部爆裂的汽車，迅速逃離險地，總統與夫人躲過了劫難。這場大難使雪鐵龍車名聲大振，以後歷任法國總統都選擇它為座車。

美國的總統座車是"林肯"轎車。第一個乘坐"林肯"車的總統是富蘭克林·羅斯福，他因為下肢癱瘓，在競選時就經常坐在車上與選民見面，為自己爭取選票。在各款"林肯"車中最有

（左上圖）戴姆勒車廣告。

（左圖）為人古板的英王喬治五世，他不喜歡戴姆勒車。

羅斯福總統坐在汽車裡與選民握手。

更快更高的航程

宣傳前蘇聯五年計劃的海報。海報上有斯大林的畫像，他曾親自過問吉斯車的生產。

（上圖）描繪前蘇聯國產汽車的畫作《新莫斯科》。
（上中圖）法國雪鐵龍車廣告。

名的是肯尼迪總統乘坐的敞篷車，1963 年他就是在汽車中被槍手擊中身亡的。此後，美國政府邀請汽車專家研製防彈車，造出了裝有鈦鋼裝甲的防彈轎車。這種車抵擋得住小型炸彈的攻擊。

中國現在的高級公務用車是本國生產的紅旗轎車。1958 年，第一輛紅旗車研製成功，60 年代後期又生產出了防彈轎車。1972 年，美國總統尼克松來中國訪問時乘坐的就是這種紅旗車。1993 年，德國總理科爾訪華時特意提出要坐紅旗轎車。身材高大的科爾在乘坐後對舒適、古樸的紅旗車非常讚賞。

前蘇聯領導人都喜歡乘坐他們本國產的吉斯車。這種車最早模仿意大利的菲亞特車設計。1925 年造出了第一輛吉斯車。30 年代，美國商人哈默向斯大林贈送了一輛美國別克公司產的高級小轎車。斯大林很喜歡這輛黑色別克，經常乘坐，甚至坐專列外出時也把它帶上。為此，吉斯汽車廠仿製這輛轎車，1937年生產出了八缸的高級小轎車，命名為"吉斯101"型。這種車有着時髦的流線型車身，馬力強勁，乘坐舒適，外表豪華氣派。按照斯大林的命令，首批"吉斯101"配備給人民委員和元帥使用。

1939年，前蘇聯向德國奔馳公司定購了一輛防彈轎車。這輛車的擋風玻璃厚達5厘米，底盤也經過加強處理，能夠抵擋地雷爆炸造成的損害。德國技術人員還當面向斯大林演示了防彈車抵禦衝鋒槍射擊的效果。斯大林很快就召集吉斯廠的負責人，向他們下達了研製蘇聯防彈轎車的

坐在奔馳車中的德國皇帝威廉二世。

任務，要求防彈效果要超過德國汽車。1941年，"吉斯101E"型防彈車研製成功，被斯大林用作座車。1945年，斯大林去雅爾塔與羅斯福、丘吉爾會談時用的就是這種車。戰後，吉斯廠又研製出性能更好的"吉斯115"型防彈車，車身寬大，外觀莊重。斯大林親自去汽車廠觀看防彈效果檢驗。在經過槍擊、手榴彈爆炸後，輪胎被打穿的"吉斯115"樣車仍能開動，坐在車內的人毫無損傷。後來，"吉斯115"除了作為前蘇聯領導人的公務用車外，還作為禮品送給一些友好國家。

説到防彈轎車，世界上最早的防彈轎車是德國奔馳公司在1928年生產的。當時日本天皇一人就訂購了兩輛。現在奔馳防彈車的防護設備已很完善，車上裝有鋼板，底盤上的裝甲能夠吸收爆炸產生的衝擊波。汽車輪胎完全密封，即使被槍彈射穿，也能以較高速度繼續行駛。車內還配有滅火裝置，一旦出現火情就可以自動滅火。1998年奔馳防彈車經歷了一場真槍實彈的考驗。這年2月9日，格魯吉亞總統謝瓦爾德納澤乘奔馳車回家，途中遭到襲擊，20名殺手向他的座車投手榴彈，車身還中了三枚火箭彈，他竟安然無恙。這起謀殺事件讓奔馳車出盡了風頭。

納粹德國的領導人希特勒也喜歡乘坐奔馳

LE PETIT POUCET MONTAIT UNE PEUGEOT

AUTOMOBILES PEUGEOT

法國標誌汽車廣告。

更快更高的航程

希特勒在觀看"大眾汽車"模型。

1974年英國女王伊麗莎白二世訪問巴布亞新幾內亞。

防彈轎車。說到希特勒,在歷史上還有一個他借汽車為誘餌騙取百姓錢財的故事。1936年,希特勒提出一個設想,要生產一種廉價的"大眾汽車"。他說,每個德國人,至少是每個德國職工,都應該有一輛自己的汽車,就像美國一樣。當時美國每五人有一輛汽車,而德國每50人才有一輛汽車,職工上下班都騎自行車或乘公共汽車。希特勒下令要為普通人生產一種只賣990馬克的經濟型汽車。他親自過問由奧地利工程師波爾徹主持的設計工作。私營企業生產不出這麼便宜的車,就由納粹組織的"勞工陣線"來負責,並於1938年建造了當時世界上最大的汽車廠,計劃年產150萬輛,產量超過美國福特汽車公司。

"勞工陣線"撥款5,000萬馬克作為啟動資金,其他錢則要通過買主預付來籌集。德國推銷這種汽車採用先付款後交貨的分期付款辦法,讓購車者每星期付5馬克,多付不限。在付到750馬克時,買主會收到一個訂單號碼,他可以在這輛汽車生產出來後得到它。到1939年第二次世界大戰爆發,這家汽車廠轉產軍用汽車和飛機部件。在納粹統治時期,廉價汽車沒生產出幾輛。17萬個德國用戶預付了1億多馬克的汽車款,連一個子兒也沒有還。

(左圖)德國1936年為推銷"大眾汽車"印製的海報,上面寫着"每星期省下5馬克,你就能開自己的車"。

(下圖)1929年經濟大蕭條時美國的破產商人在叫賣自己的高檔轎車。

越野吉普

乘坐吉普車的美國兵進入意大利西西里島。

　　吉普車是美國在第二次世界大戰期間生產的一種越野車。越野車是指由四輪驅動、具有高通過性的汽車。它的特點是底盤高、車身堅固、發動機功率大，主要適用於在交通條件較差的道路或沒有道路的沙漠、丘陵間行駛。許多軍用車本身就是越野車。

　　早在20世紀30年代初，一批有遠見的美國陸軍軍官就開始尋找能夠越野的輕型軍車，用作偵察，少量載貨。在這期間他們也組織試製了幾種樣車，但試車效果不理想。1939年二戰爆發後，美國陸軍急於裝備越野汽車，提高部隊的機動性。軍方向各汽車廠家表示，要用一種輕型偵察軍用車來代替傳統的三輪摩托車。消息傳出後，國內各汽車廠紛紛提出自己的設計方案。到1940年7月，70家汽車廠寄給美國陸軍部的設計方案有135種。為避免混亂，陸軍部提出明確的招標條件，要求在49天內造出樣車，還要對樣車進行全面測試。49天的期限太短，大部分汽車廠家都望而卻步。這年9月，一家叫威利斯—奧弗蘭德的中等規模的汽車公司把樣車送到陸軍部測試場。同時推出樣車的還有班塔姆公司和福特公司。威利斯公司給樣車起名為"快德"（Quad）。

　　"快德"是一種精心設計的越野車，四輪驅

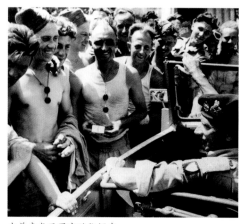

吉普車成了軍官的指揮車。

更快更高的航程

動，裝有分動器，可使車輛在雙輪驅動和四輪驅動之間自由轉換。為使測試結果更科學，美國陸軍向三家公司各訂購1,500輛樣車，交給不同的部隊在實際運用中檢驗。1941年，4,500輛輕型越野車同時交貨。美國兵對它們進行了一個月的超負荷使用，性能最好的"快德"被確定為軍用輕型越野車的基本車型。第一批16,000輛訂單緊急下達給威利斯公司，但這家公司生產能力有

在朝鮮被打敗的美國海軍陸戰隊士兵露宿在吉普車中。

投放第一顆原子彈的機組成員回到美國受到盛大歡迎，他們乘坐的是吉普車。

英軍元帥蒙哥馬利站在吉普車上向士兵行禮。

越野吉普

1967年第三次中東戰爭中以色列士兵乘越野車作戰。

限，很多生產任務就被分配給了福特公司和班塔姆公司。

　　"快德"的原意是"四"，指的是"四輪驅動"，但士兵們卻喜歡叫這種車為"吉普"（Jeep）。吉普一詞的來歷眾說紛紜，比較可信

的說法是這種車的正式名稱是"通用功能汽車"（General Purpose），簡稱就是"G・P"，但到了士兵嘴裡就變音成了"吉普"。還有一種傳說，"吉普"是暢銷連環畫《大力水手》中的人物，他無所不能，很受人喜愛。很快"吉普"的名稱叫響，沒有人再叫它"快德"了。

　　吉普車簡單可靠，易於維修保養；外形低矮，能減少遭到敵人火力打擊的面積；底盤離地間隙較大，便於超越障礙。因為裝有分動器，可以驅動四輪越野行駛，爬60度斜坡，跨越小河。車輪採用耐磨抗扎的低壓輪胎。吉普車除運送人

員和武器彈藥外，放倒前面的擋風玻璃，裝上重
機槍或無後坐力炮就成了戰車；裝上電台又成了
前線指揮車；稍做改裝可以作偵察車；安裝上擔
架就是救護車；裝上裝甲可當輕型裝甲車，伴隨
坦克部隊作戰。二戰時的戰地記者親眼目睹了吉
普車的功用，把它說得幾乎是無所不能："它像
狗一樣忠誠，像騾子一樣強壯，像羚羊一樣機
敏。"美軍五星上將馬歇爾說："吉普車是美國
對第二次世界大戰最大的貢獻。"盟軍總司令艾
森豪威爾則稱："吉普車、飛機和登陸艦是我們
贏得戰爭勝利的三大武器。"

　　吉普車在戰場上顯示出優越的越野性能。
它的身影無處不在，出現在非洲沙漠、歐洲城
鎮、亞洲叢林和太平洋島礁各地。無論是沙漠、
沼澤，還是壕溝、廢墟，任何險阻都阻擋不了吉
普車的前進。它最終載着盟軍戰士開進了巴黎，
開進了東京，迎來了反法西斯戰爭的勝利。到二
戰結束時，美國已經把 60 多萬輛吉普車運往世
界各地。在美軍佔領東京時，日本人印象最深的
就是美軍乘坐的吉普車，性能優越，數量驚人。

1943 年美軍將各種軍用車輛運往意大利前線。

（左下圖）美軍士兵在用吉普車試車。

（下中圖）在前蘇聯泥濘道路上行駛的德國越野車。

越野吉普

在二戰中還流傳着不少有關吉普車的傳奇故事。1943年，美軍名將巴頓率第七軍攻入西西里島。在當地一個貧困的小山村，美國兵發現村裡惟一的一台榨油機壞了，村民們一籌莫展。有個美國兵把吉普上的發動機連到榨油機上，在五天時間裡榨出了400多千克橄欖油，解了村民的燃眉之急。這個美國兵還將吉普的前輪抬起，用帆布帶連接一台電鋸，用來鋸木頭。當地的山民簡直就把美國兵看成是一幫用吉普車變戲法的流浪漢。在北非，吉普車成了美國兵的身份標誌。有一天深夜，在前線值勤的法國兵向一群美國兵開槍，美國兵一再聲稱自己是美國人，法國兵就是不信，理由是"如果是美國兵，為什麼不

（上圖）德軍元帥隆美爾，他經常乘越野車在沙漠上指揮作戰。
（上左圖）乘坐桶形越野車的德國兵。

坐吉普？"巴頓將軍也是個吉普愛好者，他把自己的紅皮座椅安在吉普車上，自己的肩章上每增加一顆星，他的吉普上也增加一顆星。他還在吉普上裝上高音喇叭和警報器，從北非一路呼嘯開到歐洲。戰爭結束後不久，他又因車禍在吉普車上被撞成重傷，很快去世。

二戰中還有一種有名的軍用越野車是德國的桶形車。車上有它獨有的方向盤減震器，便於在沙漠和沼澤中行駛。桶形車用的是輕質超強鋼板，重量較輕，遇到過不去的障礙，幾個士兵一抬就過去了。在北非，德軍元帥隆美爾對桶形車讚不絕口，稱讚道："凡是駱駝能去的地方，桶形車就能過。"隆美爾將這種車當作指揮車，他在前線留下的不少照片上都能見到這種桶形車的模樣。

戰後，有着優良越野性能的吉普車仍在繼續使用，原先外形比較粗糙的吉普車也有了不少改進。除作軍用車輛外，吉普車還有眾多的發燒友。在他們眼裡，吉普車結構簡單、功率強大，不像轎車那樣嬌貴，可以隨心所欲地用他們心愛的吉普去度假、休閒、探險。

巴頓將軍是吉普車的愛好者。

越野吉普

交通有序

羅馬龐貝古城廢墟，街道上有供行人過街的石頭人行橫道。

自從有了交通，尤其是城市交通，隨之就會出現交通擁擠的現象，進而引發交通事故。為了解決這些問題就要實行交通管理，制訂交通規則。

世界上最早實行交通管理的國家是中國，中國西周時就規定道路兩邊行人，中間行車。後來古羅馬大將愷撒也曾着手制訂交通規則，他規定馬車白天不許進入羅馬城中心。另外據史料記載，古羅馬時的道路，人、馬、車曾一度混行，以至經常發生碰撞。於是羅馬官員想出個辦法，把人行道加高，使人與馬、車分離，然後再在接近路口的地方，橫砌起幾塊凸出路面的石頭，作為指示行人過街的標誌，行人就踩在石頭上過馬路。這可能是世界上最早的人行橫道。到 20 世紀 50 年代，倫敦交通部門依照羅馬古法，畫出人行橫道線，形似斑馬的條紋，故而有"斑馬線"之稱。後來這種方法被世界各國採用。新中國建立後，周恩來總理曾提出在寬闊的道路上設立安全島，讓行人在過馬路時有個歇腳的地方，更加方便了行人。

1903 年倫敦街頭有警察在管理交通。

在交通管理方面，美國曾創造出不少效果不錯的做法。1867年，美國人威廉·諾伊看到紐約的一個交通路口堵塞了30分鐘，這時他九歲。以後他就留心觀察，考慮解決交通堵塞的對策。1880年他發表了一篇有關交通管理的論文，紐約

豎立在街頭的停車收費計。

更快更高的航程

19世紀前期紐約的城市交通擁擠不堪。

警察局就請他為紐約市制訂交通法規。1903年，諾伊起草了世界上第一部交通法規——《駕車規則》，由他在這一法規中規定的交通標誌和規則有些一直沿用至今。由於相反方向的汽車時常發生對撞，美國人卡羅爾1924年提出在公路中央畫一條白線以區分不同方向的車。有了馬路中線後，兩邊的車各行其道，車禍果然就大為減少。20世紀30年代，美國紐約曼哈頓地區規定部分道路實行單向通行，以改善交通狀況。這些做法後來都成為交通管理通行的舉措。

現在在路口指示行車的信號燈最早出現在英國，是鐵路信號工程師奈特發明的，1868年安裝在英國議會大廈外面。最初是有信號杆和紅、綠兩色的煤氣燈，但用了沒多長時間，煤氣

交通有序

信號燈發生爆炸，炸死了一個在燈下指揮交通的警察，英國人不敢再用這種燈。1914年，紅綠交通燈出現在美國的克利夫蘭。1918年在紐約出現了三色燈，由人工控制，安裝在街心指揮交通的崗亭上。1925年倫敦又重新出現了交通信號燈。第二年，在倫敦安裝了按一定時間自動控制的交通信號燈。目前全世界的交通信號燈都採用紅、黃、綠三種顏色，紅停綠行，許多還用電腦自動控制。

在交通管理方面還有一項發明是停車收費計。到20世紀20年代末，汽車已成為美國人日常生活的工具，停放汽車就成了大問題。如果不對停車進行有效管理，亂停亂放汽車，城市交通將處於無序狀態。為此，大多數城市都制訂了停車條例，但派人向停車人一一收費太浪費人力。1932年美國人馬吉發明了汽車停車收費計。收費計的錶盤上顯示數字，按照停放時間長短收費，只要投入硬幣就自行轉動計費。

世界各國的交通規則基本相同，但差異最大的恐怕要算靠左行還是靠右行的不同。除了英國、日本和一些英聯邦國家靠左行外，其他國家

成批的停車收費計即將出廠。

交通有序

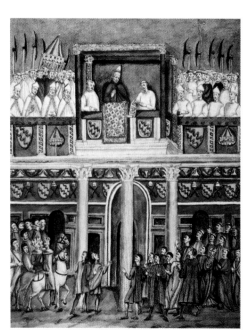

羅馬教皇卜尼法斯八世在1300年的基督教慶典上講話，就是在這次講話中他提出在朝聖路上要靠左走。

都是靠右行。英國是最早靠左行的國家，印度、澳大利亞等英聯邦國家受英國影響也靠左行，日本則是在明治維新以後仰慕大不列顛文明，連帶接受了靠左行的交通規則。說起來，英國的"靠左行"還是一種古制。1300年，羅馬教皇卜尼法斯八世在舉行基督教慶典時宣佈，以後來羅馬的所有朝聖者都必須靠左邊行走。靠左行有一定的道理，因為靠左走時右手方便些，便於拔劍自衛。另外，當時人們外出主要是騎馬，在左邊上下馬比較順當。1756年，英國議會通過了"倫敦交通法"，要求所有車輛靠左行。但歐洲大陸國家卻不贊成行路靠左，因為在兩隊手持刀劍的軍人迎面走來時，靠左走刀劍容易傷人。法國大革命時政府發佈命令，所有巴黎的馬車和行人一律靠右行。後來拿破崙又一再重申所有人、車都要靠右行。美國採用法國的做法也規定右行制。

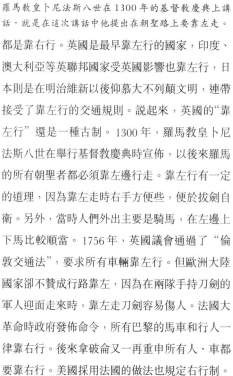

（上圖）1842年維也納的交通狀況堪憂。

（右上圖）藝術家筆下柏林的城市電車。

（右圖）瑞典的立交橋，有助於緩解城市的交通堵塞。

（上圖）19世紀末倫敦市中心已車滿為患。

（右圖）東京銀座街頭車流洶湧。

中國自古就有自己的出行規則，如秦朝規定行路時男子由右，婦女由左，車從中央。鴉片戰爭以後，在沿海一些通商口岸先是按英國制度靠左行，但總有些不習慣。抗日戰爭中中國從美國進口了不少汽車，這些車都按右行制設計，靠左行就很不方便。故而從1946年1月1日起，中國改為右行制，一直沿用到今天。

進入20世紀後期，世界各國隨着汽車數量的增加，城市裡車流滾滾，交通堵塞日益嚴重，開車人都有行路難的感覺。比如泰國首都曼谷就以交通擁擠聞名。解決城市交通堵塞一般都是採用擴展道路、修建立交橋的辦法，尤其是後者效果更為明顯。在交叉路口建造立交橋，使得不同方向的車流可以在不同高度的道路上互相穿插，互不干擾，更不會發生迎面相撞的事故。如果用紅綠燈管理交叉路口，則要等一個方向的車輛通過後，另一方向再通行，這樣車流量不大，不容易堵車。

因為車輛增加的速度太快，道路的改善往往跟不上車輛增加的速度，儘管採取措施，交通堵塞依然成為城市的痼疾，所以要另闢蹊徑考慮改善交通的方式。出路在於大力發展公共交通。城市公共交通最主要的形式有地下鐵道和公交車。比如中國香港特區城市地域狹小，而人口密集，流動性大，如果不注意發展公共交通，放任私人轎車增加，城市交通將陷於癱瘓。香港解決交通問題的辦法就是注重發展公共交通，實行以來，取得了良好的效果。

交通有序

（右圖）20世紀初倫敦的公共汽車。

海難悲歌

波斯國王大流士一世聽政，他派出攻打希臘的海軍艦隊遇風暴全軍覆沒。

西班牙的無敵艦隊。

海難是指船舶在海上遭遇自然災害或其他意外事故所造成的危害。海難會造成巨大的生命、財產損失。海難的原因很多，大致有淺灘擱淺、觸及礁石、撞上冰山、遭遇狂風、發生火災、引發爆炸等等。

自從海上航行出現後，海難就隨之而來，人們也採取相應的措施，以盡可能保證航行安全，比如為了防止船隻擱淺、觸礁，在險要之地建造燈塔。但海難事故仍不斷發生，有的海難還產生了重大的影響。

公元前 492 年，波斯國王大流士一世派遣陸海軍入侵希臘，波斯海軍艦隊在航行到希臘的阿陀斯海角時遇到大風暴，兩萬海軍隨船葬身海底。大流士的這次軍事行動也被迫中止。 1588 年，西班牙龐大的無敵艦隊出征英國，作戰失利，但所受打擊更大的是它在返航時遇到了狂風暴雨，造成17艘艦船沉沒，一萬多人葬身大海。西班牙從此喪失了與英國在海上爭雄的實力。

這些海難都是因自然災害引起的，在英國海軍史上有一次海難簡直讓人感到不可思議。 1782 年5月29日，英國海軍的"皇家喬治"號戰船在樸茨茅斯軍港附近沉沒，而且是在其他眾多戰船面前翻船入海的，船上有900人喪生。當時海面風平浪靜，一時竟找不到海難的原因。有個生還的水兵

更快更高的航程

憶，他聽見甲板上有木頭斷裂的清脆響聲。後來皇
家海軍得出結論，該船是因木頭朽爛而沉沒的。

　　法國畫家席里柯畫過一幅叫《美杜莎之筏》
的名畫，這幅畫就取材於當時法國的一場著名海
難。1816年，法國戰船"美杜莎"號開往西非的
塞內加爾，船上有400多人。貴族出身的船長蕭
馬雷對航海技術不熟悉，他決定讓船走一條最近
但卻很危險的航線。7月2日，"美杜莎"號在沙
灘上擱淺，經過兩天無效的努力後只好棄船。船
長和一群高級官員乘救生艇逃命，剩下150多人
被迫登上一個臨時搭成的大木筏，聽天由命。他
們在海上漂了十多天後，木筏上的情況惡化，逃
難的人相互打鬥，為飢餓所迫竟發生了同類相食
的慘劇。在海上漂流52天後這個木筏才被人發
現，這時只有15人還活着，上岸後又有5人死
去。海難的消息傳出後，席里柯根據這一事件作
畫，描繪了木筏上最後的倖存者呼救求援的情景。

　　在歷史上影響最大的海難是英國客船"泰
坦尼克"號沉沒，死了1,490人。"泰坦尼克"號
是英國剛建成的一艘大型豪華客輪，總噸位近5
萬噸。1912年4月10日，它載着旅客1,316人、

席里柯的畫作《美杜莎之筏》。

船員885人，從南安普頓港啟程，駛往大西洋對
岸的紐約。這是"泰坦尼克"號的首次航行，船
上旅客中許多人是百萬富翁和精英人物。14日
船在北大西洋與冰山相撞，第二天凌晨沉沒。在
14日這天船上曾收到其他船發出的有關冰山情
況的電報，但由於報務員忙於收發旅客的來往電
文，忽略了有關冰情的警告。14日晚上10點大
副報告船已駛入冰區，船長史密斯命令繼續按原
航向航行。11點40分，瞭望員報告駕駛台，船
首已接近一座冰山。大副立即下令轉舵後退，雖
然避免了船頭與冰山直接相撞，但冰山的水下部
分還是劃穿了右舷的六個水密艙，船艙大量進

（上圖）"泰坦尼克"號沉入海中。
（中圖）"泰坦尼克"號撞上冰山。
（左下圖）"泰坦尼克"號客輪離開港口。

水。這艘船共建有16個水密艙，在當時被認為是不可能沉沒的，但6個水密艙同時進水，嚴重地破壞了它的抗沉性，船開始下沉。船長下令讓婦女、兒童上救生艇逃生。為鎮定人心，船上的管弦樂隊一直演奏到最後。船長按照古老的慣例隨船一起沉沒。在船沉沒一個多小時後，"卡帕西亞"號到達海難現場，從救生艇上救起旅客700多人。

當時還沒有規定救生艇的容量應該與船上人數相當，"泰坦尼克"號載有2,201人，卻只有1,178個救生艇位。消息傳出後舉世震驚。第二年，英國政府在倫敦召集了一次關於海難救助的國際會議，討論救生設備、無線電通信、冰區航行等問題，還規定在發生海難時每個船長都要對遭遇危險的人提供救援，包括放下武器的敵人。

海難悲歌

（右圖）德國海軍招收潛艇艇員的海報。兩次世界大戰期間德國潛艇擊沉了許多民用船隻。

英國客輪"盧西塔尼亞"號。1915年被德國潛艇擊沉。

英國藝術家透納的畫作，描繪船隻遭遇風暴。

英國藝術家透納描繪海難的作品。

二戰期間在海戰中落水的德國水兵。按照國際慣例勝利者應該援救他們。

19 世紀後期打撈沉船。

在第一次世界大戰中影響最大的海難是英國客輪"盧西塔尼亞"號的沉沒。1915 年 5 月 7 日，在愛爾蘭附近海域，英國客輪"盧西塔尼亞"號遭到德國潛艇攻擊，右舷被一枚魚雷擊中，巨大的爆炸應聲而起。僅僅 18 秒鐘後船就沉沒了，1,195 名乘客和船員葬身海底，死者中有 123 人是美國人，僅有 764 人活了下來。這次船沉得這麼快，讓人感到蹊蹺。多年以後，根據史料披露，英國在這艘客輪的貨艙裡竟裝運了大量在美國購買的烈性炸藥。

歷史上還有一次海難事故的死亡人數遠遠超過"盧西塔尼亞"號，但因發生在二戰末期而不為人注意。1945 年 1 月，納粹德國在軍事上已處於絕境，這時有大量德國難民想從東面的但澤港（今波蘭的格但斯克）逃回德國本土。3 萬多人上了四艘船，其中兩萬噸的"威廉‧古斯塔夫"號上竟擠了近 1 萬人。在航行途中，這艘船遭到一艘潛艇發射的三枚魚雷攻擊而沉沒。很快有三艘船趕來救援，救起了 950 人，其餘近 9,000 人都死於這次世界上最大的海難。

現在由於航空事業的發展，遠洋船已不再用於運客，但貨輪尤其是油輪發生的海難事故仍會造成嚴重的後果。1978年，美國油船"阿馬柯‧卡迪茲"號在法國西北沿海擱淺遇難，船上運載的22萬噸原油流散，造成大面積海洋污染，無數海洋生物死亡。事後雖然船運公司付出了幾億美元的鉅額賠款，但對環境的破壞卻永遠也無法挽回。

郵船巨輪

旅客在橫越印度洋的郵船上。

郵船指的是遠洋客輪，因為這種船在航行時也可兼運郵件，故而得名。郵船的特點是建有高高的船艙，層層疊疊，供旅客使用；因為人命關天，郵船的抗沉、防火、救生等方面的要求較高；另外船上減搖、避震、隔音等舒適性的要求也較高；為了旅客生活的方便，船上有相當多的空間是公共使用的。遠洋客輪實際上是從19世紀40年代才開始發展起來的，先是客貨混裝，後來因客流量增加，旅客運輸和貨物運輸逐漸分離，分化出了純粹運客的郵船。

19世紀後期，歐洲和美國之間的大西洋航

法國郵船"諾曼底"號。

行變得繁忙起來，大批歐洲移民乘船去美國。第一次世界大戰前，每年去美國的移民就有100萬人之多。在噴氣式客機出現前的上百年中，旅行者要想遠渡重洋，惟一可以選擇的交通工具只有郵船。在中國，清末朝廷大臣出洋考察，民國期間留學生求學歐美，都是乘郵船班輪遠行的。直到20世紀50年代，著名科學家錢學森也是乘郵船從美國回國的。

在19世紀後期的50年內，英國1858年造的"大東"號客輪一直是世界上最大的，噸位1.8萬噸。"大東"號除載人外還運貨，主要用來運煤。到20世紀初，郵船越造越大。1911年

乘船去美國的歐洲移民。

下水的"泰坦尼克"號噸位已超過4萬噸。在二戰前，法國造出了"諾曼底"號，英國造出了"瑪麗女王"號和"伊麗莎白女王"號。這三艘豪華郵船的噸位都超過了8萬噸。以前帆船上有高高豎立的桅杆，而在郵船上高高豎立的則是冒煙的煙囪。

遠洋郵船一般都裝飾豪華，船上生活設施一應俱全。就以大名鼎鼎的"泰坦尼克"號為例，"泰坦尼克"號是當時世界上最大的郵船，船上共有11層甲板，各層之間用電梯連接。船上供頭等艙乘客用的餐廳就有三層高，寬闊的樓梯用橡木和核桃木做成，富麗堂皇的欄杆上裝飾着新奇別致的鑄鐵花紋。美國拍攝的電影《"泰坦尼克"號》中就再現了這個像宮殿一樣的餐廳。"泰坦尼克"號上除了頭等艙外，還有兩個

郵船巨輪

（右上圖）19世紀後期的造船廠。
（右下圖）1922年建造完工的豪華郵船"利維坦"號。

新船下水。

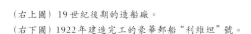

耗費鉅資裝飾的特等艙，裡面有客廳、臥室、浴室和帶花園的獨立散步甲板。與其他豪華郵船一樣，船上也設有配備手術室的醫院以及為存放乘客汽車準備的車庫。當然這是特等和頭等艙，三等艙條件就要差得多。三等艙在船的底層，乘客的活動空間也小得多。

到20世紀50年代末，噴氣式客機出現後逐漸奪走了遠洋郵船的客源。大型郵船的建造和維護費用都很大，航速又遠不能與飛機相比，因而在以後的十多年間數量就逐漸減少，到1977年，最後一條郵船的定期航線也被取消。

隨着郵船退出遠洋交通，取而代之的是豪華遊輪。遊輪與郵船相近，但更注重遊客生活的舒適。遊輪主要用於旅遊，在風景秀麗的海域周遊巡航，甚至也有作環球航行的。遊輪既要滿足遊客的觀光需要，又要讓他們能夠達到療養、度假、娛樂和社會交往的目的。乘遊輪外出可以在不同的地點上岸旅遊，又可以隨時回船休息，免除了旅遊者每到一地搬運行李、尋找住處的麻煩。英國1969年造的"伊麗莎白女王二號"就是一條有名的遊輪，曾來中國的旅遊港口巡遊。目前世界上遊輪常去巡遊的地方有美洲的加勒比海域和歐洲的希臘群島海域。

現在仍在使用的遠洋遊輪造得越來越大，船上各種設施應有盡有，所以有"海上城市"之稱。就以遊輪"卡納佛爾‧命運"號為例，這艘船長270米，排水量超過10萬噸，1996年11月交付卡納佛爾公司使用。在設計這艘遊輪時，卡納佛爾公司的指導思想就是把它建成一個"浮動勝地"，以豪華舒適、環境優美招攬客人。"卡納佛爾‧命運"號上有1,321套不同標準的雙人客房，都採用五星級賓館的標準裝修。全船有15層

郵船巨輪

20世紀初奧地利的輪船公司廣告。

"伊麗莎白女王二號"遊輪。

甲板，客艙佈置在船舷兩側，以便每個客艙都能得到充足的陽光，又便於遊客觀看海上風景，觀賞沿途風光。船首有一座三層高的劇院和兩座兩層的餐廳，甲板上的露天游泳池有階梯座位和水上滑梯。上下貫穿九層甲板的中央大廳在豪華遊輪中是首創，廳內安裝了觀光電梯，還有大型噴泉。房頂則裝上階梯式鏡面燈，能反射出廳內的各種活動。

2003年12月，法國建造的遊船「瑪麗女王二世」號下水首航。這艘船是至今為止世界上最大的遊船，船長345米，比三個足球場加在一起還長，噸位15萬噸。這艘船同時也是世界上最豪華的遊輪，船上有14個風格各異的酒吧和俱樂部、6個裝飾精美的餐廳、5個寬敞的游泳池。船上還有一個藏書豐富的圖書館，甚至還備有一個天文館，供天文愛好者在船上觀星看月。這樣豪華的遊船，船票價格高得驚人，最貴的頭等艙票竟高達6萬美元。

現在除了豪華遊輪有超大型化的趨勢外，遠洋貨船也是越造越大，而在貨船中造得最大的是運輸石油的油輪。最初的油輪都是貨輪改裝的，而且只能以桶裝的形式運輸。油船起初造得不大，直到二戰結束時油輪的載運量還不超過1—5萬噸。1967年第三次中東戰爭結束後，埃及關閉了蘇伊士運河，從中東運石油的船必須繞過非洲南端的好望角，運輸路程大大增加。如果仍用萬噸級的油船運石油，就不能滿足西方國家工業發展的需要。因此，日本、美國兩大石油進口國開始建造巨大而裝備優良的超級油輪。所謂超級油輪是指載油噸位在20萬噸以上的油船。目前，由日本造的世界最大油輪的載運量已超過59萬噸。日本甚至計劃建造更大的百萬噸級的超級油輪。

郵船巨輪

炎熱的夏天旅客在甲板上乘涼。

（下圖）二戰中被徵調運兵的英國郵船。
（上圖）正在建造的日本郵船。

遠洋郵船。

飛機問世

人類早就萌發了上天飛行的強烈願望。在中國有嫦娥奔月的傳說，而在古希臘也有類似的故事，代達羅斯和伊卡洛斯父子二人用蠟做翅膀向太陽飛去，後因蠟被太陽的熱度融化，兩人落海而亡。15 世紀，意大利文藝復興時期的藝術巨匠達‧芬奇還設計過展翼飛翔的飛行器。達‧芬奇的僕人曾用模仿鳥的翅膀製成的撲翼機做飛行試驗，結果飛不起來，還摔斷了一條腿。1678 年，有個叫貝斯尼爾的法國鐵匠用翅膀嘗試飛行。這個鐵匠用綢布做了兩對翅膀，一對綁在臂膀上，另一對綁在腿上，飛行時同時用雙臂和雙腿扇動。據說他先從櫈子上往下跳，然後一步步升高，從桌子、窗口往下跳，最後從樓頂往

蒸汽機發明後人們想像未來各種用蒸汽機驅動的飛行器。

下跳，落在了房頂上。這個鐵匠沒有摔死是幸運的，有許多人在做這類飛行試驗時就送了命。實踐證明，靠人力做動力是不可能飛行的。

19 世紀，熱衷飛行的發明家研製出一些不用發動機的滑翔機。最早取得成功的是英國的凱利爵士，他在1852—1853 年間製成了一架大型滑翔機，曾成功地進行了兩次載人飛行。德國人利連塔爾在 30 年後製造出多種懸掛式滑翔機，

德國人利連塔爾的滑翔機模型。

更快更高的航程

一家法國雜誌將飛機問世作為封面內容。

（左上圖）19 世紀 40 年代一位德國發明家設想他設計的
飛機飛行的情況。實際上他的飛機根本就無法升空。

並親自進行了上千次滑翔飛行。他逐步加大滑翔
機的尺寸，利用山坡向下滑行，最遠時能飛行
350 米。1896 年 8 月 9 日，利連塔爾正在空中滑
翔時，一陣狂風吹來，使他失去平衡，重重地摔
在地上，第二天就去世了。據說他臨死時留下的
話是"犧牲是必須的"。

除了嘗試無動力的滑翔外，還有人試圖用帶
有發動機的飛行器升空。在19、20世紀之交，進
行這方面研究呼聲最高的是美國人塞繆爾·蘭
利。蘭利是美國史密斯遜研究院院長，對空氣動
力學做過大量試驗，從1890年開始他就帶着一批
人在試製動力飛機，用汽油發動機做動力。他得
到了美國國防部的巨額資助。到1903年蘭利終於
將飛機造了出來。這架飛機長17米，寬14米，裝
一台汽油發動機。這年10月7日，蘭利的飛機從
停在河裡的一艘船的前甲板上彈射起飛，由他的

助手曼利駕駛。由於飛機前部被卡住，連飛行員
帶飛機都栽到河裡。經過整修後，這架飛機在12
月8日再次試飛，不料飛機剛離開甲板就又掉到
河裡。多年以後，人們發現蘭利的飛機只要稍加
改造就能飛起來。試飛失敗對蘭利的自尊心打擊
很大，兩年後這位航空專家就悄然離世。

就在蘭利第二次失敗後的第九天，美國的
萊特兄弟製造的載人動力飛機首次試飛成功。韋
伯·萊特和奧維爾·萊特兄弟出身於俄亥俄州的
一個工人家庭，只受過中學教育。幼年時父親曾
送給他們一個竹蜻蜓，用橡皮筋彈射飛行，激起
了他們對飛行器的濃厚興趣。成年後，兩人起先
對風靡一時的自行車很感興趣，後就以修理自行
車為業。經濟上的困難並沒能阻礙他們研製飛機
的努力。他們讀遍了當時能找到的與航空有關的
各種科技書刊，對前人做過的各種飛行試驗非常
熟悉，兩人依靠自學成了航空方面的專家。
1900 年，兄弟兩人發揮他們修自行車摸索出的
機械製造專長，開始試製滑翔機，進行無動力滑
翔飛行試驗，以積累飛行經驗。為解決飛機的穩
定性問題，他們在地面做了幾千次模擬試驗，還

飛機問世

萊特兄弟的飛機。

飛機開始升空。

飛機飛了起來。

設計出了對飛行極為關鍵的螺旋槳。

　　經過上萬次試驗和改進，他們終於研製出了一架由汽油發動機帶動螺旋槳推進的飛機。這架飛機機長6米多，飛行員伏在機翼中間拉動控制繩索的手柄操縱飛機。1903年12月17日，萊特兄弟在美國北卡羅來納州的基蒂‧霍克海灘進行了首次試飛。這架飛機沒有起落架和機輪，只有滑橇。起飛時飛機裝在滑軌上，用帶輪子的小車拉動，輔助彈射起飛。飛機由弟弟奧維爾駕駛，第一次升空時間只有12秒，飛行了不到100米，但卻由此開始了人類的航空時代。

　　奇怪的是，這次試飛成功並沒有在美國造成多大影響，萊特兄弟就轉而去歐洲展示他們的發明。1908年，韋伯‧萊特在法國勒芒市的一

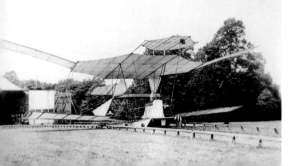

重機槍發明人馬克沁研製的飛機。

1910年米蘭國際飛行表演的海報。

MILANO
CIRCUITO AEREO
INTERNAZIONALE
24 SETT^re -3 OTT^re 1910
PREMI Ł.300.000

飛機問世

個賽馬場駕駛飛機進行了九次飛行表演，創造了一次留空兩個多小時的飛行紀錄，震動了歐洲。隨後，兄弟兩人又到歐洲各國首都去表演，受到各國首腦的接見，從此激起了世界各國對發展航空事業的興趣。

　　有一段時間，在航空領域居於領先地位的是法國。法國工程師先是仿製萊特兄弟的飛機，又很快對他們的飛機做了改進。法國人布雷里奧用白楊木製造了一架單翼飛機，機頭有一副雙葉螺旋槳。1908 年，英國《每日郵報》設下 1,000 英鎊獎金，獎給第一個駕駛飛機飛越英吉利海峽的飛行員。1909 年 7 月 25 日，布雷里奧駕駛這

1911年中國藝術家描繪的飛機。飛機被稱為"泰西飛艇"。

飛機問世

（上圖）布雷里奧飛越英吉利海峽。

（左圖）第一次飛行。

架飛機成功地從法國的加來飛到英國的丹佛。整個飛行用了 36 分鐘。這使布雷里奧後來成為一戰前法國最成功的飛機製造商，也推動了航空事業走向商業化。

　　值得一提的是，早在飛機剛問世五年後，就有一個中國人也試製了一架飛機。他就是當時僑居美國的中國人馮如。1910 年，馮如駕駛自己研製的飛機在舊金山的一次國際航空比賽中獲得優異證書。當時馮如的飛機飛行高度為 210 米，飛行時速為 32 千米，已達到世界先進水平。1911 年 2 月，報國心切的馮如帶了兩架自製飛機回國。但不幸的是，第二年在廣州舉行的一次飛行表演中，馮如親自駕機升空，因操縱系統失靈，飛機從百米空中墜落地面，他身受重傷而去世。說起來，這是飛機最早傳入中國。

飛越險阻

阿爾科克和布朗飛越大西洋，他們的飛機栽入土中。

萊特兄弟發明飛機時，第一次飛行的距離只有幾十米。而現在的超音速飛機可以在一天之內完成環球飛行，真正實現了"坐地日行八萬里"。做到這一點，與航空工業的不斷發展有關，同時也與眾多飛行家的不懈努力分不開。他們醉心於航空探險，駕駛當時還不完善的飛機，向天空挑戰，飛越了一個個地理上的天塹險阻，不斷創造新的飛行記錄。他們飛越了英吉利海峽、大西洋、太平洋，甚至挑戰環球飛行，留下了許多激動人心的冒險故事。

飛行探險的起點是從飛越英吉利海峽開始的。1909 年 7 月 25 日，法國飛行家布雷里奧架駛他自己設計的單翼飛機在加來起飛，在沒有任何導航幫助的情況下，憑直覺飛越了英吉利海峽。比英吉利海峽要寬得多的大西洋則是飛行家要征服的下一個目標。1913 年，一貫熱心航空探險的英國報紙《每日郵報》又一次懸賞，宣佈出資一萬英鎊獎給第一個飛越大西洋的飛行員。因為第二年就爆發了第一次世界大戰，這件事暫時耽擱下來。戰爭一結束，就有不少人嘗試這一飛行，最後成功的是英國飛行員阿爾科克和領航員布朗。兩人在一戰時期都參加過英國的皇家飛行隊，富有飛行經驗。戰後，他們都在英國維克斯飛機公司工作。他們說服了公司上層，同意讓他們駕駛公司生產的"維克斯‧維梅"轟炸機去飛越大西洋。1919 年 6 月 14 日，他們在加拿大紐芬蘭的一個機場起飛，剛剛飛到海上就遇到了濃霧。布朗打開座艙蓋，竟然連飛機的翼尖也看不見，電報也聯繫不上。他就讓阿爾科克把飛機開出雲層，自己通過觀察星座來確定飛機的位置。後來飛機又遇到了猛烈的暴風雨，上下顛簸個不停。在飛機爬高時，發動機的進氣口被冰條塞住，布朗就冒險爬出座艙，敲掉冰條。他前後

阿爾科克和布朗。

一共排了五次冰，才使發動機保持正常。在飛行了 16 個小時後，第二天上午飛機降落在愛爾蘭的一塊沼澤地上。飛機機頭插入土中，所幸的是兩人都沒有受傷。他們被接到倫敦，受到了英雄般的歡迎。

在阿爾科克和布朗飛越大西洋後沒有多久，美國富豪奧泰格又設立了一筆 2.5 萬美元的獎金，獎給第一位從紐約直飛巴黎的飛行員。這段航程要比阿爾科克飛行的距離遠出五分之二，飛越有相當難度，因而這筆獎金在好幾年中都無人領取。1927 年 5 月，世界航空史上發生了一件轟動全球的大事，美國飛行員林白單人成功地從紐約飛到巴黎。林白是個職業飛行員，20 歲進了飛行學校，畢業後成為郵政飛行員。當時郵政飛行是很危險的工作，美國早年從事郵政飛行的 40 名飛行員中就有 31 人死於飛行事故。就在當郵政飛行員時，林白萌發了單人飛越大西洋的念頭。首先他要找人出資買下一架飛機。有幾個聖路易市的商人願意出錢，條件是飛機要命名為

布雷里奧在英國做飛行表演。

"聖路易精神"號。飛機買下後還要進行改裝，拆除了機上的許多設備以減輕重量，還要盡可能增加飛機的載油量。

當林白 5 月 12 日駕機飛到紐約時，接二連三的壞消息傳來：在他之前已有四架飛機在從紐約飛越大西洋的過程中墜入海中，飛行員喪生。但這沒能動搖林白的決心。5 月 20 日，在紐約長島的羅斯福機場上，林白駕駛"聖路易精神"號起飛。在飛行中，林白感到最難對付的是瞌睡。因為身體疲乏，他困得眼皮難以睜開。為了

（上圖）布雷里奧飛越英吉利海峽，迎接他的人揮舞着法國和英國國旗。

（左圖）早期的雙翼機。

更快更高的航程

林白與他的"聖路易精神"號飛機。

林白試飛成功受到歡迎。

飛越險阻

林白單人飛越大西洋，10萬法國人迎接他。

保持頭腦清醒，他使出渾身解數：抽打自己的嘴巴；一隻手伸出座艙，把手凍得冰涼；雙腳在座艙裡不停踏步……由於飛機上許多設備已被拆掉，在飛行時林白不知道自己所在的方位，只能憑着感覺飛行。在連續飛行了27個小時後，他突然看見海面有一隊漁船，知道自己已飛到了愛爾蘭。接着他又飛過英國，飛到法國。5月21日晚上10點，林白降落在巴黎的布爾熱機場。讓他意想不到的是，機場上有10萬人等在那裡歡迎他。

到1928年初，世界上重要的航線大多已被人飛過，只剩下世界第一大洋太平洋還沒人飛越。不久這一空白也被填補了。1928年5月31日，一架福克飛機"南方十字星"號載着四名機組人員從美國舊金山起飛，開始了飛越太平洋

的航程。由於太平洋極為遼闊，無法一次不停歇地飛越，這次航行也就分成了三段：第一段，從舊金山到夏威夷的檀香山；第二段，從檀香山到南太平洋的斐濟；第三段，從斐濟到澳大利亞的布里斯班。

在飛行探險史上還有一位為挑戰航空記錄獻出了生命的女飛行員，她就是美國的埃爾哈特。林白飛越大西洋後，美國掀起了航空熱。1928年有人想找一個"女林白"，沿着林白的飛行路線再飛一次。學過飛行的埃爾哈特被選中，

飛越太平洋的"南方十字星"號飛機。

（右圖）德國飛行員在學習飛行。

更快更高的航程

WOMEN OF BRITAIN
COME INTO
THE FACTORIES

ASK AT ANY EMPLOYMENT EXCHANGE FOR ADVICE AND FULL DETAILS

但她在飛行時發現，名義上是她駕駛的飛機上還有兩個男飛行員，實際飛行駕駛都是他們在操縱。在這次越洋飛行後，新聞界大肆炒作，她的大幅照片被登在報紙的顯著位置上。埃爾哈特覺得自己實際只是這次越洋飛行中的一名"乘客"，她決心自己單獨再飛一次。1932年5月20日，她選中林白單人飛越大西洋五周年紀念的日子，駕駛飛機飛越了大西洋，並創造了飛行時間最短的記錄。1937年，她宣佈準備繞赤道分段做一次環球飛行。6月1日，埃爾哈特駕機從美國邁阿密機場起飛。環球飛行的前幾站還算順利，後來一路上遇到暴雨、颱風，很不順利。7月2日，埃爾哈特在駕機穿越南太平洋時失蹤。搜索船找到了飛機殘骸，但沒有找到她的遺體。

(左圖) 從這張海報上可以體會到20世紀前期瀰漫世界的航空熱。

飛越險阻

女飛行家埃爾哈特。

更快更高的航程

噴氣雄鷹

美軍的 F-16 戰鬥機。

噴氣式飛機出現以前，飛機上用的多是活塞式發動機。但要使飛機時速達到 800 千米以上，活塞發動機就無能為力了，需要發明新的飛機，尤其是需要發明噴氣推進飛機的飛行。1887 年科安達出生在羅馬尼亞首都布加勒斯特，後去法國的航空學校學習，很早就表現出對航空事業的愛好。1905 年，他造了一個火箭推進器模型，考慮利用噴氣的反作用力作為飛機動力。1910 年 10 月，在巴黎的一次航空展覽會上展出了他製造的世界上第一架噴氣式飛機，引起很大轟動。這年 12 月 10 日，這架飛機進行了世界上第一次用噴氣動力推進的飛行，由他親自駕駛。因為他缺乏飛行經驗，這架飛機剛剛升空就猛地掉向地面，先是左翼觸地，接着燃起熊熊大火。幸運的是科安達被拋出了飛機，活了下來。這架飛機摔壞後就沒有再修復。

科安達發明的是帶噴氣推進裝置的飛機，靠風扇向後驅動空氣產生推力，還不是後來在德國和英國研製出的渦輪噴氣式飛機。後來在噴氣式飛機研製方面取得重大突破的是德國人恩斯特‧亨克爾和英國人弗蘭克‧惠特爾。亨克爾年輕時是一名飛機設計師，設計過一戰中使用的水上飛機。1925 年後他轉向研究高速飛機，對飛機外形做了改進，設計出一種流線型的細長機身，機翼為橢圓形。1935 年，亨克爾遇到了當時正在研究火箭的馮‧布勞恩，在布勞恩幫助下研製出了火箭動力飛機。這種飛機機身很細，在火箭推力推動下飛行速度很快，達到每小時 800 千米。但這種火箭飛機的實用價值不大。1936 年，亨克爾經人介紹認識了哥廷根大學的高年級學生漢斯‧歐海因，知道歐海因正在研製渦輪噴氣發動機，決定與他合作。1937 年，歐海因研製成功一台燃燒氫氣的渦輪噴氣發動機。1939 年，亨克爾的飛機裝上歐海因的噴氣發動機試飛成功。但由於推力不大，沒有充分顯示出噴氣飛機的優越性，他們的發明沒有受到重視，直到第二次世界大戰中德國才對噴氣式飛機有了興趣，將這種飛機批量生產後用於實戰。

美軍噴氣飛機發射巡航導彈。

更快更高的航程

惠特爾向人展示噴氣發動機的內部結構。

　　英國人惠特爾也對噴氣式飛機的發明做出了貢獻。1907年，惠特爾出生在英國的汽車工業城考文垂。1923年，他加入了英國皇家空軍，成為飛行員。在飛行中，他發現飛機上驅動螺旋槳的活塞發動機有很大局限。這種發動機受本身所需空氣量的限制，當飛機爬升時由於空氣密度減少，發動機的工作性能就會很差。他設想利用一種新型發動機產生的噴氣，推動飛機前進。這種發動機吸入空氣，將其加熱後通過噴管高速排出。

　　惠特爾在被分配到皇家飛行學校當教官後，向校長提出自己的設想。校長認為這一設想是合理的，便組織了一個座談會，以論證他想法的可行性。不料參加座談會的人對惠特爾的想法反應冷淡，認為研製噴氣式發動機困難太大，耗資也太多，這種設想過於超前。惠特爾聯繫了幾家廠商都沒有結果，直到1935年事情才有了轉機，一個銀行家財團決定資助他研究噴氣發動

（左圖）惠特爾把他研製的噴氣發動機捐獻給美國的博物館。
（下圖）惠特爾在測試噴氣發動機。

噴氣雄鷹

英國 1944 年研製的第一批噴氣式戰鬥機。

機。1937 年 4 月 12 日，世界上第一台渦輪噴氣發動機運轉成功。

1938 年 3 月，英國皇家空軍訂購了一台噴氣發動機，裝到一架飛機上。1941 年 5 月 15 日，空軍中尉塞耶駕駛英國第一架噴氣式飛機衝上天空。到 1944 年夏，英國已組建了幾個噴氣式戰鬥機中隊，還在空中攔截、摧毀了一些德國的 V-1 飛彈。

德國在二戰快結束時投入使用的 Me262 噴氣式戰鬥機。

在二戰中更大規模地將噴氣式飛機用於作戰的是德國。1944 年 5 月，德國梅塞施密特公司研製出 Me163 噴氣式戰鬥機，速度可達到每小時 900 千米以上，裝有四門 30 毫米口徑機炮。德國空氣動力學家布斯曼在飛機外形設計上

噴氣雄鷹

德軍用 Me262 噴氣式飛機轟炸被盟軍控制的雷馬根大橋。

英國在馬島戰爭中使用的噴氣式戰鬥機。

更快更高的航程

起了很大作用，他把機翼設計成後掠形，以減少空氣對飛機的阻力。在空戰中，這種飛機突然出現在美軍 B-29 轟炸機編隊面前，在一瞬間就帶着轟鳴聲從機群中穿過，使美軍機組人員不知所措。德國還以 Me163 為基礎又研製出 Me263 雙發動機噴氣戰鬥機，投入作戰後使盟國空軍受到很大威脅。但由於希特勒做出了錯誤決策，下令將 Me263 改裝成轟炸機，才沒能使它充分發揮出空戰的優勢。

噴氣式飛機的進一步發展，關鍵還在於對飛機極限"音障"的突破，也就是要使飛機速度超過音速。1946 年 9 月 6 日，英國飛行員哈維蘭駕駛一架無尾單翼噴氣式飛機，從 1.2 萬米高空向 9,000 米俯衝，在突破音障時發生爆炸，哈維蘭和飛機一起炸成碎片。隨後美國為此又損失了 18 名試飛員。直到 1947 年 10 月 14 日，美國飛行員耶格爾駕駛一架研究機在 1.28 萬米高空突破了音障。

二戰後噴氣式飛機在空戰中佔據了重要地位。在朝鮮戰場上，在空中交戰的戰鬥機就主要是蘇製米格 15 和美製 F-86，這些都是後掠機翼

美軍戰鬥機在海灣戰爭中發射導彈。

1952 年英國開通第一條噴氣式客機航班。

噴氣雄鷹

噴氣式戰鬥機。由中國人民志願軍飛行員駕駛的米格 15 戰鬥機在實戰中顯示出了性能的優越，多次重創美國空軍的 F-86 戰鬥機。

戰後，噴氣式飛機還用於民用航空。1952 年 5 月，英國海外航空公司一架裝有噴氣發動機的"彗星"飛機開始經營客運，首開噴氣式飛機客運的先河。20 世紀 60 年代初，加力燃燒室的出現使噴氣式飛機進入了第二代。這種飛機的速度突破音障，達到時速 1,300 千米。60 年代末，噴氣式飛機開始進入第三代，動力裝置性能更為優越，速度更快，成為超音速飛機，肩負起在空中橫跨萬里、飛向天涯的重任。

旅客乘"彗星"噴氣式客機抵達倫敦。

民用客機

飛機問世以後，人們就開始考慮用它作為運輸工具，運送人員和物資。但在不久爆發的第一次世界大戰中，飛機成了一種新式武器，用於空中格鬥或轟炸地面目標。直到戰爭結束，民用航空事業才開始受到關注。

在戰後初期的幾年，英、法等國的航空公司用的飛機都是由軍用飛機改裝的，把敞開的座艙封閉起來，安放幾把座椅，就用來接送旅客。這些飛機幾乎沒有導航設備，飛行全靠飛行員的經驗。座艙也不密閉，飛機不能飛得太高，乘客還要穿上厚厚的保暖服。飛機的震動和噪聲都很大，坐在裡面很不舒服。

戰後，在歐洲國家中德國最重視發展民用

航空事業，這與德國作為戰敗國不能發展空軍有關，所以德國就把注意力轉向了民航。僅在1919年，德國就開闢了九條商業航線。另外德國還生產出了專門的民用客機，而不是用軍用飛機來改裝。德國的飛機設計師胡果·容克這時脫穎而出，設計出了全金屬的容克 F-13 客機。這是當時歐洲最先進的飛機，曾創造過遠程飛行記錄。德國以容克飛機建立了十多條空中航線。不過由於早期飛機還無法與地面交通工具競爭，這時的航空公司全都無法贏利，需要靠政府補貼才能維持下去。

20世紀30年代，新型飛機的研製有了突破性的發展，安全性差的木質飛機逐漸被淘汰。美

（左圖）德國生產的容克運輸機。容克飛機曾是早期的民用客機。

（右圖）二戰時期婦女成了飛機生產的主要勞力。

更快更高的航程

（左圖）早期客機座艙裡的乘客。

安裝飛機艙室。

國波音飛機公司從 1930 年開始研製全金屬客機，生產出了著名的波音247客機。這是第一架真正現代意義上的客機。它具有全金屬的結構和流線型的外形，起落架可以收放，飛機額定載客十人。機上座位舒適，有洗手間，還有一名空姐。由於波音247客機的乘坐條件大大改善，因而很受各航空公司歡迎，接下了不少生產定單。但不久波音公司就有了競爭對手。 1935 年美國的道格拉斯飛機公司生產出了新的樣機——DC-3客機。這種客機速度更快，航程更遠，能裝載 21 名乘客。載客人數增加使運營成本下降，從而根本改變了航空公司只賠不賺的局面，從此航

1939 年美國泛美航空公司飛越大西洋的民航客機。

空公司不需要政府補貼也能生存下來。因為DC-3客機給航空公司帶來了贏利，需要量很大，多年來道格拉斯公司總共生產了 1.3 萬架 DC-3 飛機，是航空史上很少有的產量超過萬架的飛機。

第二次世界大戰中噴氣式飛機出現，戰後英國最早開始研製噴氣式客機。 1949 年 7 月，英國哈維蘭公司研製出"彗星"噴氣式客機，飛機速度提高到每小時800千米，是活塞式飛機的兩倍以上。"彗星"飛機在首航後又經過近三年的改進， 1952 年 5 月投入航線運營，由倫敦飛

民用客機

往南非的約翰內斯堡。"彗星"飛機每次可載44名乘客,在一萬米高空飛行,乘客坐在增壓密封艙裡很舒適。英國把世界民用航空帶入了噴氣時代。但是,正在英國準備用"彗星"飛機佔領客機市場時,接二連三發生了多起"彗星"飛機在空中爆炸的空難事故。在慘淡經營了幾年後,"彗星"飛機退出民航運營。

不久,取代"彗星"飛機地位的是美國波音公司的波音707客機。就在"彗星"飛機投入運營時,波音公司管理層在西雅圖的總部開會,決定拿出公司全部資產的四分之一研製一種全新的噴氣客機,編號為707。這是一個冒險的計劃,如果研製出的飛機沒有銷路,公司就只好破產。飛機設計人員為新飛機動了不少腦筋,以使設計更合理。就以飛機上的舷窗為例,波音707的舷窗是圓形的,比"彗星"飛機的方形舷窗受力合理,而且舷窗上用的是鋼化玻璃,經得起飛鳥的撞擊。1954年7月,首架波音707客機試飛成功。在經過幾年試用後,波音707被各國航空公司接受。1959年又傳來好消息,白宮通知波音公司,波音707被選為總統座機。以後波音公司又研製出了波音727、波音737,在航空市場上

波音飛機的宣傳海報。

法國航空公司的宣傳海報。

漢城機場的停機坪。

"空中客車"A300。

更快更高的航程

組裝"協和"式客機。

形成了波音品牌，其中波音 737 在 30 年內銷售了 4,000 架，成為世界上銷售最多的噴氣式客機。1968 年研製出的波音 747 客機是真正的空中巨無霸，載客人數超過 400 人。在以後的 30 年中，它一直是世界上飛得最遠、載客最多的客機。

為了與美國抗衡，西歐國家在飛機研製方面走的是聯合之路。1966 年，英國、法國和西德國三國政府決定聯合各國飛機公司，共同研製一種有 300 個座位的新客機，稱為"空中客車"300，簡稱 A300。1972 年，第一架 A300 原型機出廠首飛。但這種飛機問世後銷路很差，眼看就要夭折。到 70 年代中期事情有了轉機，當時因中東戰爭爆發引發了石油危機，市場上需要一種耗油少的客機，恰巧"空中客車"A300 飛機比較省油，一時定單大增。空中客車公司借此機遇發展成了僅次於波音公司的大飛機製造公司。

西歐國家聯合生產的還有一種叫"協和"式的超音速客機。英、法兩國從 1962 年開始合作，平均分擔"協和"式的研製費用，1976 年新客機投入使用。"協和"式的外形很有特點，機身細長，機頭可以下垂，樣子像鳥嘴，機翼呈三角形。由於它飛行速度特別快，使得從歐洲到美國的飛行時間減少了一半。但不幸的是，在安全飛行了 25 年後，2000 年 7 月 25 日下午，一架法國航空公司的"協和"式飛機從巴黎戴高樂機場起飛後，不到兩分鐘就拖着長長的火焰撞上機場附近的一家旅館，機上 109 人和地面 5 人遇難。想不到這次空難竟斷送了"協和"式的前途，2003 年法國宣佈"協和"式客機停飛，停止了世界上惟一一種超音速客機的運營。

波音客機。

空難慘劇

肯尼迪總統遺孀帶着一對兒女參加丈夫的葬禮，後來她的兒子小肯尼迪死於飛機失事。

從飛機出現時開始，就不可避免地發生飛行事故，甚至導致嚴重的空難。造成飛機出事的原因很多，有的是飛機本身的質量問題，有的是飛行員操作失誤，也有地面指揮人員的責任，甚至是少數不良乘客蓄意所為，還有軍隊的誤擊誤射。另外國際恐怖組織近年也常把民用飛機當作打擊的目標。

飛機本身的質量與飛行安全息息相關。在飛機問世後不久，僑居美國的中國飛行家馮如就於 1911 年帶着他自己設計的飛機回國。第二年，他駕駛飛機在廣州做飛行表演。因機上操縱系統失靈，飛機從百米高空栽了下來，馮如身受重傷，搶救無效去世。20 世紀 50 年代初，英國研製的"彗星"噴氣式客機一度看起來前景很好，但後來一年時間不到就有三架在空中爆炸。事後查明了事故原因，這種噴氣式飛機的機艙是增壓艙，機身蒙皮經過反覆增壓、減壓會出現裂縫，從而引起爆炸。2000 年 7 月 25 日，法國航空公司一架"協和"式超音速客機在巴黎戴高樂機場上空失事。導致空難的原因是一架美國飛機上的零件掉落，引起"協和"式飛機輪胎爆炸，機上油箱被擊穿後漏油起火爆炸。空難發生後，設計人員就着手給"協和"飛機的油箱裝上複合板，使它在被擊穿後也不會漏油。

此外，飛機在使用較長時間後安全係數也會相應降低。1988 年 4 月 28 日，一架飛了 8,000

"協和"式飛機。在出了空難事故幾年以後終於停飛。

更快更高的航程

小時的波音737在夏威夷上空飛到巡航高度後，客艙一大塊金屬蒙皮被掀掉，一個空姐被氣流吸了出去。在這種危急的情況下，駕駛員沒有慌張，穩穩操縱飛機，在附近機場安全着陸，創造了民航飛行史上的奇跡。

當然，許多飛行事故的發生還與飛行員的操作和判斷失誤有關。1999年7月17日，世界大多數媒體都刊登了這樣一則新聞：美國前總統肯尼迪的兒子小肯尼迪駕駛一架小型飛機墜毀於大西洋中。據專家分析，這可能是一起判斷失誤造成的事故。小肯尼迪的飛行經驗不足，在能見度較差的夜晚飛行會失去方向感，把地面的燈光或海面的映像當成星空，從而感覺上下錯位，造

（上圖）機場塔台的指揮與飛行安全息息相關。
（左上圖）1988年在夏威夷上空被掀掉蒙皮的波音飛機，機上只有一人死亡。

成本想升空反而下滑的錯誤，駕着飛機栽入海中。

有時地面塔台人員指揮失誤也會造成嚴重後果。1977年3月27日，民航界發生了一起特大空難，美國泛美航空公司一架波音747與荷蘭航空公司的一架波音747起飛時在地面相撞，總共有583人死亡。這場災難發生在西班牙加那利群島上的一個機場。發生事故的原因是機場塔台指揮失誤，把兩架飛機同時調上了一條跑道，而塔台調度人員講的又是帶有濃重西班牙語口音的英語，與機組人員溝通有障礙，使得兩架波音747發生對撞。

乘飛機旅行有一定風險，因而不少旅客乘飛機時會購買航空保險。航空險屬於意外險，投入少，一旦發生事故，投保人的親屬將得到高額賠償。想不到，有人竟會借此牟利，製造空難事故，以全機人的性命為代價騙取保險。1967年10月12日，英國一架客機在希臘愛琴海上空發生爆炸。在分析了海上漂流的殘骸後發現，爆炸點恰巧在某個旅客座椅下面，他是為了家人能得到豐厚的保險金而出此下策。

1977年在加那利發生兩架波音飛機相撞的事故。

1973 年在羅馬機場被破壞的民航客機。

儘管國際民航組織一再聲明 "不得對民航飛機使用武器",但實際上仍不時會發生民用客機遭受攻擊的事件。1983 年 9 月 1 日,韓國一架波音747客機從紐約飛回漢城,飛行途中嚴重偏航,飛到了前蘇聯領空。前蘇聯戰鬥機奉命攔截,發射了兩枚導彈,韓國客機被擊中後墜落,全機269人無一生還。五年後,伊朗的一架A300寬體客機在原定航線飛行時,遭到停泊在海上的美國巡洋艦 "文森斯" 號攻擊,它向客機發射了兩枚導彈,造成機上 290 人罹難。

還有一類空難事故是由國際恐怖活動引起的。1988 年 12 月 21 日,美國泛美航空公司一架客機在飛經英國洛克比小鎮上空時發生爆炸,飛機上和地面270人死亡。經過三年調查,美國判定這起空難是利比亞情報人員在機上安放炸彈造成的。事過多年以後,利比亞政府承擔了責任,向受害者付出了巨額賠償。2001 年 9 月 11 日,

空難慘劇

(上圖)聯合國前任秘書長哈馬舍爾德,1961 年因座機在剛果失事身亡。

(左圖)洛克比空難現場。

(右圖)德國杜塞爾多夫機場。

更快更高的航程

（右圖）"9·11事件"中飛機撞中了紐約世界貿易大廈。
（下圖）1970年飛機在機場被恐怖分子炸毀。

（左圖）1988年一架伊朗民航客機被美國軍艦發射的導彈擊落。

美國有四架波音客機同時被劫持，一架撞擊華盛頓美國國防部五角大樓，兩架相繼撞擊了紐約世界貿易大廈，徹底摧毀了這座雙塔並立的摩天大樓。這樣嚴重的空難事故在歷史上從來沒有過。

　　為了幫助分析空難的原因，現在的大型客機上都安裝了飛行記錄儀，也就是人們常說的黑匣子。它能把空難發生前飛機發動機運行情況、機艙內外情況以及突發事件真實地記錄下來。當飛機失事後，黑匣子會隨飛機殘骸散落到地面。黑匣子用特殊材料製成，經得起劇烈撞擊和海水浸泡。匣子裡還裝有微型發射機，可以發射信號，以便搜尋人員很快找到它。

　　飛行的安全問題涉及到飛機的製造、使用和管理這三個方面。現在飛機的質量在不斷提高，空難事故已很少是由設計和製造質量不過關引起的。為了把事故隱患消滅在萌芽狀態，美國率先實行安全事故報告制度，對並非故意的肇事者免予刑事責任，改變了過去不放過責任人的傳統做法，以便盡早發現問題。機場塔台人員要提高業務水準，對國際航班要嚴格使用標準術語和純正英語導航。另外，為了對付恐怖活動，在"9·11事件"以後，各機場都加強了安全檢查。可以預見，經過多方面的努力，國際民航界一定會把空難損失減少到最低限度。

空難慘劇

旋翼直升

1907年法國人科爾尼研製的直升機。

　　直升機俗稱"直升飛機"，與固定機翼飛機不同，這是一種可以垂直升降的旋翼飛機。直升機有着其他飛機不具備的一些特殊能力，可以在空中懸停、垂直起飛，甚至倒飛。直升機與中國古代竹蜻蜓的升空原理有相似之處，兩者都是通過旋轉的螺旋槳產生垂直的向上拉力升空。世界上最早有關直升機的設計草圖出自15世紀意大利藝術大師達·芬奇之手，他設計了一個通過高速旋轉切割空氣起飛的飛行陀螺，動力依靠彈簧驅動。1796年，英國航空先驅喬治·凱利爵士在研究竹蜻蜓飛行原理的基礎上，設計出一種有四個旋翼的直升機，但他沒有造出樣機。他遇到的主要困難是當時沒有合適的直升動力設備。

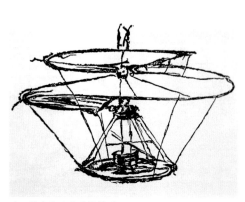

達·芬奇畫的直升機草圖。

（下圖）西科爾斯基操縱他研製的直升機升空。
（中圖）這架1909年造的直升機沒能飛起來。

更快更高的航程

英國人造的早期直升機。

旋翼直升

　　蒸汽機和內燃機的問世給直升機的發明提供了必要的動力條件。1863年，法國人達梅庫爾造出第一架由蒸汽機驅動的鋁結構直升機，但沒能飛起來。1907年11月，法國人科爾尼研製出一架直升機，試飛時載着飛行員離開地面兩米，飛行時間20秒。這架直升機裝有一台活塞發動機，機上有兩副鋼管製成的旋翼，一前一後裝在支架上，通過旋翼產生向下的氣流產生推力。1908年3月，它飛行的時間持續了20分鐘。在此之前，法國人路易‧布雷蓋和里歐合作曾造出一架旋翼直升機，1907年9月20日首次試飛成功。但這次飛行沒能得到承認，原因是這架直升機升空時是靠地面上的人幫助才穩住的。有四人分別站在直升機四副巨大旋翼下面，用竹竿支撐旋翼，以防止直升機翻倒。1936年，德國人福克研製出一架雙旋翼直升機。它可以垂直上升，在半空懸停，已具備了現代直升機的主要飛行功能。第二年在柏林的一次博覽會上，德國女飛行員萊西還駕駛這種直升機做了飛行表演。

　　對直升機研製有重大貢獻的發明家是美國俄裔工程師伊戈爾‧西科爾斯基。他出生在俄國，從小就對航空有興趣，年輕時曾去巴黎學習航空，回國後開始設計飛機。他早年對研製直升機有興趣，先後造出兩架雙旋翼直升機，都因升力不夠無法升空。此後他轉向設計固定翼飛機，成為俄羅斯早期航空工業的奠基人。1917年，他出國去美國發展，在美國創辦了自己的飛機製造公司。20世紀30年代中期，西科爾斯基對研製直升機又有了興趣。1939年，他造了一架單旋翼直升機，後面有個小尾槳。這年9月14日，西科爾斯基親自試飛這架樣機。樣機在離地面兩三米的地方平穩懸停了十秒鐘，然後輕巧地降落回地面。1941年，西科爾斯基對前一架樣機進行了改進，製造了一架"VS-300"直升機。

比翼飛翔的直升機。

機上有一副旋翼、三副尾槳，操縱系統也有很大改進。"VS-300"直升機創造了當時一次懸空1小時32分鐘的世界紀錄。"VS-300"是世界上第一架有實用價值的直升機，很快就接到美國軍方的訂貨。

直升機沒有固定機翼，靠旋翼高速運轉產生的垂直上升力飛行，通過操縱旋翼的轉動面和轉動速度就可以控制它的飛行。當升力大於直升機本身重力時它就上升，升力等於重力時就在空中靜止不動，升力小於重力時就下降。直升機起飛需要的場地不大，對場地的要求不高，狹窄山谷、林中空地、曠野河灘、海上鑽井平台，甚至是樓頂，都能供直升機升降。第二次世界大戰後，直升機被實際運用。1946年，美國開始用直升機運送航空郵件。1950年，英國嘗試將直升機用於航空客運，還開闢了一條短途航線。

與民用相比，直升機在軍事上的用途更

在越南戰爭中直升機參與作戰。

廣。在20世紀50年代初的朝鮮戰爭中，侵朝美軍首次使用直升機擔任戰術空運任務。在戰鬥機的掩護下，直升機頻繁地深入前線，運送兵員、物資，承擔營救任務。由於直升機主要在低空飛行，為了防止在飛行中與電線、樹木相撞，1958年有個美國飛行員把一把張開的大剪刀焊在他駕駛的直升機前起落架上，用來割斷樹枝和電線。這就成了早期的直升機撞線保護系統，後來成為直升機的標準裝備。

20世紀60年代的越南戰爭把直升機在軍事上的應用推到前所未有的規模。越南山區叢林密佈、水網交錯，地面部隊難以機動作戰，但這裡卻成了直升機縱橫馳騁的理想場所。美軍在越南推行的所謂"特種戰爭"，實際上就是"直升機

（上圖）起吊重物的直升機。
（右圖）越南戰爭幾乎被看作是一場直升機戰爭。

更快更高的航程

（中上圖）直升機可以隨時在地面降落。

（右上圖）"阿帕奇"武裝直升機。

配合地面作戰的美軍直升機。

戰爭"，投入的直升機多達4,000多架。美軍用運輸直升機完成運輸任務，用武裝直升機護航並對地面進行火力支援，用各種戰勤直升機實施偵察、指揮、通信、救護等任務。

目前被認為最先進的軍用直升機是美國生產的"阿帕奇"武裝直升機，1982年投入批量生產。這種直升機採用四槳葉的鉸接旋翼系統，槳葉可以後掠並能夠摺疊，後面有兩副雙槳葉的尾槳。機上裝備機炮、反坦克導彈、空對空導彈和火箭發射器，火力強大。在1991年的海灣戰爭中，"阿帕奇"直升機被用作對地攻擊的主要空中力量，有300架執行了反坦克、攻擊前沿陣地以及為機降、運輸、救護護航的任務，甚至還在作戰時多次出現用直升機直接降落抓俘虜的情景。

由於飛行時噪聲大，飛行航程短，運營成本高，直升機用於民航客運受到很大限制，所以民用直升機主要用來做一些特殊的營運工作。比如用直升機在海上採油平台上運送人員物資，在其他交通工具運輸不便的高原、山區運送物資。另外，在災難搜索和營救方面，直升機也有獨特的功效。

火箭騰空

　　火箭全稱"火箭發射器"，在民用領域，它
是發射和運載衛星等人造天體的運輸工具，但如
果給它裝上常規彈藥或是核彈頭，配備制導系
統，火箭就成了導彈。

　　儘管火箭在近幾十年才廣被應用，但探尋
它的起源可以追溯到遙遠的中國古代。北宋年
間，中國人已經發明了火藥。當時就有人在弓箭
箭桿上綁上厚紙做的火藥筒，點燃引火線後使藥
筒裡的火藥燃燒，頓時熱氣流就沖出藥筒，向後
噴射，從而產生較強的反作用力，推動火藥筒向
前運動，鐵箭也就隨着向前飛行。這種早期火箭
雖然結構簡單，但工作原理與今天航天領域所用
的現代火箭是一樣的。

齊奧爾科夫斯基。

20 世紀 50 年代描繪各種火箭的漫畫。

更快更高的航程

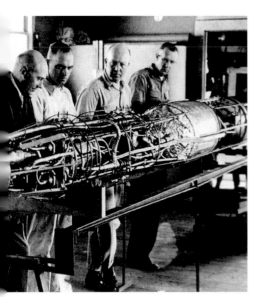

（上圖）戈達德與他研製的火箭。
（左上圖）戈達德火箭的內部構造。

14世紀末，中國還有人試圖把火箭技術用於載人飛行。相傳在明代初年，有個叫萬戶(一說叫萬虎)的人，請人把自己綁在一把椅子上，他在椅子背上裝了47支當時最大的爆竹（火箭），雙手還各拿一個大風箏。萬戶希望通過火箭的推力和風箏的升力把他送上天空。儘管他的嘗試失敗了，為此還付出了生命的代價，但他所做的努力在科學史上有重要意義。可惜的是，中國古代的火箭技術後來沒能繼續發展下去。

自近代以來，有幾位外國科學家在火箭技術上取得了重要突破。俄國的齊奧爾科夫斯基被譽為"宇航之父"，是現代火箭技術的開拓者。他靠自學學完了大學課程，在家鄉的中學教書，業餘時間從事科研。1883年，他開始注意探討火箭和宇宙航行方面的問題，設想利用火箭發射地球衛星。1898年，他首次提出使用液體推進劑作火箭燃料，效能將勝過固體推進劑。1903

年，齊奧爾科夫斯基寫完了他的經典著作《用反作用裝置考察宇宙空間》，預見到未來的火箭能在真空中飛行，火箭的最後速度取決於它排出氣體的噴射速度。這些都是火箭飛行的基本理論。不過齊奧爾科夫斯是位理論家，沒有條件從事試驗。

這時在美國也有人在從事火箭研究，他就是羅伯特·戈達德。戈達德早年也是從理論上論述火箭在星際空間飛行中應用的可能性，並提出了利用火箭衝上月球的想法。第一次世界大戰後，他開始親自試製液體推進劑火箭，在他姨媽的農場上建了一座火箭試驗和發射場。1925年，他造出一枚高3米的火箭。1926年3月16日，這枚火箭在簡陋的發射架上進行發射試驗。火箭起飛後爬高12米，留空時間只有五秒，飛行距離26米，最後掉在一片菜地裡。這是人類

20世紀50年代設想未來用火箭探索火星的圖畫。

火箭騰空

歷史上第一枚能飛起來的液體燃料火箭。戈達德對此興奮不已，激動地喊道："我創造了歷史！"

戈達德的火箭發射成功在美國反響平平，卻引起大洋彼岸德國人的關注。1927年，德國有一批業餘愛好者自發組織了世界上第一個宇宙旅行協會，專門研究火箭。協會發起人奧伯特還在1930年造出一枚液體火箭，並點火試驗成功。奧伯特的學生維爾納‧馮‧布勞恩後來居上，在第二次世界大戰中研製出了具有強大功率的火箭，並用於實戰。布勞恩在學生時代就對火箭很着迷，他曾從商店買來六隻特大號的焰火，綁在自己的滑坡車上，點燃後車子在街道上飛馳，為此他還因妨礙交通被警察抓住。上中學時他給奧伯特寫信，表示自己喜愛火箭研究工作，被吸收為宇宙旅行協會會員。1934年，布勞恩從柏林大學畢業後為德國軍械部工作，研製新型的液體推進劑火箭。他把宇宙旅行協會的一些專家組織起來，分工研究火箭。1938年，他主持研製的液體火箭發射成功，1942年造出了性能更好的A-4火箭，裝上1噸重的彈頭。這種火箭

準備發射的 V-2 飛彈。

就是後來大名鼎鼎的V-2飛彈。V-2飛彈全長14米，重13噸，用液氧和酒精混合燃料推進，火箭發動機推力達到25噸。V-2飛彈第一次試射因燃料系統發生故障，剛升空就墜落爆炸，第二次試射時外殼開裂，在空中解體，直到第三次試射才成功。1944年9月8日，德國從荷蘭向倫敦發射了第一枚飛彈。到二戰結束時，德國的4,000多枚V-2飛彈給英國造成了巨大破壞。

馮‧布勞恩。

V-2 飛彈。

（右圖）由"土星-5"火箭推進的阿波羅飛船。

更快更高的航程

美國陸軍的地對地長矛導彈。

（上圖）由火箭推進的地對地導彈。

（左圖）由火箭推進的地對空導彈。

火箭騰空

二戰結束後，美國和前蘇聯在接收德國火箭技術的競爭中各有所獲。美國得到包括布勞恩在內的火箭人才，前蘇聯則得到設備和實物。後來在推動戰後前蘇聯火箭技術的發展中，前蘇聯火箭專家科羅廖夫起了關鍵作用。20世紀50年代中期，科羅廖夫開始嘗試研製一種新的“捆綁式火箭”，就是把多枚火箭並列組合在一起，構成一個新的推力大好幾倍的火箭，從而加大有效負載。1957年10月4日，科羅廖夫研製的A-1火箭成功發射了世界上第一顆人造地球衛星。A-1火箭是一種三級火箭，高30米，重300噸，起飛推力514噸，用的燃料是煤油和液氧的混合物。

美國受前蘇聯衛星上天的刺激，在火箭技術上急起直追。先由布勞恩領導一個研究小組開展工作，幾個月就造出了衛星運載火箭。後來美國宇航局為登月需要，製造出世界上最大的運載火箭“土星-5”火箭。這一龐然大物高110米，重2,900噸，起飛推力3,400噸。它可以向地球低軌道發射120噸重的有效載荷，或向月球發射50噸的太空裝置。1969年，人類第一次登上月球的“阿波羅11”號飛船就是用這種火箭送上太空的。而這些火箭的研製都有布勞恩的貢獻，他是20世紀火箭技術發展中最有影響的人物。

遨遊太空

在莫斯科展出的人造衛星"斯普尼克 1 號"模型。

　　火箭問世以後，借助火箭的強大推力可以把各種航天器送入太空，宇航員可乘坐航天器去太空遨遊，甚至登上月球。人類的太空之旅是從 1957 年開始的，早期，前蘇聯在航天技術上處於領先地位。

　　1957 年 10 月 4 日，在前蘇聯拜科努爾發射場，發射架上豎立着一枚巨型火箭，火箭頂部有一個銀色的小球，這就是人造地球衛星"斯普尼克 1 號"。隨着發射前倒計時的點火令下，火箭發出巨響，噴着烈焰直沖天穹。幾分鐘後，衛星與火箭分離，沿着橢圓形的軌道在太空繞地球飛行。這是一個歷史性的時刻，標誌着人類航天飛行的開端。這顆人造衛星構造極為簡單，只是一個由兩個半球殼對接而成的鋁合金球。衛星上有四根天線，裡面裝有無線電發射機和少量科學儀器。這顆衛星在太空飛行了 92 天後返回大氣層時燒毀。

　　這次發射的是衛星，而幾年以後前蘇聯就向太空發射了載人宇宙飛船。要把人送上太空，有一系列技術難題：運載火箭要準確地把宇宙飛船送入軌道，飛船返回艙進入大氣層時要經得起與空氣摩擦產生的高溫，要訓練出合格的宇航員。為解決這些難題，前蘇聯科學家進行了多次動物在太空生存的試驗。一條叫萊伊卡的小狗成為第一個動物宇航員，乘坐航天器在太空生活了七天。它的情況通過無線電發回地面，科學家們知道太空飛行對動

更快更高的航程

小狗萊伊卡。

加加林與第一個女宇航員捷列什科娃。

進入太空的第一個宇航員加加林。

（左圖）安放在火箭前端的"斯普尼克1號"模型。

物不會造成致命傷害，那麼對人也應該是安全的。

1961年4月12日上午，前蘇聯宇航員加加林進入了"東方1號"宇宙飛船。9點多鐘，火箭載着飛船離開地球，進入327千米高的軌道。在失重環境中，加加林一面看着艙外美麗的地球，一面吃着裝在牙膏管裡的宇航食品。加加林在太空曾向地面報告他的感覺："太空顯得非常黑暗，而地球卻是那樣蔚藍。"飛船在繞地球飛行一周後進入大氣層，這時球型的返回艙與設備艙脫離，設備艙就被留在了太空。高速下降的返回艙與大氣層劇烈摩擦後冒出火光。因為返回艙的表面塗有耐熱材料，艙內的溫度並未因此而變熱。在離地面7,700米時，加加林被彈射出去，降落傘緩緩張開，他安全降落在麥田裡。1963年6月16日升空的前蘇聯"東方6號"飛船還把世界上第一位女宇航員捷列什科娃送入了太空，在繞地球飛行48圈後返回地面。

在太空競賽中，美國起初遠遠地落在前蘇聯後面。前蘇聯發射人造衛星以及將宇航員送入太空的成就使美國深受刺激，決心奮起直追。1961年4月20日，美國總統肯尼迪在國會宣佈："我們應當在這個十年結束前，把人送上月球並讓他安全返回。"從那時起，美國開始執行"阿波羅"載人登月計劃。但要想把人送上離地球有38萬千米的月球不是一件容易的事，飛船飛向月球路上需要好幾天，另外月球表面不知能不能經得住飛船的重量，有人估計月球表面的塵土會把飛船淹沒。

為了實現"阿波羅"計劃，美國宇航局專家做了大量工作。首先是設計了供宇航員登月並返回地球的宇宙飛船。這種飛船由指令艙、服務艙和登月艙三部分組成。指令艙對整個飛船進行控制，又是宇航員返回地球的交通工具。服務艙為飛船提供必要的服務，在兩名宇航員乘登月艙在月球降落時，另一名宇航員駕駛服務艙環繞月球飛行。當飛船返回地球要進入大氣層時，服務艙

遨遊太空

將與指令艙分離，被拋棄在太空。登月艙的模樣像個蜘蛛，下面有四根支腳。登月艙分為上升段和下降段，上升段是兩名宇航員的座艙，下降段則是存放各種儀器的箱子。當登月艙從月球起飛時，連接兩段的爆炸螺栓炸開，上升段脫離下降段飛離月球，下降段則留在月球上。其次是設計了發射登月飛船的運載火箭。再次是進行了多次飛行試驗，有些還是載人飛行試驗。另外還對月球進行了考察，發射月球探測器，詳細拍照，分析土壤，以此為依據確定宇航員登月的最佳地點。在做了周密準備後，美國開始實施登月行動。

1969 年 7 月 16 日，"阿波羅 11 號"飛船被火箭送入太空。飛船上載有三名宇航員，他們是阿姆斯特朗、奧爾德林和柯林斯。經過四天飛行，7 月 20 日飛船進入了繞月飛行軌道。阿姆斯特朗和奧爾德林駕駛登月艙降落在月球表面。

（上圖）阿姆斯特朗站在月球上。
（右中圖）"阿波羅 17 號"宇航員在月球上採集標本。

更快更高的航程

（上圖）美國國會大廈描繪宇航員登月的壁畫。

（左圖）"阿波羅 15 號"宇航員登上月球。

阿波羅飛船指令艙濺落在海面。

阿姆斯特朗打開艙門，小心翼翼地走下扶梯，用腳試探月球表面的粉塵，在確定不會下陷後把右腳踩在月球上。站穩後，阿姆斯特朗對着正在實況轉播的電視說了一句名言："對一個人來說，這是一小步，但對人類來說，這是一大步。"兩個宇航員在採集了標本、安放了儀器後返回地球。7 月 24 日，"阿波羅 11 號"飛船的指令艙降落在太平洋海面，三名宇航員平安返回。到 1972 年 12 日 "阿波羅" 計劃結束時，美國先後發射了七艘登月飛船，有 12 名宇航員登上了月球。

除了前蘇聯和美國，中國也是世界上重要的航天大國。1970 年 4 月 24 日，中國成功發射了自己研製的第一顆人造地球衛星，成為世界上繼前蘇聯、美國、法國、日本之後第五個發射衛星的國家。2003 年 10 月 15 日，中國的"神舟 5 號"飛船首次載人飛行，中國成為繼前蘇聯、美國之後世界上第三個具有載人航天能力的國家。宇航員楊利偉成為第一個飛入太空的中國人，圓了中華民族的千年飛天夢。可以預見，在不久的將來，中國研製的航天器也將走上探月之路，中國自己的宇航員也將踏上登月之途。

奧爾德林在月球上插上美國國旗。

（左圖）宇航員已用上了月球車。

航天飛機

航天飛機

飛船能成功地把宇航員送入太空，甚至送上月球，但它本身也有明顯的缺陷。飛船在返回大氣層時受高溫影響損壞嚴重，一般都無法再用，另外發射飛船的火箭也只能使用一次，在經濟上耗費較大。還有飛船上空間狹小，不便於宇航員工作，在飛船發射和返回時，因為重力影響，宇航員會感到很不舒服。能不能造一種可以重複使用的載人航天器，同時讓宇航員的生活和工作質量也得到提高？美國試圖解決這些問題，提出了研製航天飛機的計劃。

美國航天局設計的航天飛機集火箭、衛星和飛機的特點於一身，既能像火箭垂直發射，也能像衛星繞地球飛行，還能像飛機滑翔着陸。這

（上圖）宇航員
進入航天器。

（左圖）"奮進"
號點火升空。

（下圖）前蘇聯
反映宇航事業成
就的宣傳海報。

發射航天器。

更快更高的航程

豎立在肯尼迪航天中心的火箭。

了職業宇航員外，其他人也可以上太空參與航天活動；可以用航天飛機作為衛星發射站，把衛星帶到預定軌道放飛出去。由此可見，航天飛機在太空飛行中應用的前景十分廣闊。

從1972年開始，在美國航天組織下，許多公司參加了航天飛機的研製。1975年，第一架航天飛機樣機組裝完成，但它還沒有一個名字。第二年，航天局給它起名為"建設"號。這個名字公佈後竟引起一場軒然大波，幾十萬人給政府寫信，要求按一部流行科幻影片《星際旅行》中航天器的名字命名，給它起名為"企業"號。於是"建設"號就被改成了"企業"號。按照設計，這是一架馱飛型航天飛機，用波音747飛機馱着它試飛。1977年8月12日，"企業"號被馱着飛到7,000米高空，然後離開波音飛機飛回地面着陸。

"企業"號在完成試飛任務後就被棄置不用，

種航天飛機由兩枚固體火箭助推器、外掛推進劑貯箱和軌道器三部分組成，其中軌道器和助推器可以重複使用。軌道器是航天飛機的主體，實際是一架以火箭發動機做動力的寬體飛機，外面有三角機翼和尾翼，降落時有起落架。軌道器是宇航員生活和工作的地方，在理論上可以重複使用100次。助推器用無縫鋼管製成，裡面裝有固體推進劑。發射時助推器與軌道器的發動機一起點火。在航天飛行升入50千米高空時，助推器燃料耗盡，停止工作，與航天飛機分離，靠降落傘濺落在大海中，回收後可以重複使用20次。外掛箱是一個又粗又圓的尖頂立柱，裡面裝着液體燃料，供軌道器上升時主發動機使用。在航天飛機飛到100多千米時，外掛箱燃料耗盡，與軌道器分離進入大氣層後解體。航天飛機機身外的隔熱層對保證飛行安全極為重要，當它返回地球時，與大氣層劇烈摩擦，會產生幾千度的高溫，所以機身外貼有隔熱陶瓷瓦。

與飛船相比，航天飛機有許多優點：它可以用來在太空維修其他航天器；它內部空間很大，環境舒適，宇航員可以不穿宇航服工作；航天飛機發射、返回時，宇航員感覺良好，這樣除

安放在太空軌道的哈勃望遠鏡。

航天飛機

更快更高的航程

美國宇航局決定再建造四架航天飛機，並用歷史
上四艘探險船的名字命名，分別為"哥倫比亞"
號、"發現"號、"亞特蘭蒂斯"號和"挑戰者"
號。1981年4月12日，"哥倫比亞"號航天飛機
豎立在佛羅里達州的肯尼迪航天中心。這一天恰
巧是前蘇聯宇航員加加林首次飛入太空20周年紀
念的日子。上午9點，飛機上三台主發動機和兩
台助推器同時點火，"哥倫比亞"號隨着火龍筆
直地升入空中，機上助推器和外掛箱先後分離。
"哥倫比亞"號首航的任務主要是試驗飛機表層外
貼的3萬塊隔熱瓦的性能。在飛行了56個小時
後，航天飛機各個系統都正常工作，地面幾億人
通過電視看到了宇航員不穿宇航服方便工作的情
形。然後，"哥倫比亞"號重返大氣層，降落在
加利福尼亞州的愛德華茲空軍基地。這次飛行成
功的意義不亞於加加林升空和"阿波羅"登月。

　讓人意想不到的是美國航天飛機的第25次
飛行卻出了差錯，發生了"挑戰者"號凌空爆炸
的悲劇。1986年1月28日，"挑戰者"號在肯
尼迪航天中心發射，機上的七名宇航員中有一名
特殊成員、中學女教師麥考利夫，她是從上萬名
應徵教師中選出的，也是第一個要進入太空的非
職業宇航員。"挑戰者"號在升入空中後不久就

"哥倫比亞"號
飛機第一次發身

（上圖）美國肯尼迪航天中心。
（右圖）"哥倫比亞"號點火升空。

更快更高的航程

（下圖）生活在空間站的宇航員。

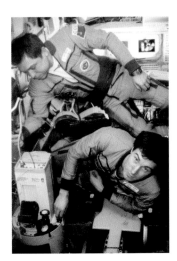

描繪1975年美、蘇兩國飛
船在太空對接的繪畫。

"挑戰者"號的七名宇航員。

1986

突然發生爆炸，飛機炸成碎片落入大西洋中，七名宇航員全部遇難。經過仔細調查後發現，導致事故的原因竟是一個環形密封圈失靈。以後有兩年時間航天飛機停止了飛行。

　　經過兩年多改進，從1988年9月起，美國又恢復了航天飛機飛行。另外，在1991年又研製出一架新的航天飛機"奮進"號。這架飛機的主要任務是在太空修理通信衛星。宇航員走出機艙，逐漸接近出故障的衛星，用機械臂把衛星拖入貨艙，修好後再把衛星送入軌道。在後來的100多次飛行中，航天飛機完成的一項比較重要的任務是發射了哈勃望遠鏡。這架望遠鏡以美國天文學家埃德溫·哈勃的名字命名，是世界上最先進的天文觀測儀器。1990年4月，"發現"號航天飛機把它帶入離地面610千米的太空軌道釋放。但不久望遠鏡的聚焦功能出了毛病，拍出的照片模糊不清。1993年12月，宇航員乘"奮進"號升空去修理哈勃望遠鏡。先後有四名宇航員在太空行走，為望遠鏡更換了部件，發回的照片又清晰起來。以後又進行了兩次修理，使哈勃望遠鏡能正常工作。

　　2003年，航天飛機又出了機毀人亡的重大事故。2月1日，"哥倫比亞"號在返回大氣層時解體墜毀，機上七名宇航員遇難。事故原因可能是表層的隔熱瓦脫落。至今為止，剩下的三架航天飛機暫時停止飛行。

航
天
飛
機

 後 記

在完成《圖說兵器戰爭史》後，我又寫了這本《圖說交通探險史》。正文已寫完，可以斂神靜氣來寫後記了。眼明心細的讀者一看就知道，這新的一本脫不開前一本的模式，連書名都相似。正是，這新的一本正是前一本書的姊妹書，格式、風格一仍其舊。假如這本書出版後也能受歡迎，我還會再寫一兩本，讓姊妹的數目增加。

下面我要陳述一下寫這本書的緣由。首先是出版社願意出。《圖說兵器戰爭史》完稿後，編輯就有意讓我沿着編這類書的路子再編一本類似的書，據說還列入了出書計劃。大家知道，現在書店裡暢銷的是講究實用、探究內情的書，歷史類書即使寫得妙筆生花，也難登上暢銷書排行榜。因而只要有出版社願意出，我當然就願意寫。

其次是為什麼選中這一選題。說來與我一次出洋西遊有些關係。前年，我有機會去英國，在考文垂大學訪問。儘管此時的考文垂已不是工業城市，但在歷史上它卻以工業發達著稱，中世紀時以絲織和印染業聞名，19世紀末轉而生產自行車，到20世紀前期成了英國有名的"汽車城"。等到我到考文垂時，由於無法與日本、美國的同行競爭，考文垂的汽車廠大多已倒閉，僅存的兩家也被外國汽車廠兼併，生產出的車用人家的牌號。俗話說，瘦死的駱駝比馬大。雖然"汽車城"名存實亡，但城裡

還有兩樣東西與汽車有關。一是考文垂大學的汽車專業仍是強項學科。二是城裡有一家陸上交通博物館，據說是歐洲同類博物館中最好的。展品以汽車為主，兼收自行車。這家博物館還有兩個特點，或說是優點，其一它位於市中心，我要去參觀不需要藉助交通工具，步行不長時間就到了。其二它不收門票，去參觀就不用算經濟賬。由於有這兩個優點，我在暫居考文垂的幾個月裡去交通博物館就不下五次。當展品的汽車、自行車見得多了，腦子裡留下的印象就深，在盤算寫書選題時，這一印象起了作用，一下子就想到了交通。

再次，當年選擇專業時，我選了歷史這門學科，屬於文科，但內心對學理科以至學工科的人一直懷有羨慕之心。不過現在要想盡棄前學重新擇業也不易做到，要想補救，可以在治學時有所傾向，偏向科學一些。結果交通史這樣能有所兼顧的選題就成了上好的選題。

選題的由頭講完，下面再談談本書的特點。第一，前一本書以兵器的發展脈絡為主，附以戰爭歷程，而本書則以交通的發展脈絡為主，附以探險歷程，以表示這書中的兩姊妹模樣相似，是一母所生。此外，交通與探險兩者間本身也有着有機的聯繫。探險往往以交通的進步為前提條件，試想如沒有合用的遠洋帆船，哥倫布怎麼能"發現"美洲？有些交通的內容與探險也難以分開，比如美國的航天飛

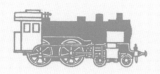

機，雖名為飛機，但每一次飛行都是讓人捏了一把汗的探險。所以將交通與探險放在一本書中從內容上也說得過去。

第二，本書在寫法上有意避開專門的科技內容，盡量增加其中的文化色彩。這樣做有客觀原因，本人沒有受過嚴格的科學訓練，對與交通有關的各門分支學科更是門外漢，揚長避短，筆下寫來就常有繞開的地方。還有從書的可讀性考慮，少出現一些專業術語，多採用一些文學描寫，讀者也更容易接受。對這種淺嘗寫法不滿足的讀者，盡可以去找專業的課本、讀物來看，以不誤學業。再說點甘苦自知的寫書體會。本書的可讀程度往往與交通探險的發展歷程正好相反，越古舊越有讀頭，越現代寫得越乾澀。比如寫到毛驢的"驢背廝磨"一篇，可寫的趣事很多，而一寫到新潮的飛船，就只能板實敘事，發揮的餘地不多。再如古人曾有"香車繫在誰家樹"的詩句，若是改為"奔馳停在誰家院"，詩的意境就大壞了。

第三，本書既然名為圖說就需要大量用圖，我在用圖時有一個原則是重繪畫輕照片。繪畫和照片本來都是圖，也都與藝術有關，各有特點，本不應有所偏重。奈何本人在選圖上有點唯美主義傾向，欣賞口味偏於傳統，甚至隱隱對攝影抱有偏見，認為攝影出而繪畫衰，故而在選圖時如果有繪畫和照片兩者都可用，就會無意識地留繪畫而捨照片。這樣書中的插圖就讓繪畫在三分天下中佔了兩分，或許更多。

最後要對為本書問世提供過幫助的各位鳴謝。一謝的是錢乘旦教授。他是知名的歷史學家，學養深厚，學業精湛，上本書已勞他賜序，這本書還要請他賜序。再者他江河不棄細流，對我編這樣的小書不但寬容還給予鼓勵，這是首先要謝的。二謝的有兩位，石磊和管旅華。他們甘心為人作嫁衣裳，經他們的朱筆批削，我寫的拉雜文字才能整齊地成文成書。再者是謝他們的督促，由於生性疏懶，沒有外來壓力，我寫東西極慢，經他們一催再催，我也寫得快了許多。三謝陳澤新先生。他本身是位畫家，但為職業所限，成天忙於設計書的封面、版式，無暇創作。本書又是"圖"書，就特別地累他，對他當然要謝。四謝何漢寧和張玉敏兩位女士。她們長於攝影翻拍，在業務上精益求精。本書的圖片如稱得上清晰精美，她們功不可沒。五謝仲躋榮先生，他是交通史專家，研究航海史多年，在我寫有關部分時給予了很多指導。另外應謝的人還有許多，不能一一列舉，只能在此一並致謝。

陳仲丹

書於南京北陰陽營寓所

索　引

責任編輯　　楊　帆
封面設計　　彭若東

書　　名　**圖說交通探險史**——從牛車到飛船
編　　著　陳仲丹
出版發行　三聯書店（香港）有限公司
　　　　　香港鰂魚涌英皇道1065號1304室
　　　　　JOINT PUBLISHING (H.K.) CO., LTD.
　　　　　Rm. 1304, 1065 King's Road, Quarry Bay, Hong Kong
印　　刷　深圳森廣源（印刷）有限公司
　　　　　深圳市福田區天安數碼城五棟二樓
版　　次　2005年4月香港第一版第一次印刷
規　　格　16開（154×223mm）260面
國際書號　ISBN 962·04·2449·2
　　　　　© 2005 Joint Publishing (H.K.) Co., Ltd.
　　　　　Published in Hong Kong

本書原由江蘇少年兒童出版社以書名
《圖說交通探險史——從牛車到飛船》出版，
經由原出版者授權本公司在除中國內地以外的
全世界地區出版發行。